U0455964

問津文库

主编　王振良

三津譚往

2018

孙爱霞
王谦　编

天津社会科学院出版社

图书在版编目（ＣＩＰ）数据

三津谭往. 2018 / 孙爱霞，王谦编. -- 天津 : 天津社会科学院出版社, 2020.1
（问津文库 / 王振良主编）
ISBN 978-7-5563-0629-9

Ⅰ.①三… Ⅱ.①孙… ②王… Ⅲ.①天津－地方史－近代 Ⅳ.①K292.1

中国版本图书馆 CIP 数据核字(2019)第 298069 号

出版发行 : 天津社会科学院出版社
出　版　人 : 张博
地　　　址 : 天津市南开区迎水道 7 号
邮　　　编 : 300191
电话/传真 : (022)23360165(总编室)
　　　　　　(022)23075303(发行科)
网　　　址 : www.tass-tj.org.cn
印　　　刷 : 天津市天办行通数码印刷有限公司

开　　本 : 880×1230 毫米　1/32
印　　张 : 10.375
字　　数 : 232 千字
版　　次 : 2020 年 1 月第 1 版　2020 年 1 月第 1 次印刷
定　　价 : 68.00 元

津沽大地的"烟火人间"

张宝义

2013 年至 2018 年,《三津谭往》系列已经出了五本书,每本书都是对前一年问津书院"问津讲坛"的实录。问津书院是成立于 2013 年的民间文史研究机构,名字是恢复的清朝道光年间"问津书院"名字,匾额是著名历史学家来新夏先生题写,书院揭牌当日冯骥才先生莅临讲话。问津书院成立的五六年时间里,我的同事有不少参与其中,如历史所同事、文学所同事。据呈现出来的成果,问津书院在当下天津历史文化研究领域的成就不小, 出版了大型文献丛书《天津文献集成》50 册,出版了大型研究类丛书"问津文库",其中就包括《三津谭往》系列。2019 年又到了《三津谭往》对 2018 年"问津讲坛"讲座进行编辑出版的年份,文学所孙爱霞邀我作序,推辞不过,便接了这份差事。

我是社会学专业,对人文历史也比较关注。在通读《三津谭往.2018》文稿过程中,我发现 2018 年"问津讲坛"是都对天津民俗风情的研究,这是我比较感兴趣的课题。总体来看 2018 年度问津书院组织的十期讲坛,比较系统地介绍了天津的民俗文化,诸如对天津的防火灾传统习俗中五行观念、方言与民俗、俗学、饮食与民俗、广告与民俗、曲艺习俗、书业习俗、年俗、近代天津商业习俗的变迁、钱俗的研究,是一本对"烟火人间"的总结性著作。

具体来看:吴裕成《津沽防火灾传统习俗中五行观念的影响》一文,是对天津城古代防火习俗的介绍,以及对天津市民某些信仰的剖析。水火从来都是无情的,而大家在研究天津地方历史文化时,也很少从"火"这个角度切入。吴裕成老师的讲解追根溯源,深刻揭示古代阴阳五行观念在天津防火习俗中的影响。《天津方言与民俗》一文是天津师范大学语言学教授谭汝为所作,该文从地区方言角度切入,考察民俗文化特质,并从文化保护的着眼点提出对方言的保护和传承。天津人未必对天津方言有多了解,谭老师的文章为大家解读了某些天津方言含义背后的东西。《俗学散打》也涉及了天津某些方言,但更多地是从天津卫建卫目的、地名成因、方言俗语等方面挖掘出天津城市文化的深度和广度,非常贴地气,形象生动。

除了"火"与方言,2018年的"问津讲坛"还涉及到了饮食、老广告、曲艺。天津人喜欢"吃",以"卫嘴子"的别号闻名中国,其实说的是天津人对于饮食习俗的追求。关于天津人的饮食,及其背后所透出的民俗,《天津饮食与民俗》一文进行了解读。该文对天津特色鲜明的饮食文化进行了详细的介绍,从历史文献、掌故传说、烹饪用料、名店渊源等方面探寻天津积蕴深厚的饮食民俗。《天津广告与民俗》则从老广告的表现形式、商业价值等方面研究民俗与商业文化密不可分的关系。该文行文如对面谈话,亲切生动,所配老广告图片也非常精美,十分有年代的韵味,是一篇"色相"华美的文章。

天津是曲艺之乡,对于历史上曲艺人的生活,这个行业的"秘密",很多人并不十分了解,而潘侠风《天津曲艺习俗》则详细介绍了旧社会曲艺人的演出方式、拜师收徒、行业秘密语等方面内容,展现了民俗生活对于曲艺发展的深刻影响。

近些年来,天津旧书市场逐渐为学界所关注,位于古文化街银杏广场的古旧书市也逐渐成为旅游的一个打卡地。对于天津书业研究的相关文章却不多,而曹式哲《天津的书业习俗》一文介绍天津旧书业的历史沿革、行规习俗、历史贡献,是当今市民了解天津旧书市场历史的宝贵资料。天津不仅有旧书市场,还有很多的商业形式,也就有很多的商业习俗。成淑君《近代天津商业习俗的变迁》从组织形式、营业时间、从业人员、营销方式等方面介绍了近代天津商业习俗,是人们了解天津商业习俗重要的文献资料。

春节一直是中国人"团圆"的符号,而天津的春节有很多不太一样的习俗,诸如天后宫、杨柳青年画等是天津年俗的标志性符号。罗春荣《天津年俗》一文为大家介绍了天后宫、杨柳青年画、剪纸、空竹等天津年文化的几大代表性符号,展示了天津民俗文化的独特魅力。"钱"也是春节不可缺少的符号,诸如小孩子最喜欢的"压岁钱"。天津的钱俗有什么特点呢?《钱币收藏与天津钱俗》一文将钱币收藏与民俗文化联系起来,从古钱币的产生、发展、内涵等角度进行了文化学的阐释,是一篇贴近生活又有学术眼光的文章。

民俗研究作为文化研究的重要组成部分,对研究中华传统文化、历史变迁有着重要的意义,对文化保护和民俗艺术传承也起到关键的作用。天津的地理环境、历史底蕴成就了天津具有丰厚内涵和突出特色的民俗文化,挖掘研究民俗文化资源对展现天津独特的历史文化风韵,促进天津民俗文化的蓬勃发展有着积极的作用。

本集所收录的这十篇文章,虽有共同主题,但却旨趣各异、各有千秋。诸位作者,因不同学术背景和理论兴趣,从各自的角度切入研究天津民俗文化,彰显了学术的创新性和多样性。正是这些研究者的勤勉开拓,天津文化研究才能日益显示出其社会价值。

写下上面的话,算是对应邀作序的交差。

二〇一九年八月

目 录

"问津讲坛"第51期

(2018年2月24日)

津沽防火灾传统习俗中
五行观念的影响

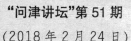

主讲人：吴裕成

　　吴裕成 1952年出生，山东蓬莱人。今晚报社高级编辑，曾任副刊部主任。天津市政协第11届、12届文史委委员。中国作家协会会员。中国民俗学会理事。2006年获天津市第十届社会科学优秀成果三等奖。2009年获天津市五一劳动奖章。2011年获全国报纸副刊研究会孙犁编辑奖提名奖。著有《中国的井文化》《中国的门文化》《生肖与中国文化》。

津沽防火灾传统习俗中五行观念的影响

吴裕成

　　纵观津沽社会生活史,火灾一直是困扰官与民的话题。梳理相关习俗,可见古代阴阳五行观念的广泛影响。

清光绪二十三年(1897)《点石斋画报》关于天津皇会期间发生火灾的报道

一 火患频仍与社会的防灾减灾应对

早于津卫建城，元朝为兴海运而敕建的河东大直沽天妃宫，"泰定间弗戒于火"①。明宣德六年（1431）八月，卫城北城外失火，"飞焰入城，烧三千余家，延及仓廒"，焚毁粮食 15500 石。②清乾隆五十三年（1788）七月，天津"府署灾，太守单与其子女仆婢俱被焚"，其后两年，津地"民间自冬至春，火灾不绝"。③

天津在清代逐渐发展为市井繁华的都会城市，火灾成为纠缠于烦嚣都市的负效应，这在城北门外商业区表现得尤为可悲。例如同治元年（1862）是火灾多发年份：正月初一夜，兴隆街火烧数十间；二十五日洋货街大火，烧百余间；二月二十一日，火烧锅店街三十余丈；三月十七日子时，锅店街复经火灾，烧至估衣街、北阁、竹竿巷街、针市街以及茶店口等处，连绵数里，无一得免者。④火灾像一个驱之不去的幽灵，在城池以北至南运河一带转悠。这一带市廛繁盛，却成了回禄肆虐的重灾区。与之相似的，还有城东。同治五年（1866）"正月初八日夜，宫前不戒于火"，见于天后宫大殿天花板保留的灾后重修记录。⑤光绪二十一年（1895）三月，东门外袜子胡同及宫南大火，殃及铺户 80 多家。⑥七年后，宫北大狮子胡同起火，一

①（明）危素：《河东大直沽天妃宫碑》，《天津卫志》卷四《艺文》，康熙刻本。
②《明宣宗实录》，万新平、于铁丘主编：《明实录天津史料汇编》，天津人民出版社 2012 年版，第 44 页。
③（清）吴惠元、蒋玉虹编撰：《续天津县志》卷一《星土祥异》，同治刻本。
④（清）郝福森：《壬戌纪事》，《津门闻见录》卷二，清抄本。
⑤蔡长奎：《妈祖文化艺术研究》，天津古籍出版社 2009 年版，第 103 页。
⑥天津市地方志编修委员会办公室编著：《天津通志·大事记》，天津社会科学院出版社 1994 年版，第 119 页。

夜烧毁店铺近百家。①

此外留下惨痛记录的,还有东南城角和城外西北角:光绪三年(1877)东南城角粥厂大火,烧死妇女儿童千余人,造成近代一大火灾惨案②;建于明代的稽古寺铃铛阁,"光绪十八年,有市贾鬻木其下,弗戒于火,延烧及之,毁于大火,阁贮《大藏经》一部悉毁无遗"③。大型群体活动失慎也留下惨痛的记录,如光绪二十三年(1897)祀妈祖出皇会,驻跸地如意庵发生火灾惨剧④。旧时地方志里还可见火灾的一些记载:生子三日汤饼会,窄院搭席棚,夜里失火;丧葬日,"火发于室"⑤等。

多火灾的原因,大致不外乎四种:(一)五方杂处"人烟稠密,往往不戒于火,灾渐多"⑥;(二)"居民夜作,例不禁火"⑦,燃灯照明引发火灾;(三)易燃物的隐患,如"靠城山积卖烧柴,春苇秋蒿蜀秫秸"⑧;(四)"可恨居民多不戒,燎原只用一星抛"⑨,在防火意识方面存在短板。

面对火灾频仍的抗争,一定是曲突徙薪,是防患于未然的努力。防火患须备水源。据《天津卫志》记载,城内少井,井泉不过三四眼,且已枯废。⑩至乾隆时,"城中七井也,俱废"⑪。水源的缺少,不利

①郭凤岐主编:《天津通志·公安志》,天津人民出版社 2000 年版,第 115 页。

②天津市地方志编修委员会办公室编著:《天津通志·大事记》,天津社会科学院出版社 1994 年版,第 107 页。

③高凌雯:《天津县新志》卷二十五《旧迹》,民国刻本。

④《会场活动》,《申报》1897 年 4 月 25 日,第 2 版。

⑤(清)徐宗亮蔡启盛:《重修天津府志》卷四十三《人物》,光绪刻本。

⑥(清)黄掌纶等撰,刘洪升点校:《长芦盐法志》卷十九,嘉庆刻本,科学出版社 2009 年版,第 411 页。

⑦(清)钱陈群:《重修天津护城河水闸记》,《天津府志》卷三十五《艺文》,乾隆刻本。

⑧(清)周宝善:《津门竹枝词》,《津门闻见录》卷三,清抄本。

⑨(清)周宝善:《津门竹枝词》,《津门闻见录》卷三,清抄本。

⑩(清)薛柱斗:《天津卫志》卷一《建置》,康熙刻本。

⑪(清)汪沆:《津门杂事诗》,《梓里联珠集》,天津古籍出版社 1986 年版,第 56 页。

于火灾扑救。明末,武中岳掌管天津城守营事,在城东南隅开设水门,修闸引海河潮水入城。①清康熙、乾隆年间两次重修。②"引汲受福",减轻居民汲水远河之劳,也为"备预宜早,有闸则一旦失火,即可挽水以扑灭"。③河水注入城内四隅坑中,人称"葫芦灌",可惜嘉庆时已渐淤塞④。道光年间又提凿井问题,说是"城内旧井凡二十有五"⑤。蓄水另一途,顺治年间卫衙里建有水窖⑥,既可日用也为应急。百姓居家,水缸有同样的功效。

清初津城防火的一件大事,是武廷豫创立同善救火会⑦。武廷豫为武中岳之子,武氏父子都在防火灾方面有所作为,成为天津消防史的重要人物。其后,查日乾以火灾频发,同善会之力不足以救济,立上善会辅之⑧。至嘉庆时,"救火会四

清康熙年间《蓟州志》载《修火帝真君祠》碑记(片断)

---

①(清)吴廷华、汪沆:《天津府志》卷十八首《人物》,乾隆刻本。

②(清)吴廷华、汪沆:《天津府志》卷七《城池公署》,乾隆刻本。

③(清)钱陈群:《重修天津护城河水闸记》,《天津府志》卷三十五《艺文》,乾隆刻本。

④(清)代樊彬:《津门小令》,清刻本。

⑤《津门保甲图说》,《县城内图说第一》,道光刻本。

⑥(清)薛柱斗:《天津卫志》卷二《赋役》,康熙刻本。

⑦(清)黄掌纶等撰,刘洪升点校:《长芦盐法志》卷十九,嘉庆刻本,科学出版社2009年版,第411页。

⑧高凌雯:《天津县新志》卷二十一《人物》,民国刻本。

十余局"①。据统计,有清一代天津城厢民间救火会共计69个②。在未设消防队之前,火警扑救胥赖之③。一些村镇也有救火会。民国王守恂《天津政俗沿革记》记善举,将救火会置于众善之首④,高凌雯修《天津县新志》的评价则是"救火会最称义举"⑤。置首称最,反映了社会对于火灾防范的定位。

光绪年间,洋务工厂已备喷水四五丈的"水龙救火之具"⑥,但尚未普及民用。抵御火患,清末自来水的开通无疑是一大福音。有了自来水,"城内外富户巨商多置救火机器以自卫"。20世纪初官办消防队,火警瞭望,哨位高高;为补警察消防之不足,呼吁旧有水会装备新式救火机器⑦。直至1929年,仍是"有水局,有火会,急忙快跑消防队"⑧,官办民办并存。

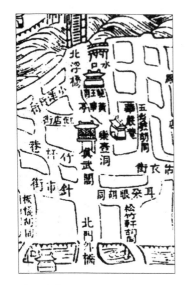

清道光年间《津门保甲图说·北门外》所标真武阁,民间俗称"水阁"

---

①(清)樊彬:《津门小令》,清刻本。

②郭凤岐主编:《天津通志·公安志》,天津人民出版社2000年版,第112页。

③冯文洵:《丙寅天津竹枝词》,赵娜、高洪钧编注:《天津竹枝词合集》,天津古籍出版社2014年版,第332页。

④王守恂:《天津政俗沿革记》卷十二《善举》,民国刻本。

⑤高凌雯:《天津县新志》卷二十一之一《人物》,民国刻本。

⑥[韩]金允植:《阴晴史》上卷,见刘顺利《王朝间的对话:朝鲜领选使天津来往日记导读》,宁夏人民出版社2006年版,第243页。

⑦王守恂:《天津政俗沿革记》卷十二《善举》,民国刻本。

⑧《天津地理买卖杂字》,来新夏:《杂字》,南开大学出版社1995年版,第275页。

二 五行观念对防火灾民俗的影响

旧时代人们对于火灾的防范,有人力、物力的,也有思想意识方面的。曲突徙薪是好传统,更夫柝语"小心火烛"是《周礼》"以木铎修火禁"的悠远回响;不乏承袭,还有古代先民防火灾、斗火患的另类思想武器——以阴阳五行学说为纛头的神秘哲学,既充作"镇火"利器,又当作慰藉心理的良药。

明宣德六年(1432)八月,北城外失火,"飞焰入城,烧三千余家,延及仓廒"。灾情上达,宣宗发话免予追责,说是"风火非人力所能制"①。这种处理方式,一句"非人力所能制",其对于古代文化的认识意义,不仅可见一种宽厚的为君之道,也反映了古人面对火灾的无奈。既然"非人力所能制",关于防御火患的俗信,五花八门的奇思妙想,在官和民的心目中便有了位置:

(一)空间奇思:想象中抑制火灾的干预。

乾隆年间,面对府城的火患问题,天津镇总兵官苏宁阿出招。他"以津邑多火灾,乃钟鼓楼与县署旁之魁星阁所致,以其高出城内,二为火数故也。商之同城运道各官,于学宫后建楼,变火数为木数,火灾于是乎熄"②。鼓楼建于明朝,在平房时代可谓鹤立鸡群。清雍正年间,州升府,附郭置县建县衙,县衙旁建了魁星

---

①《明宣宗实录》,万新平、于铁丘主编:《明实录天津史料汇编》,天津人民出版社 2012 年版,第 44 页。
②(清)吴惠元、蒋玉虹:《续天津县志》卷十一《名宦》,同治刻本。

阁①,俗称县阁。府城内两座"高层"建筑立了一个花甲,苏宁阿来任天津镇总兵官,认为"二为火数",于是添建一座高层,变二为三,以绝火患。

二为火数,三为木数,是源自河图易经的阴阳五行之说。河图以二、七居南为火,《周易》郑玄注"地以二生火于南方",所谓"二是火之生数,七是火之成数",又注"天以三生木于东方",即所谓"三,木之生数;八,木之成数"②。将古人这一参悟天地起源、窥测万物生灭规律的遐想,引入关于火灾原因的解释,今人看来实属奇谈,但在古代却是一种容易被认可的规律。明代嘉靖年间蓟州城隍庙内火帝真君祠得到重修,所顾念便是"火也者,地二之所生,天七之所成"③。

苏宁阿清贫廉洁,以至"典衣以继饔飧",是一位好官。他勤于事,恰又"精于风鉴"④,遂有以二变三之举。《长芦盐法志》则载:"乾隆五十七年,盐臣穆腾额、总镇苏宁阿、津道乔人杰,因火灾数且大,乃倡修城内西北隅之武成王庙,又于庙之乾方架高阁三层以压胜之,火灾自是遂稀。"⑤天津武庙始建于明代,清雍正时曾重修。苏宁阿等人这次倡修是冲着火灾的,针对火患次数多、灾情重,修庙同时增建高阁,以图压镇。

利用空间格局的排布,借助阴阳五行之说,以求平安兴旺,苏

①(清)吴惠元、蒋玉虹:《续天津县志》卷四《祠庙》,同治刻本。另据《天津通志·政权志·政府卷》,县署建于雍正十二年。

②(隋)萧吉著,钱杭点校:《五行大义》,上海书店出版社2001年版,第12页。

③(明)朱启东:《修火帝真君祠》,《蓟州志》卷八《碑记》,康熙刻本。

④(清)吴惠元、蒋玉虹:《续天津县志》卷十一《名宦》,同治刻本。

⑤(清)黄掌纶等撰,刘洪升点校:《长芦盐法志》卷十九《营建》,嘉庆刻本,科学出版社2009年版,第411页。

宁阿所做在古代并不鲜见,天津也不乏其例。例如,"演武场旧在东门外,康熙十三年移建西门外西北隅"①,"侧在城西,原应金气"②,五行西为金。玉皇阁重修,诗人龙震有"关地运""感天恩"的吟哦。③乾隆初年修理三岔

清代水会的灭火器材

口望海寺,"以资镇奠",朝廷啧啧称许④。又如,明嘉靖年间城内建镇仓关王庙⑤。

至于镇火,则有真武庙。真武庙,"在北门外河北岸,离城一里,明隆庆六年初建,康熙三十四年重建"⑥。真武即玄武,本为北方七宿的总称,后传为北方之神玄武大帝,依五行方位之说,主水。城北建真武庙具有捍灾御患的意义,古人相信玄武镇火。津南葛沽玄帝庙建于明万历年间,乡间相传玄武救火,留下脚印。人们在显灵神迹处建庙,以求镇火保平安。据《天津府志》记载,津城于康熙年间重修明代真武庙。然而,真武崇拜并没能使人们远离火灾之苦。嘉庆十三年(1797)二月初,北门外大火,东至归家胡同,西至茶店口,

①(清)吴廷华、汪沆:《天津府志》卷七《城池公署》,乾隆刻本。
②(清)田进学:《重修天津阅武厅碑记》,康熙《天津卫志》卷四《艺文》。
③(明)吴承恩:《西游记》第四十二回《大圣殷勤拜南海 观音慈善缚红孩》。
④《高宗实录》,万新平、于铁丘主编《清实录天津史料汇编》,天津人民出版社2014年版,第88页。
⑤(明)母鈫:《鼎建镇仓关王庙碑记》,民国《天津县新志》卷二十四之一《碑刻》。
⑥(清)吴廷华、汪沆:《天津府志》卷十《坛壝寺观》,乾隆刻本。

南至北门,北至河沿,烧毁七百铺户、房三千余间①。大火令人惊恐,有什么可以抚慰心灵?一片焦土北门外,重造昔日的商贸繁华,需要浴火重生的勇气和信心,人们认准的,依然是玄武之神,就有真武阁跨街而建。

道光年间《津门保甲图说》清晰标出的这座真武阁,俗称水阁——与东门外观音阁并称水阁。城门外,两座阁,当年百姓都号之以"水",通常解释是两阁均近水口,挑水运水要从阁下过。其实,就一座城内缺水源而存在火灾隐患的城来说,在城门外那两处位置建阁,何尝不是对于水口、对于水的强调?北门外的真武阁自不待言。东门外水阁为观音阁——观音菩萨净瓶甘露,法雨普洒,人们祈望带来福祉,一方平安。清末新政后,天津在河北大经路建了集会展、娱乐于一体的劝业会场。西洋式钟楼大门入口处正对着假山喷泉,观世音雕像手倾净瓶,水流下注。这置景提示在人流密集的公共空间防火为第一要务。此雕像的象征意义不妨借为参照,以体味东门外观音阁即水阁的意蕴。民间观音信

清代杨柳青年画《灶君神位》

---

①(清)郝福森:《东园实纪》,《津门闻见录》卷二,清抄本。

仰的这一枝蔓,明代小说《西游记》观音净瓶甘露水浆能灭三昧火的情节有所反映①,尽管此火非彼火。观音成佛传说,则有"灭火救寺","三火三息"的故事②。建楼阁以压镇火患,有效吗?北门外的真武阁两遇火烧连街,在咸丰五年(1855)那次大火中被焚毁,可谓"大水冲了龙王庙"。

(二)火神崇拜:群体敬畏的极致表达。

火"居离宫,列五行",于古代易学、五行之说均有位置,且又"利日用",百姓日常生活离不开。"惟德足以福民,厥宜庙祀,故神庙遍天下","以福吾民,为之弥灾而捍患"③,清乾隆初宝坻县城重建火神庙碑记表达了奉祀火神是为了免遭火灾。

在津沽地方志的记载中,火神庙未曾缺位。康熙年间《天津卫志》载火神庙在城外西北隅④,乾隆间《天津府志》,城内火神庙在鼓楼西,庙址偏近南城门⑤。《天津县志》记载城西门外、北门外、东门外等处火神庙七座⑥。同治年间《续天津县志》载火神庙十一座,包括杨柳青一座⑦。城内鼓楼西板桥胡同火神庙为"官致祭者",由官府依祭典打理祭祀事宜;余者为"民间别建者"⑧,庙事奉祀由社区居民运作。官祀民祭,火神崇拜于典有据,于民有需,接地气。道光

①(明)吴承恩:《西游记》第四十二回《大圣殷勤拜南海 观音慈悲缚红孩》。
②《三教源流搜神大全》卷四《观音菩萨》。
③(清)洪肇楙:《重修火神庙记》,《宝坻县志》卷十八《艺文》,乾隆刻本。
④(清)薛柱斗:《天津卫志》卷一《建置》,康熙刻本。
⑤(清)吴廷华、汪沆:《天津府志》卷首《舆地全图》,乾隆刻本。
⑥(清)吴廷华、汪沆:《天津县志》卷八《坛庙》,乾隆刻本。
⑦(清)吴惠元、蒋玉虹:《续天津县志》卷四《祠庙》,同治刻本。
⑧(清)徐宗亮、蔡启盛:《重修天津府志》卷三十四《经政·祀典》,光绪刻本。

二十一年(1841),天津大沽口海神庙、火神庙曾有御书匾额,火神庙曰"德威海滋"①。官祀的重头戏,是津地火神入载《钦定大清会典事例》,"咸丰四年敕封庙祀直隶天津县火神为显佑火神"②。咸丰帝还曾御制火神庙额"离德赫若"③。八卦离卦为火,这是对火神的颂扬。咸丰四年(1854)为天津县火神加封号,其缘由似乎有比防备火灾更关乎江山大局的背景。咸丰之后,同治帝于1868年岁末颁直隶天津府河神、火神、府县城隍、通真道人等庙宇仙祠匾额,御制火神庙额为"光昭离曜"。这次颁匾明示了由头,即"神灵助顺"④,说是天下平顺而报神,实因经历捻军"扑犯津郡"得以"转危为安"。至于神庙的选择,城隍被奉为城市保护神;通真道人祠供奉"土神"狐仙,祠址就在奏请颁匾的通商大臣衙门大楼后;南北运河水涨,环濠盈满,阻隔兵骑,功归河神;颁匾酬答火神,则因"天津地方向多火灾,本年春间捻逆窜入直境,郡城戒严,深虞火患,迄今一年之久,火患顿息"⑤。"向多火灾",因此重火神,其中道理不言而喻。

火神庙的分布,相对均匀,应需而立。乾隆时,城内一座为官府祭祀场所,与城隍庙、文庙、武庙一道,构成对应于行政区划的庙宇建置;城周,除南门外多水潦而市井稀疏,七座火神庙布于西门外、北门外、东门外。城垣北至南运河三岔口,这一大片区域市廛繁盛,人烟密集,火灾多发。据道光时期保甲图,南运河北岸有赵家场火

①《宣宗实录》,万新平、于铁丘主编:《清实录天津史料汇编》,天津人民出版社2014年版,第853页。
②(清)昆冈等修:《钦定大清会典事例》卷四四三《礼部》。
③(清)吴惠元、蒋玉虹:《续天津县志》卷二《恭纪天章》,同治刻本。
④《穆宗实录》,万新平、于铁丘主编:《清实录天津史料汇编》,天津人民出版社2014年版,,第1332页。
⑤(清)吴惠元、蒋玉虹:《续天津县志》卷十六《艺文》,同治刻本。

神庙;迤东,俗称北大关地区,运河南岸有茶店口火神庙;再向东,三岔河口以北,南运河与北运河三面围起的地带,有丙德火神庙;三岔口以东,锦衣卫桥有座火神庙。在这些宗教和民俗神庙相对齐全的社区里,火神庙成为"标配"。这种社区情形,在乡镇比城厢更为直观。运河岸边杨柳青,道光年间已是津城"西南一巨村",建有玉皇、土地、药王、真武等庙宇,其中火神庙一座[1],至光绪时镇东镇西各一座[2]。津南葛沽镇渔盐而兴,有"九桥十八庙"之说,相传明永乐年间始建火神庙。宝坻林亭口风貌,道光时本镇人详作记述,佛寺关庙文昌阁俱全,镇东火神庙立有明嘉庆年重修碑[3]。

清代宁河,火神庙马神庙合祀[4],十二地支午属马,五行主火。火神称火德真君、赤帝真君、火德星君,或称火帝,俗称火神爷。神像或"面赤紫,金冠,无须"[5],或是"通红而凶恶的面目",三只眼,八只手各持剑、火球、火轮等器物。天后宫火神殿又奉二十八星宿神中"火部四神"或称"四火禽星",即尾火虎、翼火蛇、觜火猴、室火猪四尊星宿神像[6]。

这样的火神和司火星宿神造像,反映民众对于火的敬畏。

天津玉皇阁雕刻为荷叶形的构件

①(清)《津门保甲图说·北门图说第五》,道光刻本。
②《气焰逼人》,《申报》1889年3月14日,第2版。
③(清)李光庭著,石继昌点校:《乡言解颐》卷二,中华书局1982年版,第24页。
④(清):关廷牧、徐以观:《宁河县志》卷十五《风物·方音》,乾隆刻本。
⑤张江裁:《杨柳青小志》,民国刊本,天津市地方志编修委员会编著:《天津通志·旧志点校卷(下)》,南开大学出版社2001年版,第682页。
⑥望云居士、津沽闲人撰,张格点校:《天津皇会考纪》,天津古籍出版社1988年版,第12页。该书记为"围火虎""一火龙""食火猴""避火猪",有误。

旧时天津火灾多发,相关传言反映了这种敬畏。道光时,"邑城北火灾,延烧街市数里,片瓦不存"。灾后传言,大火前有疯癫妇人赤身披发,歌哭于市,逢人就念叨:"一人两眼"。某估衣店主见而叹息,取出布裤,妇人穿上离去。当晚火起,一街焚为灰烬,惟那家估衣店保全,房顶盖着那件布裤。方悟"一人两眼者,火字隐谜",那妇人是神秘示警者的化身①。咸丰时,北门外一次火灾殃及七条街。灾后传言,大火前一个月,每晚有一外乡人沿街叫卖"笊篱大火烧",炊具食物兼卖,甚为蹊跷。大火之后明白了,那是在满街吆唤"早离(笊篱)开,大火烧"②。书法家赵元礼《藏斋笔记》言及,夜梦红衣人催行,躲过火患的奇事③。火灾总是突发事件。不可预知,加重了人们的恐惧感,益发给神秘思维、神灵崇拜留出了空间。

火神崇拜源自"万物有灵"的原始思维。先民受惠于火,又惧怕火患,以祀灶、祀门、祀中雷之类,表达"为思其德,不忘其功"④,却并不能完全寄托对于大火无情的超自然力量的想象。于是,神话中"作火,死而为灶"的炎帝,做火正的祝融,还有回禄,被奉为火神,并与阴阳五行学说相融合。对于火的敬畏,有了极致的通达天地神灵的倾述方式。

民间相传六月二十三日为火神生日。一些水会在这一天"开贺打醮",酬神也娱人,慰劳参与救火人员⑤;或者"例于每年春秋两

---

① (清)李庆辰:《醉茶志怪》卷二《火灾》,齐鲁书社 2004 年版,第 99 页。
② 戴愚庵:《沽水旧闻》,民国刊本,天津古籍出版社 1986 年版,第 44 页。
③ 赵元礼:《藏斋二笔》,民国刊本,第 31 页。
④ 北京大学历史系《论衡》注释小组:《论衡注释》,中华书局 1979 年版,第 1464 页。
⑤ 杨桂山、李洁贤、于昭熙:《天津水会的创立与解体》,中国人民政治协商会议天津市委员会文史资料委员会编:《天津文史资料选辑(第 65 辑)》,天津人民出版社 1995 年版,第 179 页。

季,捐款呈供演戏,敬祀赤帝真君"①。杨柳青火神庙每岁元宵节期间赛会祀神,"以彩舆舁其像出巡,换新衣绿锦袍,灯烛围簇,面赤而袍绿,极绚烂威烈之状",龙灯歌舞,彻夜喧阗②。葛沽火神庙,九月九日开庙门。一些火神庙有住庙神职人员③,城内火神庙曾有扶乩者活动④。

神庙奉祀之外,"守望相助,有备无患"的水会,厅堂上供奉火神,神像前陈设香案,摆五祀、香炉、蜡扦等⑤。津东范庄子水会规则,发生火警时,会首们要在火神像前点香叩头再奔火场,称为"辞火神"。民国时期杨柳青,"当村长,火神庙事归他掌",同时又是"十八水会总会头"。"火神爷,也出巡","火神出巡坐红轿","有水会,叫平安,火神出巡住里边"⑥,这首买卖杂字反映了水会与火神崇拜的关系。

崇奉火神,赛会祀神,借以禳灾而祈福,习俗然也。清道光年间,在宝坻林亭口镇,火神阁坐北朝南,面对兼做庙门的戏楼,东厢为药王殿,西厢为娘娘殿,这样布局可见火神在乡民心目中的位

---

① (清)张焘撰,丁绵孙、王黎雅点校:《津门杂记》,光绪刻本,天津古籍出版社1986年版,第44页。

② 张江裁:《杨柳青小志》,民国刊本,天津市地方志编修委员会办公室编著:《天津通志·旧志点校卷(下)》,南开大学出版社2001年版,第682页。

③《半日三火》,《申报》1890年6月4日,第2版。

④ (清)郝福森:《津门闻见录》卷三《东园实纪》,清抄本。

⑤ 杨桂山、李洁贤、于昭熙:《天津水会的创立与解体》,中国人民政治协商会义天津市委员会文史资料委员会:《天津文史资料选辑》第65辑,天津人民出版社1995年版,第179页。

⑥ 伯婴:《杨柳青买卖通俗杂字》,杨柳青地方志编修委员会编著:《杨柳青镇志》,天津社会科学院出版社2005年版,第1122页。

置。人们讲,火神阁"甚高,皆为镇火,故林亭鲜有祝融之灾"[1]。镇火襀灾,应是礼奉火神的主要心理诉求。

(三)五行"水克火":被符号化强调的常识。

为远离火灾,古人敬畏火而神之,同时也重水,双管齐下。《春秋左传·昭公十八年》记载大火后痛定思痛的举措:"襀火于玄冥、回禄"。晋代杜预注,"玄冥,水神;回禄,火神"[2]。这传统的沿袭,旧时天津城北城东火灾多发区域尤为典型,分布有火神庙,又有玄帝庙、真武阁祀奉主水之神。民间俗信玄武治水镇火,大直沽建了玄帝庙[3];葛沽玄帝庙庙址,相传选在玄武救火留下脚印的地方。这传统的沿袭,清康熙《静海县志》所载奉龙王、火神于一庙[4],可谓得承妙想。

"城门失火,殃及池鱼",因为足够量的水能浇熄火焰。这是生活常识,被古代阴阳五行学说所吸纳,由具象而抽象化、符号化,"水克火"成为带有哲学况味的神秘玄虚。这五行之水之火,"天一生水,地六成之","地二生火,天七成之",不仅"数字化"了,还与八卦易学相融。由此,乾隆时天津官员见城内鼓楼、县阁两座起高建筑,便与"地二生火"挂钩,觉得找到了多火患的根源。由此,"有预防,是水局,救火扛着八卦旗"的情景[5],也并不难被普遍接受。

---

① (清)李光庭著,石继昌点校:《乡言解颐》卷二,中华书局1982年版,第25页。
② 杨伯峻编著:《春秋左传注》,中华书局1990年版,第1396页。
③ 梁广中:《鉴赏家乡〈大直沽古貌草图〉》,天津市河东区政协文体和文史委员会编:《天津城市之根大直沽》,天津古籍出版社2014年版,第279页。
④ (清)阎甲胤、马方伸:《静海县志》卷四《土祀》,康熙刻本。
⑤ 伯骙:《杨柳青买卖通俗杂字》,杨柳青地方志编修委员会编著:《杨柳青镇志》,天津社会科学出版社2005年版,第1120页。

传统社会的日常生活中，随处可见被赋予对火具有制约意义的水符号。殿宇、高阁、鼓楼以及过街牌坊的吞脊兽构件，又名蚩尾、鸱吻，"蚩尾水之精，能辟火灾"①。山墙、山尖的山花砖雕，如玉皇阁广东会馆的云龙图案，和博缝板垂下的悬鱼一样，意味在水。建筑内藻井，藻井名谓"象东井形，刻作荷菱。荷菱，水物也，所以厌火"②。藻井为天花的特殊形式，顶部呈穹窿状，如广东会馆戏楼的鸡笼形藻井。传统房屋用顶棚遮掩梁以上构件，称为"天花"。用木条做方格以承天花板，那方格称作"井口"。这些名目的取意，称"花"在于"荷菱，水物也"，称"井"以其"象东井"——东井指二十八星宿之井宿。室内屋顶这些名堂，都浸着以水制约火的俗信。

建筑雕饰常见云水、荷莲图案。玉皇阁屋架构件即雕为云水纹与荷叶形。民居抱鼓石、门墩纹饰，砖雕构图中也多有所见。莲是圣洁的象征，建筑纹饰用之，取意还在于"荷花，生池泽中……一名水旦，一名水芝，一名水华"③。多用涉禽图案，如"一鹭莲荷"谐音"一路连科"，既有吉祥寓意，也是表水符号。

推崇克火之水，民间救火组织习惯于称水会、水局。水会的冠名也崇水。康熙时同善水会为发端，随后有上善水会。称"善"，取《老子》名句"上善若水"。这是双关修辞的妙用，既昭示善举，又言说"若水"，是在张扬克火的那个"水"。

同光间，津门水局40余处④，其中"聚善""从善""公善""众善"

①（唐）苏鹗撰，吴企明点校：《苏氏演义（外三种）》，中华书局2012年版，第17页。
②（汉）应劭撰，王利器校注：《风俗通义校注》，中华书局1981年版，第575页。
③（晋）崔豹撰，焦洁校点：《古今注》，辽宁教育出版社1998年版，第14页。
④（清）羊城旧客撰，张守谦点校：《津门纪略》卷六《义举门》，光绪印本，天津古籍出版社1988年版，第45页。

"议善"等,称名以"善"者9处;"召济""普济""天济""胜济"等,名称含"济"字者8处;"涌泽""涌泉""聚津""逢源""泗安""清安"6处,"天泉""胜水"2处,又有"东天一"——"天一生水"。这样算来,含"水"名称26个,占了总数六成。此外,名"盐坨"者取自地名,"郡安""卫安"地名加"安",以及"天安""静安"等,"安"字名10余个。有"丙安"一称,取诸阴阳五行之说,天干丙丁属火。在诸多崇水的冠名中,这个"安火"的名称别具意蕴。又有"庚济"之称,天干庚属金,五行金生水,庚济旺水,是对于克火之水的强调。

津城东郊,范庄子受城厢"善字号民间救火组织的影响",筹建公善水局。津南葛沽水局,名称分别为太平、公善、上善、永善、天一①。津西杨柳青的水局名称,则有东善、忠善、众善,有浒德,有安离②。在津北宜兴埠,光绪年间成立了公善首局、上善西局③。

尚"善"寓意崇水,参与水会的志愿者概以"善"相称,救火人员称为"伍善",有诗句"救火水机伍善抬"④,亦称"武善"⑤;出资者操办者称为"文善",也称"士善"⑥。宜兴埠旧俗,逢年节水会设宴,有"文善出钱,武善白吃"之说。各局会首则称"首善"⑦。有水会的村庄

---

①张信一:《葛沽镇的特殊农产和水局》,《天津县乡土志辑略》,天津古籍出版社2016年版,第328页。

②靳毓蕃:《我的家乡》,郭登浩编:《天津县乡土志辑略》,天津古籍出版社2016年版,第89页。

③《宜兴埠镇志》,津新出图字(99)第002867号,第479页。

④(清)周宝善:《津门竹枝词》,《津门闻见录》卷三,清抄本。

⑤(清)佚名撰,罗澍伟点校:《天津事迹纪实闻见录》,天津古籍出版社1986年版,第11页。

⑥刘世珺:《杨柳青乡土教材之搜集》,民国稿本,郭登浩编:《天津县乡土志辑略》,天津古籍出版社2016年版,第180页。

⑦(清)吴惠元、蒋玉虹:《续天津县志》卷八《义举》,同治刻本。

帮邻村救火,守望相助,津东流传"一水解三仇"之语。1930年一幅题字"众伍善合影"的杨柳青老照片,背景可见"慈云永渡"匾高悬。这些都反映了民俗心理需求,对于水符号的强调,是对于"水克火"五行观念的彰显。

哲人有言,"民非水火不生活"[①]。后人的理解是"五行皆切于民用者也,而水火为最,以其非此不生活也"[②]。水火泽惠生活,而另一面则是"水火无情"。民俗称灶神为"一家之主",灶王爷本是"火神在每家每户的具体化"[③],又被尊为"本宅水火神"。杨柳青年画《上天双灶》,画面天上、凡间,以"善火""东厨司命""福水"字样相分隔[④]——居家防火是一大至要,"火"冠以"善"已是妙思,再配上"福水"来制约,不失慎不走水的祈望,需要这样一种平衡。

结　语

在传统社会里,"五行,是中国人的思想律,是中国人对宇宙系统的信仰"[⑤]。防火灾传统习俗受到阴阳五行学说影响,是必然的。这影响的表现,借学者论述水火范畴之语,是"水火从五行中脱颖而出"[⑥]。

---

①《孟子·尽心上》,杨伯峻译注:《孟子译注》,中华书局1960年版,第311页。
②(明)朱启东:《修火帝真君祠》,《蓟州志》卷八《碑记》,清康熙刻本。
③庞朴:《"火历"三探》,《当代学者自选文库·庞朴卷》,安徽教育出版社1999年版,第511页。
④王树村:《中国民间年画史图录》,上海人民美术出版社1991年版,第627页。
⑤顾颉刚:《五行终始说下的政治和历史》,《顾颉刚古史论文集(第三册)》,中华书局1996年版,第354页。
⑥高成鸢:《"水火"范畴与中华智慧》,《天津文史》2107年第1期,第10页。

篇末再举事例两则。清代笔记:"天津人烟稠密,年年屡犯火灾,至少七八次。自广西贼由天津窜独流,严加防范,紧闭南门三月有余。南方属火。自闭门后,天津果无遭回禄者,岂以路阻丙丁,天津遂无火灾乎?"①太平军兵近天津城的一段时间里,没有火灾发生。有人揣摩原因,说是得益于紧闭南门,依照五行学说,南方属火。这与古代求雨"开邑里北门",祈晴开南城门②,同一思路。其实,当时全城处于高度戒备状态,"防火箭沿户悬灯,设水机满城击柝"③,是临战的警惕和防备措施杜绝了火患。做着戒备防火的事,却将功劳归于那些神秘玄虚的俗信,因果错位。关于古代抵御火灾习俗,这事例提供了一个视角。当然,传统习俗对于慰藉心理、提示防火的作用,是不应被忽视的。

另一则见于清人日记:宣统元年(1909)夏,北马路一次大火,延烧十几家。目击者中有一个多次来津的读书人,他记下"消防队之敏捷,而消防队实赖自来水",言及火灾保险业,并写道:"文明事业皆互相资藉以成功"④。这是颇有见地的评论。深烙阴阳五行学说印记的传统防火灾民俗,属于水会和水会之前的时代。随着社会物质、精神文明的发展,消防队、自来水、火灾险等许多新事物"互相资藉",社会捍灾御患的能力日趋强大,一些抵御火灾的传统习俗渐行渐远,成为必然。

①(清)郝福森:《津门闻见录》卷五《津郡兵火纪略》,清抄本。
②(汉)董仲舒:《春秋繁露》,苏舆撰,钟哲点校:《春秋繁露义证》,中华书局1992年版,第429页。
③(清)郝福森:《津门闻见录》卷五《沽上奇闻》,清抄本。
④贺葆真著,徐雁平整理:《贺葆真日记》,凤凰出版社2014年版,第155页。

大文化视野下的民俗学

——问津讲坛第 51 期主讲人吴裕成先生侧记

张金声

2018 年 1 月 27 日,天津市问津书院的"问津讲坛"迎来今年的首场讲座。今晚报社高级编辑、文化学者吴裕成携《天津的防火习俗》讲题,重点介绍了五行观念对津沽防火灾习俗的影响。两个多小时的讲述,体现了他治学的一贯风格,以独特的视角、翔实的史料、严谨的考释,将听众带入大文化视野下的民俗学。

吴裕成,1952 年出生于山东蓬莱。一岁时随母亲来到天津,居住在老城北门里。及长,先后就读于北门里小学、三十一中学(今崇化中学)。这两所学校分别为清代县衙、府署旧址。老城里的历史遗迹和市井民风,影响是潜移默化的,他热衷于民俗文化、天津地域文化研究抑或发轫于此吧。

一 报纸副刊的优秀编辑

吴裕成上小学时即喜欢写作,"语文算术两门课,喜欢语文,喜欢作文,考试却是算术得分高",吴裕成如是说。1969年中学毕业,那时分配工作称为"选调",他进了工厂。工作之余,喜欢看电影和读书,读文学,读历史,读诗也写诗。"那时每周公休一天,我大部分时间都泡在图书馆里。"后来,大学开始恢复招生,厂里有同事报考工程院校,撺掇他也试试考学。他说,喜欢学中文。同事说,学中文只有两条出路,第一当教师,第二当记者。他说,自己正喜欢做记者。后来,天津广播电视大学招生,他报考中文专业。"那时上学没有功利目的,更没有文凭概念,只是想学点儿知识。"1982年,他从该校毕业,获得大专文凭。没想到,正是这张文凭为他以后的事业打开了一片天地。先是厂里将他调入"职工政治学校"工作。1983年,天津拟恢复出版晚报,以天津日报社名义公开招聘编辑记者。通过考试,吴裕成被录取,并于年底接受培训,随后参与《今晚报》创刊筹备工作。组建各采编部门,征求个人志愿时,他报了"副刊编辑"。用他的话来说:"当时记者很风光,副刊编辑工作默默无闻,但我喜欢。"他是《今晚报》副刊"日知录"专栏最早的责编之一,编过"天津卫"专版,后来任副刊部主任,一直到退休。

为了办好《今晚报》副刊,吴裕成和他的同事付出了很大的努力。"一块副刊、一个专栏要办出特色,必须要有具备独特视角的高水平文章,需要建立相应的作者队伍。"他说,"做编辑的基本功,第一是组稿,第二才是案头工作。"为此,他不断地向文化名家、文学大家们约稿。那时与作者联系,可不像现在这样方便。筹备出报时去北京组稿,"坐公交,到处跑,一天也只能跑几家。当时部主任也是这样,年过半百又体胖,脚底都磨起水泡了"。大家热情高,为报纸付出的同时也学到了许多,辛苦但快乐着,这便是那时的工作状态。

在与诸多名家的交往中,吴裕成与他们结下了深厚的友谊。他把与作者打交道的过程,当成博采众长的学习过程。回忆起《今晚报》副刊编辑生涯,他曾写道:"晚报改变了我的人生。对于付出的劳动,晚报的给予并不只是衣食无忧。作为一名副刊编辑,编辑与作者,编辑与读者,乃至编辑与编辑即所谓编辑部里的故事,丰富了我的阅历。"

二 学识渊雅的文化学者

吴裕成对民俗学有这样的见解:"一部《二十四史》,可以说是断代的政治史或者说帝王史。民俗学有着时间与空间的广泛性。梁启超提出新史学观点后,民俗材料为史学家所重视,如20世纪20年代顾颉刚等学者关于妙峰山庙会的研究,关于民间歌谣的搜集。如今,社会生活史的研究更是方兴未艾。这些为民俗学的学科定位提供了借鉴,可以说民俗学并不小。"他挚爱传统文化,治学注重大文化的视角,不是就物论物、就民俗论民俗,而是将审视对象置于中华文化的背景之下,看其与博大精深的传统文化的联系。他治学力求严谨,著述资料翔实、化裁得当,立论宏观与微观相互观照。

《生肖与中国文化》是他的代表作。这部60万字的书稿,2003年由国家级出版社——人民出版社列入"中国文化新论"丛书出版,问世后颇获好评,学界名宿段宝林教授、乌丙安教授分别在《人民日报》《中华读书报》发表评论,给予较高评价。这部著述为他赢得天津市第十届社会科学优秀成果三等奖。

十二生肖可谓国人皆知,耳熟能详,可要说出个所以然来,普通人恐怕往往是一头雾水。这部书共 9 章 37 节，上至天文星象，下至生活景观，汇古今中外，集文化艺术，融宗教、人文、民俗于一体，洋洋洒洒，考释详备，令读者如入山阴道中，读罢令人叹为观止。该书之所以有如此魅力，用吴裕成的话来说就是"解剖麻雀"。如何"解剖麻雀"？他在后记中写道："为拙著《中国的井文化》撰写后记，一个被人们讲得烂熟的说法，所谓'解剖麻雀'的比喻，硬是挤进电脑显示屏。当时写道，用文化的视角端详一种器物，其实是在以博大精深的中华文化为对象，专注于一个切入点，'解剖麻雀'。这样的'麻雀'，如果能够琢磨透三百五百个，我们对于中华文化的认识将会登上新台阶。"从 1992 年的《十二生肖与中华文化》至 2003 年的《生肖与中国文化》，十余年间他一直在搜寻补充资料，有关生肖与中华文化这个课题在不断地丰富着，然而他并不满足，"生肖文化研究应该是一个绝不狭小的研究领域，有着令人心驰神往的探索空间。源的追溯，流的采撷，这部书只是将点点花絮、缕缕线索奉献给读者。精确描绘最初的生肖文化，还有待新的发现。那发现的意义，将在上古史研究领域里踏响空谷足音"，吴裕成如是说。正因对这一文化课题的独到研究，中国民俗学会聘任他为生肖文化研究中心学术委员会主任。

吴裕成是位勤奋的学者，当一个课题尚未完成时，他又开始下一个课题的思考，课题研究常是交叉进行的。正因如此，其长篇短制，屡屡问世，受到读者的好评。

三　天津民俗及文史研究

吴裕成在报刊杂志上发表过大量有关天津民俗及文史研究的

文章。他的文风和渊博的知识，引起读者的兴趣。他冷静、沉稳而淡然，不故作惊人之语，更无趋时之态。难得的是，其所道之事，谈学理不妄自尊大，论现象不拘于一点，于司空见惯之事中，总能发出独特的声音。

吴裕成深谙中国传统哲学思想的特色产物——阴阳五行学说，且将其运用到民俗学的研究中。他在"问津讲坛"讲防火民俗，就涉及阴阳五行之说。他归纳了明清时期天津多火灾的原因：一是五方杂处，"人烟稠密，往往不戒于火，灾渐多"；二是"居民夜作，例不禁火"，燃灯照明引发火灾；三是易燃物的隐患，如"靠城山积卖烧柴，春苇秋蒿蜀秫秸"；四是"可恨居民多不戒，燎原只用一星抛"，居民在防火意识方面存在短板。既然多火灾，无论官府还是百姓都要设法防火。

总摄前题之后，有关津沽防火民俗，他展开广博的研究空间：建水会、掘井、城墙开水门引水入城、设庙镇火等，既有精神的，又有物质的，但万变不离其宗，这些都离不开中国传统的哲学思维，即"金木水火土，五行相生相克"。为此，拟出"空间奇思""火神崇拜""五行水克火"等小题目，这些小题既独立成章，又相互关联。

他从津沽的地理空间、人文环境、镇火庙宇谈起，诸如清代道光、咸丰年间对天津县火神的加封，祀灶、祀门、祀中霤，建筑饰物饰纹，水会的起名等，娓娓道来，不啻于一幅津沽防火传统民俗的画卷，还原那个时代的防火民俗。

吴裕成赞同历史学家顾颉刚的观点，在传统社会里，五行是中国人的思想律，是中国人对宇宙系统的信仰。防火灾传统习俗受到阴阳五行学说影响是必然的，这影响的表现，借天津学者高成鸢论述水火范畴之语，是"水火从五行中脱颖而出"。同时，他也言及随着社会物质、精神文明的演进,消防队、自来水、火灾险等许多新事物"互相资藉",社会捍灾御患的能力日趋强大,一些抵御火灾的传统习俗渐行渐远便成为必然。

(《藏书报》2018 年 3 月 26 日第 12 期)

问津讲坛第 52 期

(2018 年 3 月 31 日)

天津方言与民俗

主讲人：谭汝为

　　谭汝为　原籍广东新会，出生于天津。天津师范大学国际教育交流学院教授，从事汉语词汇修辞学、民俗语言学和天津城市文化研究，中国语文现代化学会语文教育专业委员会理事长、京津冀语文教育联盟主席、天津市语言文字工作委员会委员、天津市语言学会顾问。著有《古典诗歌的修辞和语言问题》《词语修辞与文化》《民俗文化语汇通论》《诗歌句法修辞与鉴赏》《天津地名文化》《天津地名故事》《这是天津话》《天津方言词典》《天津方言研究与调查》《天津方言文化研究》《天津方言与津沽文化》《人名春秋》等，发表学术论文 200 多篇。

天津方言与民俗

谭汝为

随着城市建设的推进,传统的城市区片的界限被打破,加之居民受教育水平的提高以及普通话的推广普及, 使得天津话逐渐向普通话靠拢。如今在天津中青年人的口中,几乎听不到正宗的天津话了。在传统的天津家庭里,孩子说普通话;父母在单位说普通话,回到家说天津话;而老一辈人仍然说天津话。在这种情势下,记载和保存原汁原味的天津话就显得意义非凡,因为再过 20 年,纯正的天津话恐怕就更难听到了。对于天津方言的研究和传承,属于抢救性保护,时间紧迫,意义重大。

一 天津方言文化的研究、传承与保护

(一)天津方言:抢救性保护

进入 21 世纪, 笔者将研究重心转到天津方言与民俗研究上

天津方言系列成果鉴定会合影

来：一是利用多种媒体和各类讲坛，大力普及天津方言研究，使之接地气，扩大社会影响；二是出版天津方言研究著作四部，发表论文多篇；三是先后四次到安徽北部地区，开展天津方言寻根调查；四是主编出版《天津方言词典》，获四项大奖；五是"天津方言语音建档工程"取得圆满完成。

（二）让学术回归民众

来新夏先生晚年主张将学术成果通俗化，在公众层面传播学术。利用学术随笔形式把学术与公众沟通，发挥推广学术的作用。来先生说：我们读了一辈子书，学术从哪里来？来自于公众。民众养育了学者，当后者学术小有所成，应当以知识回敬民众、反哺百姓。所以，我要回归民众。另外，旧的学术文章我写了不少，大家希望我改改笔调，写点老百姓能接受的文章，使学术通俗化——这段话对我很有启发，并决心付诸实践。

(三)《天津方言词典》先后获得四个奖项

李世瑜先生晚年叮嘱:在前人研究的基础上编写一部《天津方言词典》。为完成前辈学者的嘱托,我们组成编委会,历时4年,先后增补修改5次,最后完成了这项艰巨的工作。可以说是对天津方言研究已有成果的集大成。每一个方言词条都列出与普通话对照的语音,另外在词条释义和例句选择上也下了很大工夫。每一个方言词语都与《现代汉语词典》对照,对于《现代汉语词典》没有收录或标注为"方言"的词语,才酌情收录。《天津方言词典》先后获得天津市第十四届社会科学优秀成果三等奖、天津市优秀图书奖、全国优秀社会科学普及作品奖、天津地方文化著作(学术类)优秀奖。天津师范大学董月凯博士撰写长篇书评《天津方言研究的里程碑——读谭汝为教授主编的〈天津方言词典〉》刊于《社会科学论坛》2017年第7期。

(四)天津方言研究系列成果通过学术鉴定

《天津方言词典》《天津方言文化研究》《天津方言研究与调查》作为天津方言研究系列成果,通过学术鉴定。由中国社会科学院荣誉学部委员侯精一、语文出版社前社长李行健、天津市语言学会会长施向东等9名专家签署的鉴定意见指出:《天津方言词典》等著作,分别从语音、词汇、语法、文化语言学等方面对天津方言进行了全方位深入研究,在研究角度、方法和结论上有多项创新,取得了丰厚成果,解决了天津方言研究中一些重大的疑难问题,具有填补空白、总结集成、抢救性保护等多重价值。

（五）方言镌刻记忆，乡音唤起乡情

天津档案馆主办的"天津方言语音建档工程"，对天津方言语音录制，包括人物对话、地理买卖杂字、童谣民歌、俗语谚语、俏皮话、吆喝叫卖、劳动号子等。把地道的天津话以音频视频形式记录下来，构建一套体系完备的方言语音档案资料库，由档案馆永久收藏，以实现对天津方言资源的抢救性保护。使后人不仅可以听到天津方言，还能了解过去的生活以及方言承载的城市文化。保护方言，就是保护历史文脉，保护我们这座城市民俗文化的根基。

二 天津方言民俗剖析之一：方言岛与母方言

天津方言与普通话的差异主要体现在语音方面，其次在词汇方面，而语法基本相同。天津方言的语音特点：四个声调中阴平声的调值低降，齿音字较多。下列阴平声调的词语，天津话读音与普通话读音差异明显，例如：天津、标兵、沙发、西医、高招、灰堆、飞机、抽烟、西沽、抓瞎、三鲜、清真、阴天、胳膊等。

（一）天津方言区的范围

天津方言区，以旧城区为中心，包括南开、河北、河东、河西、和平五区，红桥区的大部分街道，滨海新区的塘沽、汉沽以及西青、津南、东丽三区的部分村镇。天津方言区的四至范围：东到东丽区的赵庄子、张贵庄、翟庄子、卢庄子和津南西部南马集；南到西青区东部的小南河、大寺、大芦北口和津南区西部的大韩庄；西到西青区东北部的中北斜、曹庄子和侯台子；北到东丽区东北部的大毕庄和徐庄子。

天津行政区划内其他五个大方言片：(1)北部蓟宝宁话片：蓟县、宝坻、宁河，与唐山话接近。(2)南部沧州话片：津南小站、大港大部分地区。(3)西北部武清话片：如杨村、双街、双口，与北京话接近。(4)西南部静海话片：如西青杨柳青、津南咸水沽等。(5)北辰话片：如西沽、丁字沽、北仓、宜兴埠等，武清话与天津话之间的过渡。天津地图由北往南：唐山话—北京话—天津话—静海话—沧州话

(二)天津话区片：被静海话和武清话包围的方言岛

天津方言，属于北方方言区冀鲁官话保唐片内一个特殊方言小片。天津方言片的东、南、西三面被静海方言区包围着，北部则是武清方言区——形成一个方言岛。所谓方言岛，语言学术语：由于历史上大规模移民，使外来的方言势力占据了原来的某方言区，形成被原方言区包围的独立的方言孤岛。

(三)河北承德话片就是一个方言岛

承德距离北京200多公里，但居民却操纯粹的北京话。清康熙年间兴建避暑山庄和外八庙，首都宫廷供奉人员、皇宫卫队官兵、建筑团队大批人员移住该地定居，以致压倒原住居民所操方言，使之同化于北京话。于是，承德就形成了一个方言岛。方言岛形成有三个必要条件：一是大规模的集体迁徙；二是聚居不散，形成相对独立的语言社团；三是外来方言社团在当地社会生活中处于相对的优势地位。

(四)天津方言岛从哪儿来的?

天津方言岛呈倒等腰三角形，底边距旧城北约1公里，尖端距

《天津方言词典》出版仪式合影

旧城南约 22 公里。天津方言岛以北居民,语言接近北京话,东北部接近唐山方言,西南部和东南部为静海方言,南部接近沧州方言。天津方言岛究竟来自何方？20 世纪 80 年代初期,天津著名社会历史文化学者李世瑜先生对此进行调查考证,并得出了初步的结论——天津方言来自以固镇为中心的淮北平原。

(五)天津话的母方言来自皖北平原

明代实行军屯制度,大量外地移民以军事组织形式来到天津一带屯垦官田。燕王扫北,安徽宿州一带大批军士携眷来津,形成相对牢固的语音社区。查询《明史》发现,明初天津卫驻军籍贯多为江苏和安徽,以皖北地区居多。当时规定:每位将领可带百名原籍士兵携家属北上,人数约达 5 万之多。天津设卫筑城时,土著人口不多,驻守卫城的安徽方言处于优势地位,对天津话形成和发展起了重要的作用。

天津学者多次赴皖寻根调查：2011 年和 2012 年，天津市政协文史委组织"天津方言寻根调研组"（南开大学、天津师范大学 4 位教授带多位硕士生、博士生）先后两次赴安徽调查，行程 22 天。先后到安徽省宿州、固镇、灵璧、蚌埠、凤阳、蒙城和合肥等地进行深入调查。语音组（杨自翔 曾晓渝）和词汇文化组（马庆株 谭汝为）有分有合，先后举行各种类型座谈会 14 次，问卷调查合作人和发音人近 40 人。

(六)天津话母方言产生的地域范围

与天津方言相似的淮北方言，以固镇、宿州、蒙城三角区域为中心。其四界范围：江苏徐州市以南，淮南市以北，涡阳县以东，五泗灵（五河、泗县、灵璧）地区以西——天津方言母方言，很可能就来自这个地域范围（明清两代皆属凤阳府辖区）。

(七)调查结果证实了李世瑜的观点

词汇调查汇总对比：固镇、宿州、蒙城与天津方言词汇相近，而凤阳最远，合肥次之。语音调查主要是该方言点音系和连读变调情况，以听音记音为主，辅以录音分析。天津话来源于当时军队里通用的南京官话（南直隶辖区，包括今江苏 安徽）。经 600 多年的发展演变，今天的天津话在语音上与固镇等地仍显示出较突出的相似性，是二者同步发展的结果。

(八)天津方言寻根调研考察系列

其后，今晚报派天津方言岛寻根报道小组（2012），天津档案馆和天津电视台举办天津方言寻根之旅（2017），先后赴固镇、蚌埠、宿州、蒙城、亳州等地采访调研,以百姓视角和民俗考察角度,记录当地乡音乡情,探寻津皖两地在语言文化、民俗说唱等方面的历史渊源,为津味文化寻根溯源。最后以音像档案形式留存,并以电视连续新闻片形式播放。其采访调查结果印证了我们上述初步结论,并补充提供了大量鲜活的素材和语料。

(九)京、冀、鲁方言对天津话也产生一定影响

天津是南北漕运中心、北方贸易转运重镇,商贾聚集、五方杂处。明清两代,许多苏皖及晋冀鲁豫地移民或屯垦,或逃荒,或漕运,或经商,或谋职,或闲居,陆续迁至天津。另外,盐业、金融、实业、商业,乃至政界、军界、文化界各色人物都在天津安家落户。在语言接触和融合中,河北、山东、北京、东北等地的方言,对天津话的丰富与发展也产生了一定影响。

(十)天津话正逐渐向普通话靠拢

近年来,随着推广普通话的深入进行,天津居民的语言状况已经发生了很大变化。如今的天津话,呈现出逐渐向普通话靠拢的趋势。如今,五十岁以下居民所说的天津话,已不是纯粹的天津话,形成了经过改造的天津话与普通

天津方言寻根调研——安徽蚌埠天津清真寺

话相融合的状态。其主要特征是：齿音字大大减少，只是在声调上保留了阴平读音低平的特点。

(十一)天津话的语音特点

天津话与普通话都有四个声调，但在调值上却有明显差别，尤其表现在阴平声调上。普通话阴平读音呈现高而平的调值——高平调，而天津呈现出低而降的调值，例如："天、七、飞、边、光、灯"等读音，天津话调值低，与普通话形成巨大反差。

（1）普通话 zh、ch、sh 卷舌声母的字，天津话读为平舌声母 z、c、s。例如：展览的展 zhǎn，天津话读 zǎn；招考的招 zhāo，天津话读 zāo；生产 shēngchǎn，天津话读 sēngcǎn；上车 shàngchē，天津话读 sàngcē；事由的事 shì，天津话读 sì；山脉的山 shān，天津话读 sān 等，就是齿音字数量较多。

（2）普通话带有 r 声母音节，天津话读成零声母，把辅音 r 换成了元音 ī。例如：人 rén、热 rè、肉 ròu、润 rùn 等字，天津话却分别读成 yén、yè、yòu、yùn。用、泳、勇等字，普通话读 yǒng，而天津话却读 rǒng，让、嚷、壤等字，普通话读 rǎng，而天津话却读 yǎng。

（3）天津话在 a o e 开口呼音节前加声母 n。如：安全的安读成nān，超额的额读成 né，熬鱼的熬读成 nāo，可爱的爱读成 nài，还有：熬鳔、欧洲、海鸥、皮袄、江米藕、挨千刀、恶吃恶打等。

天津卫三宗宝，鼓楼炮台铃铛阁(gǎo)：天津话把铃铛阁 gé 读为铃铛阁 gǎo，是受母方言(安徽话)影响所致。京剧唱词"同登麒麟阁""共上凌烟阁"等的"阁"都唱 gǎo 音。汉代麒麟阁、唐代凌烟阁是为表彰功臣而建的绘有功臣图像的楼阁。在韵文中，从音律上看：凌烟阁的阁读仄声，如"功名未上凌烟阁，姓字先标聚义厅"；

"不求图画凌烟阁,只为家邦致太平"。上句末尾的阁都读仄声。京剧是徽班进京后形成的,天津方言岛的母方言是安徽淮北方言。因此,天津方言将铃铛阁的阁读为铃铛阁 gǎo。

文昌阁、天尊阁、观音阁的阁却读 gé 音:座落于市区的水阁、北阁、铃铛阁、玉皇阁等的阁读 gǎo 音;而位于市区之外的阁,如西青区杨柳青文昌阁、宁河天尊阁、蓟州区独乐寺观音阁等,其阁字却一律读为 gé 音。——这是因为杨柳青、宁河、蓟县都在天津方言岛范围之外,当地方言与天津方言不是一码事。

天津话异读字数量很多 例如:做读 zòu,寻读 xín,洗读 cóu,涩读 sēi,饿读 wò,就读 zòu,弱读 yào 等。再如:末了读 miēliǎo,棉花读苗活;勤俭读勤近,托生读掏僧,螃蟹读螃海,鼻涕读鼻登,这是读介似,恶心读孬心,比划读比乎等。

天津话语音、语义精细入微:【扒呲】bāci 贬低,揭露短处。例句"这小子常在背后~别人"。【拔呲】báci 为显摆自己而故意用难解问题考问对方。例句"你不是学问大吗? 我今儿写两个字~~你"。【把呲】bǎci 独占位置,权力等,不让别人参与,义同"把持"(含贬义)。例句"所有事儿他都~着,别人甭想靠前儿"。【耙呲】bàci 在雨雪泥泞道上行走。例句"这么大雪,别出去~了"。

"叉"字四个读音。研究天津城市文化的李子健先生曾撰文:杂技前辈吴连义在晨练中为师弟孙佳琪"说活儿"。随着天光大亮,小马路行人渐多起来,人们驻足观看佳琪的飞叉 chā 功夫。吴连义说道:"佳琪歇了吧! 在这小叉 chà 路口儿叉 chǎ 腿、劈叉 chà、练叉 chā,一会儿看的人多了,就把路口儿叉 chá 死了。"天津话"叉"有四个读音——飞叉 chā,把路口儿叉 chá 死(卡住),叉 chǎ 腿(分开),劈叉 chà。

三 天津方言民俗剖析之二：天津话的民俗文化特质

冯骥才先生曾表示："从学理上讲，天津城市文化具有市井文化的性质。虽说天津在雅文化层面上也有建树，但在全国缺乏影响力。这不是城市文化的高低问题，而是城市文化定位的问题。……我们最重要的一项工作，就是启发各级领导热爱地方文化，启发老百姓热爱自己的文化。要保护好城市的文化遗产和文脉，文脉是一个城市发展的历史过程，每个时期都有代表性的、经典性的东西要保存。天津方言就是我们这座城市发展文脉的典型代表，其民俗文化特质最鲜活的部分就是市井文化，具体说有三大特点：一是俚俗，二是简洁，三是幽默。"

天津方言安徽调查组专家合影

（一）天津方言第一个文化特质：俚俗

首先，谈天津方言的俚俗。如："嘛、哏、謷，不是省油的灯，不是嘛好鸟，不怕家里着火，就怕掉臭沟"等。山药豆子，属于嘲弄或谩骂，指性情乖僻或倒霉上当的人。"别搭理他，真是个山药豆子！""今儿个我要是赢不了他，我是山药！""别人牵驴你拔橛，这不是犯豆子嘛！""犯豆子"指某人逆情背理的怪异言行："别人都躲得远远的，你倒往跟前凑，这不是犯豆子嘛?！"

汉语詈语有一条不成文的规则：球状物品如球、蛋、包、瓜之类都可用于骂人。如：混球儿、坏蛋、脓包、傻瓜等。山药豆子、生瓜蛋子、茄子之类都是球形的，自然属于詈语之列。天津俏皮话："东南一指——玩去！"其实是让对方"滚蛋"的意思，其中暗含中国地势西北高、东南低的特点。

天津俏皮话：一〇八一部队——人头太次郎。日本侵华军驻津部队番号一八二〇部队。天津人编俏皮话"一〇八一"是"豆"字的笔画拆写。把人头太次（人品低劣）者，戏称为"豆子"。所谓"人头太次郎"，就是借日本人名形式讽刺人品低劣的人。这条天津歇后语折射出天津人拿日本占领军找乐儿的心态。

典型天津方言词：惹惹。天津话"惹惹"，指不办正事，起哄、瞎闹。冯骥才《阴阳八卦》："找他干嘛，瞎惹惹，乱掺和，再来个不干正事的，是添忙还是添乱？"林希《五先生》："侯家老七侯宝成，有点机灵劲，街面上跟着瞎惹惹，走到哪里吃到那里，倒也饿不着。"惹惹这个词也可用于自身，属谦词。天津哥儿们儿："嗨，什么大买卖？跑跑龙套，跟朋友一起惹惹呗。"

(二)天津方言第二个文化特质:简洁

天津人说话,唯求简洁明快,惜字如金,一字千金。例如"跟我走!""哪儿去?""南市。""干嘛?""坐坐啊!"冰糖葫芦,到了天津叫糖堆儿,甚至简化为"堆儿";天津小贩把柿子吆喝成糖罐儿,再简化成"罐儿"。

天津话单音节动词数量多,例如:崴泥简化成崴;砸锅简化成砸;栽面简化成栽;翻脸简化成翻儿;斥责简化成斥儿;决裂说成掰,纠正说成扳;挖苦说成改;耍笑说成涮;油滑说成贫;吝啬说成抠儿;言行出圈儿,说成扯等。

天津话食品名称和普通话大不相同。例如:馃子/油条、浆子/豆浆、弯子/豆角、柿子/番茄、拐子/鲤鱼、厚子/草鱼"——都带后缀"子"。天津话车辆名称:独轮儿、胶皮、三轮儿、挎斗、小四轮——突出"车轮",以局部代整体。天津人说"咱喝点儿""你来段儿",宾语省略了,但绝不会造成模糊和误解。

天津话"吃字儿"。天津人嗓门儿顶,舌头沉,说话快,一些词里的字儿就被"吃"没了。例如:派所儿、习所儿、合社儿、百公司、劝场、黄花园、豆脑儿、疙头、吃谁向谁、登鼻上脸、鸡蛋挑骨头等。您老变成泥了;别这样变成别介。

叙述事件,描写人物:求简。例如:起头,两人逗,后来恼了,广起来了,一通猛撅,脑袋开了,最后被派所猴起来了。——用6个单音节动词:逗、恼、广、开、撅、猴。再如:这小子当官之后,狗熊穿大褂——人啦!瘸子脚面——绷着!热面汤——端着!要饭的打狗棍——拿着。——用4个单音词:人、绷、端、拿。

(三)天津方言第三个文化特质:幽默

天津方言的幽默情怀。天津人懂幽默,形成地域文化一大特色。幽默是睿智的标志,是热爱生活的体现。幽默是智者的通行证,凭借它可以出奇制胜,一笑泯恩仇,四两拨千斤。幽默又是弱者的快活林,依赖它可使自己抚慰心灵的创伤,保持惬意乐观的心境。幽默也是人际关系的黏合剂,消除陌生与冷漠,使人们在会意的笑声中,达到心灵的沟通与拥抱。天津人就具备这种幽默的资质。例如:吹鼓手抱公鸡——嘀嘀咕咕;绕城转——白牌;白萝卜扎眼儿——穷呕(藕);日本船——满完(丸);海光寺当家的——横(衡)宽;板板倒儿骑兔子——没个稳当劲儿;十二时辰占了三样——身子虚(申子戌);许仙舞宝剑——瞎话白舌(吓唬白蛇);木鱼漂大海——闯荡江湖的老梆子。

天津地名俏皮话也很幽默。例如:你走你的中山路,我钻我的耳朵眼儿;娘娘宫的小玩意儿——耍货儿;南门外警察——代管八里台的事儿;近视眼念天益斋——大盖(概)齐(其);出南门奔西沽——转向了;宫北大街的帽铺——德兴(性)。

还有隐含民俗传说的俏皮话。天津旧时民间流行的俏皮话,其背后都隐含一段民俗传说。如消防队不换岗——晕斗儿了:民国时天津成立新式消防队,在大胡同东边建一座40米高瞭望塔,由消防队员按时值勤观察火警。瞭望塔顶端如旗竿上的刁斗,故名瞭望斗。有一次换岗的人没来接班,上面值勤的人因时间过久而晕倒于斗内,故曰晕斗儿。再如:大殡——绕一圈儿;缝穷的尿尿——抽冷子;拾毛褴的河边溜达——剁鱼(多余)等。

市井人物俏皮话,例如:海张五修炮台——小事儿一段;刘二爷剥蒜——两耽误；赵老二扛房檩——顶这儿啦；马老显看告示——够呛；徐聋子宰猪——满没听哼哼；杨瞎话儿讲报——信口开河；马三立看稻子垛——火烧连营等。

"二小"系列俏皮话，例如：二小踩高跷——瞧这几步走；二小吃烩饼——不叫（觉）焖（闷）；二小穿大褂儿——规规矩矩；二小丢钱包——傻眼了；二小买画——一样一张；二小放鸽子——又回来了；二小买香瓜——弹弹（谈谈）；二小拉胡琴——吱咕吱（自顾自）；二小嗑瓜子——专咬心上仁（人）。

"猴"系列俏皮话，例如：猴儿吃麻花儿——满拧；猴儿吃核桃——满砸；猴儿进冰窖——满凉；猴儿拿虱子——瞎掰；猴儿拉车——说翻就翻；猴儿拉稀——坏了肠子；猴儿吃芥末——翻白眼；猴儿骑车——玩轮子；猴儿推磨——玩儿不转；猴儿排队——满不挨着；猴儿屁股——自来红（月饼品种之一，或指出身好）。

人物评价系列俏皮话，例如：属蛤蟆的——没眼眉；属面鱼的——没骨头；属狗的——翻脸不认人；属黄花鱼的——溜边儿；属对虾的——拴一块儿了；属耗子的——撂爪儿就忘；属画眉的——就是嘴能耐；属鹦鹉的——有时也说两句人话。

语言幽默，源于城市文化与市民性格。天津人的"哏儿"就表现在能说会侃、开朗幽默上。究其成因，首先，这是商埠社会业务交往的客观需要；其次，作为一个移民城市，天津人从近代以来就见多识广，遗老寓公、各界名流……都在我们这座城市留下了深刻的印记，多元文化为语言提供了广博而鲜活的题材；再次，戏曲、相声等市民文艺的熏陶，对天津人幽默性格的发展起到催化作用。

俗文化里自然包含幽默情结。冯骥才《指指点点说津门》：天津人说话喜欢戏谑,有浓厚的自嘲成分,但并非黑色幽默,天津人的自嘲是语言的笑料和生活的调料。它使生活更加有声有色,有滋有味……成为一种根深蒂固的生活文化。看来是浅近的笑话,其实不仅蕴含着深刻的人生哲理,而且还能化解生活中的种种难事尴尬事。

天津方言与天津相声互为表里、相得益彰。马大哈、逗你玩、张二伯、马善人、丁文元、二他爸爸、万能胶等,都是天津相声塑造的典型人物。他们个性化的语言及笑话,不仅蕴含着深刻的人生哲理,而且深深打上天津俗文化和城市性格的烙印——天津方言滋润了相声茁壮成长,相声艺术也为天津方言不断增强活力,二者互为表里,相得益彰。

马三立与李世瑜。天津人凑到一块,就乐呵,就热闹,就火爆!幽默生成的手段,主要就是自嘲、现挂、包袱。相声名家马三立和学术大家李世瑜,上中学时就是好友。李世瑜说:"有一次教师学院开联欢会,请马三立表演一段,他答应了。演的是《俏皮话》,说到'底'时来了个现挂:'大碗里扣着个王八','怎讲?''里是鱼。''是王八怎么是鱼呢?''甲鱼呀!'谐音李世瑜。1992年天津艺术研究所纪念成立十周年开座谈会,我去了,马三立也去了,他在会上又把这个俏皮话重说了一次,逗得大家哄笑不止。"

卫嘴子的两重性。卫嘴子,钦佩天津人能说,爱说,表达能力强。天津人说话的确活泼幽默,善于挖掘语言潜能,说出话来,内容丰富,词语新颖,洋溢着达观聪睿和燕赵豪情。卫嘴子,也包含某些批评。如:口若悬河,纸上谈兵,天桥把式,光说不练等。天津人对自身并不盲目矜持自夸,也敢于无情地解剖自身的缺陷和弊病,并给予辛辣嘲讽。

开放务实和谐创新

天津方言语音建档工程专家组合影

(四)对天津方言两个典型词语的文化解析

膀大力：租界文化与码头文化的混血儿。天津方言词：膀大力，就是说实在的，说真格的，实打实的，靠得住的意思。在天津人普遍的意识中，膀大力这个词，并非上层社会的文明语言，似乎属于下层社会江湖行话的性质。为此，多年前，我请教李世瑜老先生。李老说："'膀大力的'确实源于英语 boundary。最初在天津洋行和码头的中高级雇员中流行，后逐渐成为码头中的习用语，最后流传到社会。"其性质就是产生于天津码头的外来词。

膀大力属于流俗词源。膀大力这个词儿后逐渐流传到天津社会生活中。天津人对其外来语的洋身份和原始词源，茫然无知，就只能依照词的字面义去理解。在天津人心目中，所谓膀大力，就指膀大腰圆，卖苦力干粗活的人，就是凭肩膀吃饭的苦大力。很显然，这种解释与英文 boundary 已毫无关系。用语言学术语来说，这属于流俗词源。

码头扛包装卸是实打实的硬活，来不得半点儿偷懒耍滑。于是,膀大力,就被引申为说实在的、说真格的、不掺假的意思。后来又简化为单音节词"膀"。对膀大力做"亲子鉴定",它是租界文化与码头文化的混血儿。本为英语音译词,但鲜为人知;作为方言词语,它又源于码头,因而天津人认为它难登大雅。从这个外来音译词逐步演变为俚俗词语的过程,可窥见汉语词语的演变轨迹,感受中西文碰撞与融合。

二姨夫——甩货:相声文化与商埠文化的融合。高英培相声名作《不正之风》塑造了万能胶的艺术形象。其中有个荒诞的喜剧情节:为赶时间,万能胶用装殓着二姨夫遗体的火化车去接新娘子。真是娶媳妇打幡儿——凑热闹。火化车上坐着的工会主席问:"那二姨夫呢?"万能胶回答:"别提他,二姨夫——甩货了!"这个包袱抖得很响,在天津家喻户晓。于是"二姨夫——甩货!"这个当代俏皮话就产生了。

天津商家用"二姨夫"促销。据天津媒体报道:市民某大姐途经赤峰道一家服装店,被"本店全部二姨夫"的标语弄得一头雾水。经提示,才恍然大悟,原来是商家为促销而使出的招数——"二姨夫"方言歇后语,就是"甩货"的意思。这条黄纸红字大标语吸引不少路人眼球。店主解释:"多哏儿啊!二姨夫不就是'甩货'的意思吗?我店里东西全都甩货了,赶紧挑,赶紧选吧,您了!"小店因此而热闹起来,客流不减,销量大增。这就是天津人的幽默!

天津方言与民俗研究的体会。天津方言是汉民俗语言艺苑中的一朵奇葩,具有顽强生命力和竞争力。天津话生动形象、含蓄质朴、感情深厚、贴近生活,成为天津人民生产和生活中的有力工具。

成为构筑天津城市文化不可缺少的重要因素。天津方言正以较高的文化品位，伴随着天津这座历史文化名城的崛起而不断进步和升华。对天津方言与民俗文化进行研究近 20 年的体会：立足于勤，持之以韧，植根于博，专乎其精——引用来新夏先生鼓励年轻学者的四句话，与大家共勉！

对天津方言：善待·重视·保护。善待：明确普通话与方言应和谐共存，相济互补；重视：明确方言与地域文化、城市性格互为表里，密不可分；保护：学界编写词典、寻根调查、专题研究、建立档案，就是为了抢救性的保护和传承。

结 语

方言是各具特色的地域文化的基础，中国数百种地方戏曲和说唱艺术形式都是以当地方言为依托的。方言本身也是一种文化，甚至是一种情结，具有相当的使用价值和文化价值。在中国，语言的多样性受到保护，多语言的和谐统一、规范发展将持续得到政策支持。

民族共同语、标准语和一个人的母语方言之间，并不存在着势不两立、水火不融的关系。为什么？标准语和母语都应该要有，它们各有不同的生存空间和使用范围，适应不同的需要。比如普通话是工作语言，方言是家庭语言，二者并存不悖。对普通话要进行研究，对方言也要进行研究。在语言学领域，对方言进行研究，是一项十分有意义的工作。

国家推广普及普通话，是为了消除方言之间的隔阂，而绝不是要消灭方言。公民在说方言的同时，应学会使用国家通用语言，从而在语言的社会应用中实现语言的主体性与多样性的和谐统一。

进入 21 世纪,随着滨海新区的崛起,天津以高度文明、全面开放、富有文化品位的国际化现代大都市的新风貌呈现在世人面前。天津人的热情幽默、富有正义感、胸怀宽广等优秀品质,连同天津方言,在新时代将得以进一步传承。

附:王福瑞《也谈天津话》

天津口语的"方言岛"现象,一直是人们感兴趣的话题。一种比较流行的说法,就是天津话来源于安徽宿州地区,特别是距宿州 45 公里的固镇是其源头。这一说法实际来源于 20 世纪 80 年代天津学者李世瑜在报章上发表的观点,其后 1993 年出版的《天津方言》一书,将此观点进一步加以确认。为此,天津师范大学谭汝为教授等学者还曾到固镇进行实地考察实证,也得出了同样的结论。后来《今晚报》又派记者到固镇周边地区进行采风,又进一步加以印证。

笔者大学时期,专业学习的是中国语文,并选修过音韵学,自然对天津方言话题也感兴趣,专门买来《天津方言》进行研读,发现很多疑问,曾有意进一步推敲释惑,旋因工作转行未能继续。2009 年秋,我因事到徐州一带,在那里待了一段时间,再次引发我探源天津话的兴趣。我特别到宿州、固镇、蚌埠等地跑了一圈,找当地人进行了解和座谈。从实际接触上看,我感到与《天津方言》所介绍的不尽一致,甚至说有很大距离。回到天津后整理资料,我不断地提出各种疑问:既然天津话语宿州一带有差距,那么差距的根源在哪里? 为什么会出现差距? 其规律性又在哪里?

一、天津话与宿州话

不论是李世瑜先生、谭汝为先生还是《天津方言》及《今晚报》描述,都在印证宿州地区的语言音调与天津话十分相似,但也提出有所不同。而从笔者实际调查看,两者确有相似之处,比如把阴平音读成低平音,一些词的齿音字等,但将句子连在一起,我们会发现宿州话与天津话相比,又似乎差别不小。经笔者分析研究发现,除了《天津方言》曾介绍的调值不同外,实际上两者在语速上的差距也较大,宿州话的调型都比较短,没有超过调域二分之一的;而天津话则不然,天津话说起来是一个音节的话,宿州话也就是四分之一音节,最多不超过二分之一,因此连在一起读,宿州话给人还是南方话的感觉,这点是其与天津话差距最明显的地方。此外,《天津方言》认为,宿州话没有入声,但就笔者实地交流考察看,还是有一些的,比如"白"念"北",但是为闭口,近似"伯",诸如此类还比较多。总的来讲,在某个词句单独列出来的情况下,宿州地区的发音与天津话似乎一致,但连在一起就不同了,其中还有一个显著特点就是,宿州话到最后总是感觉有些往上走"收口",由此将齿音字进行对照,我们发现实际上这是江淮音与普通话的明显区别,即"尖音"的使用。

以往关于天津方言岛研究的文章,关注到宿州方言中很多齿音字与天津方言一致,比如 zhi、chi、shi 念做 zi、ci、si,原来还以为这是特色之一,但在徐州周边我们也发现这一现象。在分析了从鲁南到淮北不同地区的语言后我们发现,这不是简单的齿音字问题,而是尖音与团音的区分问题。尖音和团音自古以来就有,中国两千多年的字书和韵书都是分尖团的,不论在南方还是中原地区都存在。但在 20 世纪 20 年代审定"国音标准"的部分语言学家,大力提倡"国语罗马字拼音法式",借鉴北京话中(实际来自满族人)尖音舌面化之后的音调,将尖团音合并,形成"新国音"标准。中华人民共和国成立后,普通话标准仍承继了这一标准,致使尖音在标准普通话中消失,一些本来读起来有区别的字变得趋同,比如焦(ziāo)与交(jiāo),接(ziē)与结(jié)等,而z、c、s和zh、ch、sh的区别,实际是尖团音区分的重要一环。齿音字实际是尖音的一种表现形式,因为现在标准普通话中已经没有尖音,故使之显得非常突兀,而在宿州一带,实际语言交流上仍分尖团音,而且十分鲜明,只不过其他音因为与北方话没有交汇之处,好像不是那么突兀,而天津话中所谓齿音字实际是尖音的遗存,只不过在调域上已经与普通话相通,语境上发生了根本改变,已经算不上尖音了。这些实际上是宿州话与天津话的一个重要区别,以往不论是《天津方言》,还是李先生、谭先生都没有对此进行描述,可能是相关音韵学内容未被关注导致的,毕竟对音韵的研究,不像词汇那么容易举证,没有录音资料根本无法演示。

对于那些比较有天津特色的词汇,比如棒槌、捯饬等,本人也进行了关注与了解。从分布上看,不仅宿州,自鲁南枣庄以南到安徽蚌埠,多少都有表现。但有的词也不见于宿州一带。笔者分析,这里有天津方言承继江淮方言的部分,也有吸收天津周边地区乃至近年来媒体语言的部分,比如整、忽悠、雄起等。除此之外,以数字或"子"标示人名的方式,与天津风俗也很接近,比如二子、赵老三、杰子、刚子等。我们开车路经著名烧鸡产地符离集时,发现那里最大的烧鸡厂就叫刘老二烧鸡集团,产品就叫刘老二烧鸡。可见这不是宿州或是固镇独有现象。至于饮食,应当讲不论宿州还是固镇,都没有什么与周边相异之处。那里倒有不少卖包子的,打着"天津包子"旗号,但与真正天津包子相差甚远,而当地一些早点,比如一种胡辣汤实际是徐州特色小吃馇汤,而煎饼则是山东风味,也有馃子,但多叫油馃子,而那里还普遍炸一种叫"八股油条"的,这在天津并没有。另外,《今晚报》介绍的炸糕遍及周边地区,多是用黄米面,叫油炸糕。上述小吃实际上多是徐州特色。总体来讲,从饮食上看宿州及周边地区,受徐州的影响较大,在风俗上更与之相似,语言上也比较相近,而与传统的合肥、安庆等距离较大。

二、天津方言与明朝官话

从历史上看,燕王扫北是一个传说,缺乏翔实历史记载,但明朝之前天津没有建城却是事实。因此,靠皖北人到此戍卫屯兵,进而衍生成城市并将语言固化在这里,应当说是比较可信的。但李鸿章淮军驻津主导天津话的流传和稳固却缺乏依据,一来淮军来源于合肥周边,那里的方言与宿州地区的方言相差较大,二来即便是屯兵,因淮军集中在郊外宿营且时间相对短,与城市居民交流不多,也不可能对语言产生较大影响力。

问题是,不论是燕王扫北还是永乐迁都,朱棣从江苏、安徽带来不少兵,但屯兵之地不仅是天津,北京一带更多。据史料记载,永乐十九年(1421),朱棣将都城从南京迁至北京,与之相伴的是一次大规模移民,北京人口多达80余万,其中约70万为军人及其家属。而按当时的制度,1120名军士为一所,五所5600人为一卫,天津三卫(天津卫、天津左卫、天津右卫)合计不到1.7万人,加上家属也绝对不会超过10万人。而当时华北地区赤地千里,没有人烟,明洪武年间建立卫所制度,将今燕山北麓的人口全部南迁至今河北北部和中部,沿边境线设置大量卫所。以地区论之,在辽东设有辽东都司,在燕山以北设有北平行都司,在山西北部设有山西行都司,在陕西西部(今宁夏、甘肃一带)设有陕西行都司。北部军籍人口总数多达110万,除了"大槐树"辐射的人群外,也有不少是江淮籍军人及家属(关键岗位还得用自己人),怎么别的地方就没有这个方言岛现象呢? 最起码北京是不是应当有呀?

在对固镇探访后,笔者查阅资料发现,固镇立县不过四十余年,明朝时上属凤阳府,隶属于南直隶,也就是说他的地位最多相当于今天河北省保定市的一个县。由此再参照历史资料进行一番探究,发现以往研究天津话时似乎进入一个误区,即天津话源于宿州话或是宽泛地说是江淮话。但实际上或许这是一个偶然,天津话实际上是明朝官话的孑遗,而与宿州或是固镇本身关系不大。

自周朝以来,我国开始规范语言,当时以"雅言"为正朔(雅通"夏",雅言即"夏言"),成为规范的书面语言,后来演变成为中国的通用书面语言,因其要求以中州音为准,而当时的中州是洛阳,于是就构成了"洛阳读书音"为标准的官话,中国的典籍都是以此为基础撰写的,这与地方口音甚至是洛阳当地的口音都不一样,而这一切都是靠大量语言标准来维护的。元朝后,由于蒙古族入主中原,使原有官话"洛阳读书音"不再统一于全国。明朝建立后,朱元璋命人参考元末周德清编的《中原音韵》加以大幅改造,颁布《洪武正韵》,使其成为明朝的"官话"和标准音,而明朝官话的主要来源就是今天我们说的"江淮官话"或叫"下江官话"。这一标准从南京开始推广,由于华北地区连年战火,赤地千里,原住民不多,之后虽从山西大量移民,但语言多属"狄戎之言"。为此,统治者要求北京及周边地区也一律讲官话,其后直至清朝中叶,北京人一直以"江淮官话"作为标准音,由此也就不难理解为什么安徽皮黄能成为京城的"剧种","昆曲"等为什么在明清成为热捧的对象,关键还是这些人唱的、说的是他们熟知的语言,否则听着费劲谁还去听去看。

但日常用语由于受外来影响,并不总是那么标准,就如同我们今天说普通话与北京话也还是有所区别一样。

笔者读到明朝来华传教士金尼阁(Nicolas Trigault)等编撰的《西儒耳目资》,从中借助罗马式拼音,大致明白明朝和清初北京人的语言最像扬州话。清朝入主北京以来,由于初期实行分而治之的方略,贵族们住在内城,在语言上造成"内城话"与"外城话"之别,而内城话就是利用满族人的音调读汉字。嘉庆以来,随着管制的放松,以满族音调为主的"内城话"逐渐将以"江淮官话"为主的外城话驱赶出日常交流中,形成了今天北京话的语音基础,但这一变化实际上一直到 20 世纪 20 年代末才以"新国音"出台而基本定型。作为京城的近邻,天津自然是明朝官话的有力实践者,而到了清朝,因为城市建制本来不大,又没有大批满族官员、贵族在此生活,其对语言的侵蚀不是非常严重,但由于山东、河北等地大量移民的进入,清朝以来"官话"痕迹也越来越淡,但音韵还是保留了下来。"实际上天津方言是江淮方言和静海方言杂交的产物",《天津方言》的这一论断,应当说是比较准确的描述。这里需要说明的是,"江淮方言"不等于"江淮官话",后者的范围并不包含我们所说的宿州、徐州等地,宿州、徐州实际上是江淮官话和中原话的过渡地带,这就是为什么我们在宿州没有发现明显的入声字,而江淮官话中的"尖音"却有比较完整保留的原因。此外,把阴平音读成低平音,实际上是江淮官话中比较普遍的现象,我们到南京、合肥、扬州等地,稍一细听就会注意到,甚至北到胶东、大连都有此遗风。

笔者之见,天津话与宿州话颇多相似,与其说是天津话来源于宿州话,不如说是一种巧合,就像今天我们听涿州、永清、武清北部地区的话最像普通话,但不能说普通话来源于武清话一样。

三、天津民俗与安徽

在对天津方言探源过程中，人们往往会将传统的民俗也作为探源范畴。特别是天津迥异于周边地区的婚俗及特色的建筑、饮食、接人待物的风格等。对此在到固镇和宿州后，笔者也进行了一番调查。

笔者寻访期间，以徐州为中心在周边进行，北到鲁南枣庄，南到安徽蚌埠。开车师傅是位五十多岁常年在这一地区活动的专业司机，也为笔者提供了一些信息。笔者所到之处，不仅见到相关朋友，还见到一些政府官员，着重点就是了解当地饮食习惯和建筑风格，同时对其他民俗特别是婚俗进行了解。从调查结果看，与天津的关系不大。

前面已经讲到，饮食方面不论是宿州还是固镇，其饮食风格与徐州地区的饮食风格相似，归结起来还属鲁南菜系，虽地处江淮地区，但与淮扬菜风格差距较远，一些小吃实际上就是山东小吃。建筑方面基本也与鲁南无异，没有苏派或徽派建筑的风格。至于婚俗，则是上午结婚且不能过中午12点，这一点似乎出乎研究者的意料，因为《今晚报》发表过刘植才文章《天津"婚礼时差"小考》，认为这一带是下午结婚，不知其根据何在？对此笔者再三询问当地多名老者，老者坚称至少记事以来就是上午结婚，从未改变过。看样子，下午结婚恐是误传。随行的司机师傅向笔者介绍，在江淮一带，盐城结婚是下午，但一般要到太阳落山，要求新娘过门时不能见日头，如果早了还要打伞、戴墨镜。此外就是合肥也是下午结婚，《今晚报》的报道对此加以证实过。

从以上寻访结果看，不论是宿州还是固镇，其民俗不具有特异性，都是鲁南、苏北地区的风俗，与天津差异很大，就此说宿州或是固镇是天津的根似乎有些牵强。

四、一个可能的误区

我们来自哪儿？我们的根在哪？这在今天似乎已成天津人的心结。而作为一个移民城市，天津在语言、婚俗表征中异于周边的特性又在时刻提醒我们，我们确实不是这里原住民，这使得寻根情结变得更加迫切和凝重。探寻天津语言和民俗的源头，对满足这种寻根情结有着重要作用，这或许就是探寻"天津方言岛"和相关话题受关注的原因。但从笔者考察对比的结果看，以往的研究或许进入了误区。由李世瑜先生最早提出的固镇说，一旦被表象印证后成为定论，其后所有的论证都会围绕此点展开，其结果必然是预设立场的求证。正是基于此点，所有哪怕是与天津仅有那么一点点相似的地方，都会被放大为源头的印证，其结果或许就是盲从。窃以为，应该从中国历史特别是明朝初年的历史中去寻找天津人和天津话的源头，其来源应是史料而不是传说，而对于语言的田野调查，还要从音韵学和语音学的演变传承方面探寻。长得像的不见得是一家，一家子不见得长得像，或许对天津话探源而言，这是一个令人意外而又不得不面对的现实。

"蛮二代"的快意人生

——问津讲坛第 52 期主讲人谭汝为先生侧记

周醉天

在天津，无论学界还是民间，谭汝为先生名气都超大，写好很不容易。但为先生执笔，于我义不容辞。

一　我与谭汝为先生

与谭汝为先生相识，是拙作《千秋功过袁世凯》出版之后，在网上得到先生的赞扬和推介。先生是天津文化名家，我本一无名小卒，受到提携自然高兴，于是冒昧登门拜访。那是 2013 年 1 月 3 日，笔者提着水果叩开先生的家门，从此也就叩开了天津文史圈的大门。此前，天津文史专家学者我一个都不认识，是谭先生不厌其烦地一一引见，有李有华、管淑珍、高伟、尹树鹏……

与先生一见如故，心志相通。对于拙作，先生多次赋诗鼓吹，还向天津图书馆"海津讲坛"荐举。2013 年 7 月 13 日，我受邀作《袁世凯与天津》专题讲座，先生率领一众专家学者为我站台。经先生建议，馆方临时邀其作学术点评。为此，先生像小学生似的坐在第一排，认真听，仔细记，好感动。先生的点评很精彩。由先生起始，"海津讲坛"增加点评环节。

后来才知道，回程车上先生还吟诗以记其事："北洋褒贬各家殊，矮子看戏万众呼。隐恶伐善成一统，摇唇障目巧言污。""日月沉浮遮望眼，春风不度暗幽燕。与君同上宁园塔，散雾拨云见洞天。""新政北洋惠津门，项城才调更无伦。千秋功过从头数，实录堪为万古魂。""草根津门文字交，青灯华发读残宵。书生胆剑唯真善，鹤鹭颉颃翱碧霄。"

二　先生是研究嘛的

先生的头衔不少，最主要的自然是天津师范大学国际教育交流学院教授，此外还有教育部汉语能力测试学术委员会委员兼副秘书长、天津市语言文字工作委员会委员、中国语文现代化学会常务理事兼语文教育专业委员会理事长、中国修辞学会常务理事兼阅读与鉴赏研究会会长、中国民俗语言学会副会长、天津市修辞语用研究会会长、天津市语言学会顾问、天津市地名研究会顾问等学术职务。

古典诗词曲是谭先生最早介入的研究领域，出版有两部专著（《古典诗歌的修辞和语言问题》《诗歌修辞句法与鉴赏》），发表数十篇论文，视野十分广阔。其中，《六言绝句散论——兼论诗歌六言句式的起源和兴衰》《流水对辨误》等篇什，属发前人所未发、疑前人所不疑的专深探究；《古典诗歌教学与语言修辞研究的相济互补》《情真意切，感人肺腑——三首悼亡名作赏析》等篇什，属应用于教学实践的诗语解析和诗作品鉴;《诗学四论》《诗歌语言美学丛论》等长篇论文,从语言修辞角度切入诗艺考察,从诗学美学视角展开语言学批评;而《古典诗歌问答体句法研究》,则对古诗中不同于散文的四类问答变体及其变式的语言特点和分布情况等作了细致分析,同时又通过具体实例和专门总结,对这些变体、变式运用的修辞价值和文体动因进行了探索。

谭先生的古诗修辞研究之所以取得突出成就,重要原因在于具有鲜明特色。一是综合性,其研究横跨语言学、文艺学、美学等学科,在理论、方法的运用上具有"打通"的综合性。二是创新性,体现在选题新、语料新、观点新、方法新等四个方面。三是普及性,有关文章相当部分发表在报纸或杂志上,面向普通读者和中学师生,简明通俗,熔学术性、知识性、趣味性为一炉,龙虫并雕,雅俗共赏,对古代诗词的推广普及发挥了重要作用。先生以大学教授和知名学者身份,能够放下身段致力于文化宣讲和社科普及工作,体现出的眼光、担当、胆识和底蕴,难能可贵,令人敬佩。

三　在问津讲坛说了啥

问津讲坛与谭先生渊源颇深,这个渊源是相对于王振良说的。振良老师是问津书院的山长,"问津"是他一手打造的,而此前他与人创办《天津记忆》,先生便是顾问,对振良老师有过很大支持和帮助。

先生这次讲座的题目是《天津方言与民俗》。他首先介绍了自己对天津方言文化的研究、传承与保护。先生说:"进入 21 世纪,我将研究重心转到天津方言与民俗研究上来。一是利用多种媒体和各类讲坛,大力普及天津方言研究,使之接地气,扩大社会影响;二是出版天津方言研究著作四部,发表论文多篇;三是先后四次到安徽北部地区,开展天津方言寻根调查;四是主编出版《天津方言词典》,先后获四项大奖;五是天津方言语音建档工程圆满完成。"

一位搞诗词语言和修辞方面研究的教授,居然在花甲之年转向,而且获得如此丰硕的成果,真正可以叫作华丽转身了。不管别人,学生我那是佩服得五体投地。

谭先生对天津方言与民俗从三个方面进行了剖析:其一是方言岛与母方言问题,其二是天津话的语音特点,其三是天津话的民俗文化特质。谭先生说,天津方言的第一个文化特质是俚俗,就是说天津方言里充满了俗词俚语,接地气。第二个文化特质是简洁,简洁到把字都吃了,比如派出所说成"派所儿",习艺所说成"习所儿",合作社成了"合社儿",百货公司成了"百公司",劝业场成了"劝场",黄家花园干脆简化成"黄花园"了。天津方言中单音节特别多,如"嘛、哏、鬈、扯、贫、掰、崴、扳、栽"等,简洁明快。第三个文化特质就是幽默。谭先生讲道:当年高英培在相声名作《不正之风》中,塑造了万能胶的艺术形象,其中有个荒诞的喜剧情节:为赶时间,万能胶用载着二姨夫遗体的火化车去接新娘子,车上坐着的工会主席问:"那二姨夫呢?"万能胶回答:"别提他,二姨夫——甩货了!"(老式火化车遗体位置在车尾部下方横位,等于是车上后排座底下,这才有被甩的感觉)。这个包袱抖得很响,在天津家喻户晓。于是"二姨夫——甩货"这句俏皮话应运而生。

谭先生总结说,天津人懂幽默,形成地域文化一大特色。幽默是睿智的标志,是热爱生活的体现。幽默是智者的通行证,凭借它可以出奇制胜,一笑泯恩仇,四两拨千斤。幽默又是弱者的快活林,依赖它可抚慰心灵的创伤,保持惬意乐观的心境。幽默也是人际关系的黏合剂,消除陌生与冷漠,使人们在会意的笑声中,达到心灵的沟通与拥抱。天津人就具备这种幽默的特质。

四 中年妇女的偶像

谭先生的这次讲座,学海堂 60 个座位在开讲前就被坐满,工作人员刘婵几次下楼搬椅子,开讲之后仍有观众陆续赶来。谭先生是天津的学术明星之一,果然名不虚传。而举目四顾,笔者发现一个现象,中年妇女很多。原来先生还是中年妇女的偶像。

先生虽是大咖,但准备讲座一丝不苟,从先生的演示文稿(PPT)和讲述的熟练程度,可以看出先生是非常认真地对待这场讲座的,而且由于诸多粉丝捧场,先生讲起来更加生动活泼,不时收获热烈的掌声和友好的哄笑。谭先生的讲座环节结束,作为主持人的我还要继续互动环节,为了调动观众情绪,我就拿谭先生砸了一挂。我冲着观众问谭先生:"谭先生,您老伴儿在家行几呀?"先生知趣地配合着,假装张口结舌:"嗯,嗯,行二啊……合着我是二姨夫——甩货!"观众大笑。有的中年女性观众看不过去了,她们忙给谭先生支招儿,让谭先生也问我。于是,谭先生作恍然大悟状问我:"你老伴在家行几?"中年妇女们终于开心地笑了。

正在调侃的时候,已有人急不可耐地站出来与谭先生互动了。这位听众不同意谭先生"方言岛"的说法,并且认为天津方言的母方言不是安徽话,而是来自《洪武正韵》。于是,现场就引发了关于天津方言的学术争论。谭先生大家风范,对这样的争论也是欣然的、欢迎的。半小时的互动,当然不能使争论有结果,但是在讲坛互动环节发生这样的争论,对于问津讲坛,对于学术探讨,乃至对于争鸣环境的营造,其学术意义都是显而易见的。不要说问津讲坛五年,就是放眼天津乃至全国,这种有实质内容的争鸣都很鲜见了。

谭先生 1945 年 1 月生于天津,祖籍广东新会。他和笔者一样,在津属于"蛮"二代——南方人在天津的第二代。谭先生豁达开朗、睿智幽默的性格,非常值得我们学习。认识谭先生至今五年,见面最多的场合就是饭局,见识最多的就是先生坐在上首,每次酒到高潮即起立清嗓,即席朗诵那首《握手》:"我要和淑女握手,虽然你嫌弃我相貌丑陋,但你会羡慕我精神富有;我要和荡妇握手,虽然我讨厌你举止放荡,但我欣赏你体态风流……"每每此时,先生便会俏皮地向某位嘉宾伸出手去作握手状,于是哄笑声四起。

他这个"蛮二代"就是如此快活!

(《藏书报》2018 年 4 月 23 日第 16 期)

问津讲坛第53期

（2018年4月28日）

俗学散打

主讲人：李子健

　　李子健　祖籍冀中，1957年生于天津。幼承家学，读书三到，谙读经史子集，广览俗学百论。著有《新文言尺牍》。长期为多种刊物撰写文章，并在海外报刊发表文学作品。天津知名文化学者、民俗学家、收藏家，现为金达纸业公司董事长。在文化艺术领域博学多才，卓而不群。时至花甲仍在孜孜敏求，勤学精修，被友人誉为儒素君子。

俗学散打

李子健

什么是"俗学"？百度里讲是"流行之学"，这个解释过于简单，并不精准。笔者以为：俗学，世俗"文话"之学也。其位"五学"之首（俗学、文学、哲学、神学、玄学，谓之五学）。俗学，乃一切学问之基础，此"基础"非初学、蒙学之意，更非浅易之学，而是承载"文哲神玄"的文化基石，是以文字和语言共同汇集的人类文明之源。真正的俗学，囊括了枝蔓繁芜的民俗民风以及涓流交错的世间过往。故，俗学乃应世权变之大学问也。什么是"散打"？这里需要解释一下，因为在下文中会引申出很多题外话，有史考正说，亦有江湖传闻，所以姑且称之为"散打"。笔者今日所谈及是有关天津地名及某些方言词汇的"散打"。

一　天津建卫之目的

天津有很多地名的成因，早已被人忘却，其久远的史考没有留下文字上的蛛丝马迹,"口述史"成了还原历史真相的唯一线索。多年来,通过对前人的"口述史"进行归类整理,逻辑分析,抽丝剥茧,去伪存真,本着最负责的态度,找寻最可信的版本,探求最接近的脉络,拼接出真实的历史画卷。而在论及天津地名之前,首先要清楚一个问题:"为什么要建天津卫?在天津建卫的目的是什么?"很多史学者在此问题上众口纷纭,所说不一。

有人说,朱棣夺了皇位以后,为了防止朱允炆在江南的旧部势力起兵造反,担心他们打过来,所以要在北京的门户建立一个军事基地,也就是"天津卫"。笔者认为这种推断不科学。如果是为防止南京的势力反攻倒算,就应当在长江北岸屯兵,凭借长江天险,更加易守难攻,最起码要在徐州等地切断北上路线,而不是在天津。另一说,是为了防御蒙古人侵略而建立的屯兵存粮的军事设施。此说更不通。因为天津地处北京之南,而蒙古人在北京之北,如果是为了抵御北方游牧民族的侵犯,一定会把军事设施建在京城的北部,而不是建在京城的南部。也就是说,如果出于以上两种目的在此地陈兵,从军事布局来看,完全是错误的。还有一种说法:朱棣大兴土木是为了新政的经济建设。笔者认为此说就更无道理。因为建设天津卫是在永乐二年(1404)。按照中国古代政权更替的传统做法,一个以暴力抢得天下的新皇帝在执政之初,首先要巩固政权,大开杀戒、铲除异己,而不是发展经济大兴土木。

那么,建立天津卫的真实目的是什么呢?其真实的目的就是为了震慑河北人(冀中人)。也许有人会疑惑,天津就在河北范围之内,为什么新帝登基要震慑河北人?要说清这个问题,需先清楚一段历史,那就是"靖难之役",也称"靖难之变",也是民间所说的"燕王扫北"。

关于燕王扫北的传说有很多版本，大部分是受文艺作品的影响，比如评书、戏曲、小说等。诸如评书版本如是说：明朝太祖朱元璋建国之后，为巩固朱家帝业，排除异己，不择手段地残害功臣。在继承皇位的问题上，朝廷内部也发生了分歧。马娘娘利用垂帘听政的机会，把四皇子朱棣封为"燕王"，其目的就是为了把朱棣赶出南京。名义上是叫朱棣去扫北，实际却是给朱棣设下陷阱，企图在外将他置于死地。但朱棣却在众多英雄的保护下化险为夷，保得周全。值得注意的是，这里提到的"扫北"，指的是扫除元军的残余势力。朱棣来到燕京后，为功臣宿将们报仇雪恨。评书段子里说：燕王朱棣挂孝南征，杀回了南京，清算了韩马两党，最终登上了皇帝的宝座。但这种说法并不是真实的历史，在史学界至今还存在着很大争议，因为在时间逻辑上说不通：1368 年，朱元璋 39 岁登基，此时蒙古人已经被明军赶回了大漠了，时朱棣年仅 8 岁。朱棣 10 岁被封为燕王，并无实权。7 年后，朱棣 17 岁，朱元璋打算让其到外地当藩王。当藩王之前，朱棣又被送回凤阳老家培训了 3 年，到北京上任时已经 20 岁了。换言之，朱棣 20 岁到北京当燕王时，元朝军队被赶回蒙古已经过了 12 年了，北京周边哪里还有元军势力。

另有口述史版本：说的是朱棣被封为燕王以后，从 20 岁开始率领重兵镇守大都（北京）。朱元璋驾崩后，朱允炆继位，改年号建文。建文帝即位后非常担心叔叔辈们不服，便与侍臣密谋削藩之策。最初，企图改封朱棣于南昌，以此削弱朱棣的势力，减少潜在的危险。这时朱棣已经 38 岁了，本就对朱允炆继承皇位心存不满，便以"诛奸臣，清君侧"为借口，起兵造反。建文帝得知后，便迅速在山东、河南、山西三省召集了 30 万的兵力，自太行山以东，开始陈兵布阵，一直到滹沱河的沿岸，企图阻止朱棣南下。从 1400 年 4 月

(建文二年)开始,双方几十万大军在滹沱河沿岸展开激战,其中正定府所属各县是这次战争的主要战场。双方在此进行了长达一年之久拉锯式争夺战。由于朝廷的兵将损失惨重,又在河北境内招兵,但招来的新兵都是普通农民,没有任何作战经验,甚至连军装都没有,完全是农民本色。朱棣发现军队的装束都是本地农民,认为其辖区的臣民百姓竟然与之为敌,心中无比愤怒,发誓要报此仇。那些不会打仗的农民自然溃不成军,最后全部被朱棣消灭。朱棣是个心狠手辣的人,下令要把此地的人(河北人)全部杀光。因为在他眼中,以正定为中心的各县,人人都是反贼,所以要绝地诛杀。甚至在路上丢下铜钱,转天去看铜钱是否还在,如果铜钱没了,肯定还没杀尽,要继续扫荡。这一暴行,史称"靖难之役"。当然,无论怎样杀戮也不会全部杀绝,因为在战事初发时,很多人已经逃离了。

如上之说,在正史中也有记载。民间将"靖难之役"称为"燕王扫北"。老百姓不善使用书面文辞叙述也是常理,"靖难之役"四个字有三个卷舌音说起来确实拗口,而在口语中用懒舌音的"燕王扫北"更能便于表述,所以在口述史中,民间就将"靖难之战"称为"燕王扫北"。在"燕王扫北"之后,朱棣乘胜追击,一直打到南京夺了皇位。虽然获胜,却是心虚,觉得建文帝阴魂不散,加之亲侄25岁即被他所"杀",在南京称帝恐有不测,所以搬师回北京。在回程途经天津三汊河口时,朱棣觉得这里应是军事要地,要在这里建城屯兵,以震慑河北的反抗势力,成为保护北京的大门,因此,这才有了天津卫。

天津卫建城之初,不是为百姓居住所建的城,主要是为了屯兵、存粮、养军马。城内当时有大面积的草场,放马、饮马,要择水而居。城内有个地名叫"大水沟",夏季聚存雨水,四季不干。饮马就在大水沟,大水沟在建城之前其实就是一片水塘,后来因建城取土,形成带状池塘,所以才叫大水沟。这也是"大水沟"这个古老的地名的由来。天津卫当时有零星的百姓人家并不居住在城内,最早人居地方是城北,也就是关上以及河东沿河一带。城内只有大批壮丁与马夫,他们的生活极其悲惨。张仲老师曾经解释过明军放马的情况:"如死一马鬻身抵命。"也就是说马死一匹从此马夫将终身为奴。

讲述这段历史,主要是想说明燕王朱棣在河北进行的清缴杀戮,就是民间所说的"燕王扫北",史称的"靖难之役",也称"靖难之变",天津卫就是在此背景下诞生的。

二 天津某些地名成因

(一)王顶堤

"王顶堤"的地名成因有不同的传说,流传至今的完全是口述史,包括地方志的文字史料也是由口述史整理而成。

相传明朝永乐二年(1404),朝庭颁令要在海河西岸设卫筑城。由于天津当时地旷人稀,极其缺乏筑城的工匠民夫。而在此时,正是明朝移民时期,一支由山西而来的移民队伍,携持官文,奉令来此落户。这样,一来解决了本地人口不足问题,二来壮年男丁也可充实筑城劳力……当时明朝官军极其残暴,城池落成后并不还劳工自由,而是强令劳工为官家饲养军马,并立下"如死一马鬻身抵命"的契约,如是无论何因,如死一马,马夫将终身为奴。此约一立,牧马人们惶惶不可终日。

马夫中有一晋人,姓王名丁。此人胆大心细,虑事周详。一日趁明军换防之际,王丁弃职溜出城去,携族人举家南奔,落脚在今日的王顶堤。当时并无"王顶堤"之名,只是一条东西流向的河道与南岸的一片高地而已。从此,王姓人家在南岸临河定居。由于每年夏秋之际河水上涨,经常淹没"王村",所以王丁率众在河道南岸筑起一道防洪土堤。由于土堤阻挡了漫堤状的泻洪流速,河水冲上北岸,因此招来北岸人家的极大不满。永乐九年(1411)前后,由于泻洪不畅,淹了北岸人家,因此发生了两岸护堤、毁堤的争执,并引发械斗。王丁率人持械护堤,虽"兵力"寡于对方,但王姓人个个骁勇善战,临危不惧,最终以弱胜强,保住了河堤。械斗之后,王丁并不记仇,而是以德报怨,与族人帮助北岸塌房的人家重新建房,还送去一些谷米以解断粮之急。两岸人化干戈为玉帛,礼尚往来,因此,王丁落下个大仁大义的美名。

王丁其人其事,口口相传,因护堤事件而扬名,所以人们将土堤冠以人名成为地名,被时人称为"王丁堤"。因"晋音卫语"的混合,"丁"字发音极易读成"顶"音。用天津话读"王丁堤"更会读成"王顶堤"。"丁"字,在汉语的语境中含有"白丁"、无名小卒之意,而"顶"字却有高高在上、顶天立地之意,所以,王丁堤被传成王顶堤,也是人们的所愿,更是对王丁其人不计前嫌大丈夫气概的褒扬及认可。几个世纪已经过去,王顶堤已然成为天津旺地。若王丁地下有知,定会护佑子孙世代安康,大地兴旺,王顶堤人,永远顶天立地。

(二)黑牛城

黑牛城的得名,真的是"燕王夜遇黑牛"之说吗?多年前,与民俗学家张学义先生闲谈，聊起天津一些地名的由来，颇有收获。老先生的《俗学百论》犹如一卷地方志，一部百科全书，笔者耳听心爱，记忆犹新。虽然张公故去多年，但其说古道今的景象至今犹在眼前。张公谈及黑牛城时说："黑牛城一带，早在宋朝即已有了零散村落。说是村，其实并没有村的体量，只是人们习惯性的对几户人家聚居位置的一种口语描述。直到元末才有了村庄的雏形。"彼时由于地旷人稀，常有强人深夜进村盗窃财物，所以村人为防流贼，便围着十几户人家筑起土坯高墙，留出一门，日落闭户，俨如一座小城。邻村人相互效仿，村村筑起土墙，土坯小城便成了这一带小村庄的早期地名——土城。

黑牛城之前并不叫此名，因村中有"大户人家"以伺养肉牛为业，肉牛是一种体形较大的黑牛，身无杂毛并有"洁性"，凡是粘过粪便或是被牲畜卧过的青草决不再吃，所以人们认为此牛之肉是"干净肉"而且肉质鲜嫩，深受远近客商喜爱。几十头大黑牛总不能在"小小城"中与人混居，养牛户便在"城门"边建起围栏，以之伺养群牛。时间久了，外来购牛买肉的官家或是百姓，便以小土城最显眼的标记，一群黑牛为名，久而久之约定成俗，小土城便有了村名——黑牛城。当时大多小村儿或是几户人家的小土城子并无村名，外面人统称为土城，随着人口的增加，才逐渐出现了以"大姓"为村名，或以明显标记为名的村庄。

至于村名的形成无非几种情况：一是由本村人自起村名；二是以村中"大事件"得名；三是以明显标记约定成名。黑牛城属于第三种。黑牛城地名由来，有很多版本，有史考，有口传，也有戏说。至于张公所言有无根据，笔者无从考证，但从逻辑而言总觉得比"燕王夜遇黑牛"之说要可信的多。

(三)王串场

公元 1368 年明军驱元于北漠,建立了明朝。当时,天津在筑城建卫之前,海河两岸尚属荒凉之地,人迹罕至,沃土无耕,曾有史云:"千溪穿荒野,百里无鸡鸣"。洪武至永乐年间,有十八次较大规模的人口迁徙,由当时人口较为繁盛的山西向冀、豫、鲁、皖等地移民……

最初有王姓先祖移民,落居在海河东岸,论其轶事当属先民王晋。据说王晋生育九子二女,人丁兴旺实为大户,被时人褒称"大王家",后因王姓年年添丁,岁岁增户,所居之地逐渐形成村庄,便依姓取名"大王庄"。王晋的子孙辈,分门立户后,有其中五家各带眷属北上拓荒,即到今日的王串场一带。当时并无"王串场"之名,是以大王庄的方位而言,称之为"北大洼"或"北遥洼"。北大洼土地肥沃,五谷丰稔。王家人为了方便运粮,齐心协力在北大洼的中部开出了一条可以行驶牛车的南北路,又在道路一侧建了打麦场。由于逐年沿路开荒拓野,同时又引来了别姓人家在周边圈地耕种,所以收获的庄稼麦子越来越多,一个麦场明显不敷使用。于是王家人借农闲之际,沿着道路一侧又陆续建了七八个打麦场,不但自家使用,也无偿借给别姓人家。因在田连阡陌之中,笔直的道路串起了多个麦场上小山似的麦秸垛,远远望去十分醒目,所以,人们将这些排列成串儿的麦场戏称为"王家串儿场"。在此之后,农人们约定成俗,便将此地定名简称"王串场"。

(四)尖山儿

老天津人称地名"尖山"要加儿化音——"尖山儿"。在天津话中凡加儿化音的名词大多与小巧精致有关。那么"尖山儿"的山到底有多大？"山儿"是真正意义的山吗？

天津属于退海成陆的滩涂地貌,不曾有山。"尖山儿"不是村庄,也无高地,而是早在明朝"黑牛城"一带的人们对其北部一片盐碱地的泛称。相传明万历年间,即有先民在盐碱地里架锅起灶熬制碱硝,碱可用来去除污垢,也可在蒸馒头之前去除面团酸味。硝则是配制火药不可缺少的原料。熬制碱硝需要在干旱的季节里从盐碱地中刮取碱土备做原料。"津南"的碱土属于"瓦碱",每到干旱季节,地表会泛起一层厚厚的"碱皮",极易收取,熬碱工们把收回的大量碱土堆放在露天场地。在汉语中,人们习惯把成堆的东西用"山"来形容,比如:"堆积如山、积土成山"。如是依此,人们将这些白花花小山似的碱土堆称为"碱山儿"。天津话的"津南古音"极易将"碱山儿"说成"尖山儿",所以,"碱山儿"被讹传成了"尖山儿"。讹传、笔误,古今都会发生。一些笔划繁多的文字被人懒写、错写实为常见,比如"蠡县"写成"里县","零售"写成"另售","停车场"写成"仃车场"这一现象比比皆是。碱山误传为尖山,不仅是口误之传,也是笔误之传。"碱"字,古写为笔划繁多的"鹼 jiǎn",在文化稀缺、识字率极低的古代,将"鹼"懒写成"尖"也在情理之中。由鹼山变尖山,并且成为地名,便是天津平原有"山"的来历,碱山乎,尖山也。

(五)袜子胡同

天津"城改"之前,在海河西岸的张自忠路与天齐庙大街之间,有一条东北西南走向、中段穿过宫北大街的胡同,名叫袜子胡同。袜子胡同成名很早,老天津人对它十分熟悉。早在民国初期,这条胡同即已店铺林立,客商云集,一派繁荣景象了。除去天后宫有法事的"大日子",平日里袜子胡同总是比宫南宫北大街热闹繁华。按说"庙里香火旺,庙前聚客商"才是常理,一条胡同的旺气怎会超过庙前大街呢?其实,这一切都与袜子有关。在针织袜子发明之前,国人穿的都是"三片缝"的布袜子,一些富人穿的袜子虽然质地考究,绸缎袜、丝绣袜,种类也很繁多,但同样都是没有弹性的手缝"布袜"。直到晚清,针织袜从欧洲传入中国后,才使一些贵族和富人享受到了针织袜的舒适。在当时,针织袜子绝属奢侈品,摩登时尚,非贫民所能享用之物。天津水运便利,是最早进口针织袜子的城市之一。袜子胡同得名之前,只是一条无名小街,因小街有两位吴姓兄弟专营西洋针织袜,招徕远近客商,才使小街有了人气。后来吴家兄弟兴办实业,从日本引进了手摇式东洋织袜机,开起了袜子作坊,买卖红火,袜子供不应求,随后又增加机器扩大产能,以之满足市场需求。由于客商来来往往门庭若市,所以,各行商家纷纷来此开店求财。

袜子胡同,因袜子得名,因袜子兴盛。针织袜子被时人称为"洋袜子","洋袜子胡同"是这条小街的初名。之后,"发展国货,抵制洋货",国产的"线袜子"成为普通日用品后,"洋"字也随之丢弃,不再被人提起。岁月更迁,城市巨变,袜子胡同旧貌无存,但那段"洋袜子历史"已然给天津人留下了对袜子胡同的深刻记忆。

(六)粮店街和玄帝庙

在狮子林大街与兴隆街之间、海河的东岸上,有两条与海河并行的老街,名叫粮店前街和粮店后街。街长不足600余米,其宽度,若以今人视野,不过两条胡同而已。正是这两条"窄街",延延200

余年,在天津的粮业及漕运的历史上发挥了重要作用。

自清朝中叶,由于天津盐业的兴盛,城市人口迅速增加,粮食需求大幅增长,粮行、斗店遍及全城。因粮店前街紧临码头,运进转出的米粮便在前街装卸和售卖,后街多为商住两用。到清朝晚期,这里已是贵客云集之地,据说仅"成"字号的大粮行就开设了八九家之多。因粮业占据了两条街道的主营,所以,逐称此处为"粮店街"。由于粮业的日益繁荣,各行各业蜂拥而至来此求财,车水马龙,百行俱兴。尤在正月添仓之日,粮店街更是热闹非凡,家家户户宴请宾客,互道吉祥,燃放鞭炮,以示开张纳客。有门楣吉帖为证:"开仓启瑞,日进斗金;往来千帆,粜粜万粮。"道出了昔日盛况。

在粮店后街北口的东侧,有座建于明代的"玄帝庙"。海河裁弯取直之前,狮子林大街还是海河东侧的一条支流,玄帝庙即建在支流的南岸,时人称之为"小口河沿玄帝庙"。据早年的评书艺人讲:明成祖朱棣在河北境内修建了许多座玄帝庙,并为玄帝多次加封,其因,源于"玄帝显灵",神助燕王靖难之说。玄帝又称"真武大帝、玄武大帝、镇北之神"。由于朱棣在"靖难之役"中深感河北反贼多如牛毛,虽然扫北大捷,但其始终不忘要对冀人强烈镇压。而玄武乃镇北之神,正符朱棣心愿,所以大兴土木,建造了诸多玄帝庙,以玄武神威镇慑人心。明朝灭亡以后,由于清廷对前朝意识形态的否定,玄帝庙也随之失去了朱棣建庙的本意,香火逐黯,钟磬无声。时至清末,庙宇年久失修,无人管理,以至神像供案一应荡然。20世纪50年代后期,玄帝庙曾改为粮店街小学的分校。到20世纪90年代初,仍有几方庙里的石碑散落在校园一角。

岁月迁更,城市巨变,粮店街、玄帝庙,以及周边大小街巷已然无存,一座座高楼大厦在此拔地而起,再也找不到原来的片瓦残迹,只有"小口河沿玄帝庙"的地名还时常被人提起,粮店街的许多旧闻和玄帝庙的传说,如影随形,留在了天津人的记忆中。

(七)施磨厂

"施磨厂"原本为"施馍场",后被讹传讹写为"施磨厂"。溯流追源,谈一谈此地名的形成与讹变过程:

清朝咸丰年间,冀、鲁、豫等地,经常发生旱涝灾害,大量饥民逃来天津,运气好的做苦力谋生,另有部分贫困至极者,因找不到事由儿,只好赶门儿乞讨,这些无家可归的灾民即在施磨厂处聚居。施磨厂之前并无此名,只是金钟河最东端(此段后称北运河)的南岸、靠近小口河沿的一片荒凉空场,由于河堤缘故,地势较高,所以很多逃荒来的难民在此挖掘、搭建"地窝子"作为栖身陋室,且难民在此越聚越多。1860年第二次鸦片战争后,清政府派崇厚来天津任三口通商大臣。为救济灾民,崇厚便在紧邻小口河沿玄帝庙的空场处开设粥厂。此善举得到弘一法师李叔同之父李世珍的最先响应。李世珍乃是天津邑绅,为人乐善好施,心怀悲悯,常年资助粥厂赈济灾民,受到广泛称赞。李氏善举带动了本地多家巨商富贾在此舍粥。当时官府规定:"向灾民舍粥乃为善举,人人可做,但不能徒有虚名,其粥必要稠可立箸,以示真善。"意思是说熬的粥要浓稠,在粥碗中必须能够立住筷子,才是真心行善,不可粥稀如水欺骗难民。如此规定,让舍粥的富人们竞相比赛谁家的粥熬的更浓稠,如此攀比之下,至使锅中粥稠无法搅动。之后,更有豪情大善者,不仅舍粥而且施舍馍馍,这也是"施馍场"的由来。其实在当时的"施馍"之举中也不乏富人间存在着斗富的心理,明为富而好礼,实则斗富显富,但穷人确实得到温饱救济,所以对此无人妄言谤议。

后来崇厚去职,北洋通商事务由直隶总督李鸿章兼理,遂无暇顾及"施馍场",一切事务便由李世珍主持。李世珍在粮店街里的孙家胡同还有一处慈善机构,名曰"备济社"。备济社创建于光绪二年(1876),有专项恤金抚慰贫民。其社不旦舍粥施馍,而且为灾民提供过冬棉衣,并为无力行丧之家施舍棺木。李世珍终生行善,赈灾济贫,受到津人广泛称颂,故有李善人之誉。民国成立后"备济社"与"施馍场"相继停办,留下的只有一条胡同名称——施磨厂。

三 津沽方言

(一)【罗罗缸】luó luó gāng

此语为"因事而发"的口语概述,形容纠缠不清的麻烦事。相传旧时在三汊河口有家土杂货栈,经营各种尺码的盛水缸、油坊缸、点卤缸。有一回,东门里的罗麻子杂货店和西门里的罗拐子杂货店都在此栈订了货。按规矩伙计要在缸体上分别写上订货人的名称,可货栈的二掌柜觉得写上"罗麻子""罗拐子"是对客商的不尊重,便知会伙计擦去这辱没的字眼儿,只剩下一个"罗"字。这下麻烦来了,发货人因此发乱了两家所需的型号。次日,两个罗家便找上门来指责货栈胡乱发货,负责发货的伙计一脸委屈,说:"这罗和罗谁能分的清,毛病出在写码儿的人。"写码儿的伙计说自己是按照二掌柜的话做事有何错误?二掌柜理直气壮地对两家的伙计说道:"我不让写麻子和拐子是对你们东家的尊重。"几方说来说去纠缠不清。东家只得出面打圆场:"你们两家相互调换不就成了,何必为此小事伤了和气。"可是两家罗姓不依不饶,要为这白废力的运输讨个真章儿，最后东家无奈地赔付了运费。事后老东家怒斥伙计们："以后做事儿细着点儿！别再弄出这罗罗分缸理不清的事儿！"此事之后省说成典，便有了"罗罗缸"之说。

(二)【吃瓜落儿】chī guā lào er

西姜井王老汉种有几亩瓜田，时到拉秧尚未售罄。是日清晨，瓜贩张老三套上牛车带二人前来趸瓜，途中遇到邻村名叫渠柳儿的书生去田园赏青，顺便搭车与三人一同行至瓜田。王老汉嗜酒如命，早饭时饮过半坛烧酒，正在看瓜棚中昏昏大睡。老三见呼叫不醒便自行摘瓜，少顷，装满一车。见王老汉仍大醉，老三便扬鞭而去。书生渠柳儿浑然不知，仍在瓜田中的畦埂上来回踱步自语喃喃，背诵着之乎者也。日上三竿渠柳儿觉得口渴，便摘下一个瓜落子(长不大的拉秧瓜)解渴。事有凑巧，此时王老汉醒来，见有人摘瓜，又见瓜畦中只剩瓜秧，便怒气冲冲地与渠柳儿理论起来，二人争执不休，经乡党调停，渠柳儿赔了若干大子儿才算平息纠缠。

事后，渠柳儿怨气满腹，逢人便说："我乃读书人，非扒瓜之徒，吃个瓜落子却要赔钱，天理何在？"后来人们将无故受到牵连的窝囊事称为"吃瓜落儿"，并且，责怨有理说不清的人："你真够渠的"。渠，乃渠柳儿也。

(三)【嘴甜心苦卖凉药儿】zuǐ tián xīn kǔ mài liáng yào er

据传民国早期，在城里公所一带，每到下午总有一位小贩，挎着食盒卖药糖，人们称他"老和"。其实他不姓何，之前也不卖药糖，而是专干跑和儿，为租房的人牵线搭桥，从中赚取佣金，人送外号"老和"。老和四十多岁，没什么手艺能耐，却生就了一张巧嘴。后来当起了二房东,向外高价转租房屋。这老和虽然嘴甜,却是个心黑不守诚信的人,经常与大房东耍赖拖欠房租,没想到老东家因此翻了脸。之后一传十、十传百,竟然没有一家养房产的再与之合作,从此断了老和的财路。失了口碑的老和没个真本事,很难找到事由儿。恰巧有位亲戚干的是卖药糖的营生,无奈之下,从亲戚那里趸些药糖来卖,维持生活。老和卖药糖虽是外行人,但他巧舌如簧,嘴甜似蜜,把个药糖吹呼的神乎其神,所以有人讨厌他油嘴滑舌。当时有位嘴损的魏三姑,了解老和的过去,经常当着众人面拿老和开涮:"老和卖的不是凉糖呀!他是嘴甜心苦卖凉药儿的,小嘴儿叭叭儿地,尿炕哗哗儿地。"众人闻此捧腹大笑。之后,那一带的人们记住了老和,把口蜜腹剑、虚情假意的人,喻之为"嘴甜心苦卖凉药儿",一直流传至今。

(四)【赶门儿】gǎn mén er

旧指乞丐逐户讨要的行为。过去天津居民多数生活在大杂院中,姓氏庞杂、口音不同、性情各异、人品参差。遇到乞丐进院讨饭,小善而为者有之,视若无睹者亦有之。善面佛心的人会闻声送出半个馒头,乞丐千恩万谢后去赶下一个门儿。也有吝啬人家,无论乞丐怎样哀求,一味装聋做哑置之不理,乞丐哀求的时间长了,那装聋的人会隔门大声喝道:"没有!赶门儿去吧!"乞丐无可奈何,只好去赶下一个门儿。尤其到了冬天,衣单腹空的年老乞丐步履蹒跚的进到院来,为口干粮"大爷!大奶奶!"地叫个不停,其情其景十分凄惨。有时幸遇小富而善的人家,主人会出屋知会老乞丐稍等,片刻间主人端出一碗热气腾腾的面汤(汤面),一边询问着老乞丐哪里人氏,灾情如何?一边看着老乞丐喝光面汤。主人接过碗,又塞给乞丐一个馒头,此时的老乞丐已是泪眼婆娑,哽咽在喉,双手作揖不停道谢:"好人啊!俺真是遇到菩萨了…"老乞丐出了院门,为了家人的口食,在寒风中去赶下一个门儿……

(五)【两掺儿话】liǎng chān er huà

指两种语言混合使用。早年,天津是座有九国租界的城市,各国语言噪聒于耳,中国人在此环境中也自然的学会一些常用外语,但在交流中遇到生僻词句往往要加入汉语才能表达,即"两掺儿话"。语言中外混合,总不免会闹出许多笑话。天津当年的旭街属日本租界。一日雨后,街心有片积水,天立木厂的小徒弟外出送活儿经过此处,他要绕过水洼从日本人家门前经过,这时,一只看门狗从院中窜出,冲着小徒弟一阵狂吠,小徒弟抄起砖头向狗砍去,顿时狗声聒耳引出了一位身穿和服的日本男人,小徒弟见状赶忙向日本人解释打狗原因,说的就是中日两掺儿话。小徒弟指水拍胸,手舞足蹈地说道:"臭水迷子洼,苦力欧雷娃,一努汪汪叫,我三宾地给它。"话音刚落,把个日本人笑的前仰后合,说道:"你这日中混合语,让我这中国通也自愧不如啊!哈哈哈哈!"日本人没有责难小徒弟,大笑着带着狗进了院子。两掺儿话:臭水(迷子)洼,苦力(欧雷娃),(一努)汪汪叫,我三(宾)地给它。①译意:这里有一片臭水洼,我想绕过去。我是一名苦力,你的狗冲我狂吠,所以我打了它。

(六)【捡洋落儿】jiǎn yáng lào er

在旧时,捡到外国人的遗弃物,或者以极低的价格买到洋人

---

①按:括号中为日语发音。迷子,水;欧雷洼,俺;一努,狗;宾,打。

的物品,天津话称之为"捡洋落儿"。"捡洋落儿"与物品产地无关,并非一定是洋货。当年英法联军火烧圆明园,同时哄抢了大量皇家珍宝,一些不便携带的笨重物品,或者洋人认为是低价值的东西便随手丢弃,被国人捡到后仍称"捡洋落儿"。苏俄十月革命后,大批俄罗斯贵族逃亡中国,俄人来津后语言不通,又无适应本地所需的技能,为了生存,便将随身带来的物品贱价出售,凡买到便宜货的国人称此为"捡洋落儿"。天津沦陷前夕,消息灵通的洋人开始出售家庭物品,以便轻装逃离兵乱,一些不知大祸即临的市民,却乐滋滋地到租界里"捡洋落儿"。1945年抗战胜利,一些在华的日本女人没能及时撤离回国,后因生活所迫,大多嫁给了中国贫民,时人称此娶妻亦为"捡洋落儿"。从物到人,广泛之"捡",皆因捡着便宜,后泛指得到意外的财物与好处。语例:《掌灯夜话》:"……她的日语说的地道,就是因为她老爹当年'捡洋落儿'时捡了个日本女人当媳妇儿,所以,她有亲妈当老师,口语水平自然高于同学。"又例:"老太太抱起刚出满月的'四辈儿',跟捡着洋落儿似的,乐得合不拢嘴。"

(七)【喝杂银儿】hē zá yín er

解放前有专门制作、经营银器的行业,其原料(白银)基本都是从民间"吆喝来的"散碎银器,品相较好的,经银匠师傅修饰后再次出售,品相差的和一些不成器的碎银便融化了当作原料使用。"喝杂银儿"最初指的是走街串巷"喝银儿"的人,后指银器行业,再之后,"喝杂银儿"的人兼收老花瓶、老钟表、古玩玉器之类,与"收老活"的并称"喝杂银儿的"。1954年9月2日,政务院(国务院)通过了《公私合营工业企业暂行条例》。条例规定:对资本主义企业实行公私合营。到了 1956 年全国掀起社会主义改造高潮,"喝杂银儿"的作坊和店铺大多合并为集体制的工艺品厂,串胡同"喝银儿的"基本都进入委托店成为了店员。岁月匆匆,政俗迁变,"胡同"在人们的视野中慢慢的模糊了,再也看不到"喝杂银儿"的身影,但那此起彼伏的吆喝声,以及纯正的天津话、沙哑而苍凉的嗓音依然回荡在天津人的心中:"有老花瓶老座钟的卖!有旧银器旧锡器的卖!有老怀表老帽镜的卖……"

(八)【便宜柴火】pián yí chái huǒ

语出《陈赞求学》之典,比喻容易得到的好处。此语由冀中乡民带入天津,年深日久遂成津沽方言。相传明朝嘉靖年间,陈赞出生在冀中平原某村的一户贫苦人家,父亲以卖豆腐养家糊口,母亲双目失明。陈赞年至九岁尚未入塾,每日下洼拾柴。但其渴望读书识字,所以经常于学堂窗外偷听,后被先生发现,便问陈赞姓字名谁,为何不来学堂念书?陈赞言明家境,称自己必须每日拾柴,以帮父亲做豆腐之用。先生不解:"你每日于此,怎会拾到柴火?"陈赞说:"有旋风替我旋柴成堆,我只管去收便是。"先生惊呼竟有这等奇事?又问:"你于窗外能听会吗?"陈赞答道:"能!我能背诵先生所讲一切章句。"先生测试后,更是惊呼神童也。先生惜才,免去了陈赞学银,使之入塾受教。放学之后陈赞仍去收风儿旋成的柴堆,乡人皆说:"陈赞捡到的柴火是上天赐给的便宜。"之后便有了"便宜柴火"一说。陈赞学有大成,官至户部尚书,万历九年(1581)离世,葬于冀中平原陈家坟,现名陈坟村。

语例:"他上班儿刚一年就赶上分房和调资,便宜柴火都让他捡着了"。

(九)【吃大轮儿】chī dà lún er

专指在火车上的盗窃行为。早年,"吃大轮儿"分为做厢活和做皮活,做"厢活"的专门在客车上盗窃旅客财物,凭的是佛儿爷手技;做"皮活"指的是在货运列车上盗取煤炭和木材,也包括"闷罐车"的货物,凭的是胆大心细,还要有一双飞毛腿。单说这做"皮活",民国时期天津最有名的当属活动在小王庄至杨桥一带、京浦线上的"小齐队"。小齐队并非官民组织,而是当地百姓对一帮齐头齐脑的半大小子的戏称。人数时多时少,多时二三十,少则十二三,都是贫苦人家的孩子。平日里摸鱼钓虾捡破烂,外带碰面酱(碰瓷儿的前身)。人马齐时,布好阵势还会做上几票"皮活"。胆子大、腿功好的扒上火车,迅速将一些大块儿煤抛下车皮,然后跳车逃命决不恋战。小伙伴们拿着土篮子在沿线快速捡煤,凡捡到煤的无论多少,都要分给扒车人一半,这是做"皮活"的规矩。

吃大轮儿不仅飞贼来"吃",早年铁路内部,司机与外部勾结,针对特定车号进行盗窃,介时放慢速度,以便飞贼上车,得手之后平分脏款、脏物。如此家贼引来外鬼的勾当亦称"吃大轮儿"。"吃"即盗也,一直延续到天津解放。

(十)【打戏】dǎ xì

在老年间,组建一台小戏班子叫作"打戏","打"并非纯粹的体罚,而是为了保住学员嗓音的一种措施。处在青春期的男女学员,都会经历"倒仓",即"变声"的过程,是演员职业生涯的重要时期,如果不能安全度过"倒仓期",嗓子就"废"了。因为"倒仓"大多发生在深度睡眠之后,早晨起床发现嗓子哑了,声音劈、沙、沉闷,如此即是"倒仓"。所以师傅会精心观察学员"倒仓"前的一些生理征兆，一经发现哪个学员有"倒仓"的可能，师傅就要采取"熬鹰"的办法，不让其进入深度睡眠。首先，在白天的练功时段，师傅会把学员的被褥喷湿，潮湿的被褥容易使皮肤泛起湿疹。因要不停搔痒，所以很难深度睡眠。即使这样，有的学员白天调嗓、练功极其疲惫，完全不顾痒与不痒仍会酣睡。这时师傅就要守夜看管学员睡觉，发现哪个学员睡熟，就用教鞭隔着被子抽打几下，以此打醒学员，不让其进入深度睡眠。如此经过白天调嗓、夜里熬鹰的一段时间，安全度过"倒仓"期，也就保住了学员的嗓音，这就是打戏之"打"，而非暴力体罚。

(十一)【天津白话儿】

天津的市井语言，俗称"大白话儿"，但其白而不浅，简而义深，声调带着一股码头味儿。所谓的码头味儿，不是扛大个儿的骂骂咧咧，不是混混儿的黑话，也不是艺人吊侃儿，更不是"数骚嘴"的脏口儿，而是岸上人与船家的对话，是600年来造就的一方水土。京畿重地，水旱码头，车轮滚滚，漕运千帆，迎来送往南北过客，养成了天津人的豪爽与好客的性格。说话大嗓门儿，喜欢直接了当，但又不失亲和与幽默，腻味说话拐弯儿抹角儿假装斯文。在天津人看来，老爷们儿说话绵声细语并非文雅，而是缺乏阳刚之气的鬼鬼祟祟。天津人佩服说话办事儿讲板槽儿、撂地砸坑儿的汉子，讨厌那些云山雾罩的片儿汤话和满嘴的跑火车。天津人说话带着侠气，熟人见面"张爷、李爷、王爷"地招呼，回敬的是一串儿的"爷"！

天津人开朗厚道，但又极其讲究礼术规矩。老天津卫人教导那些没规矩的晚辈人常说："爷们儿，别一嘴的胡天儿，说话靠点儿谱儿。哎！哎！踩电门了？小腿儿别颠蹬,把鞋提起来！别忘了天津卫的老规矩:'趿拉鞋,颠蹬腿儿,邪眼儿撇人带歪嘴儿。'这都是坏毛病,你得改！"尤其对侳男望女的肢体动作,更是要求甚严,"花子抱肩儿倚门框,长辈面前二郎腿儿,两手爱比坑儿,吃饭叽叽嘴儿。"都是被训斥的对象。天津人能说会道儿,公认的卫嘴子,那些哏人可以拿天下的一切开涮,但绝不会妄言走板儿,更不会伤着"听众"。曾有俗语话辞为证:"二爷能哨漫无边,说完大塔说旗杆,笑侃天下荒唐事,不道四邻长和短。"这就是天津卫,天津人、天津话。

参透古风悟今境

——问津讲坛第53期主讲人李子健先生侧记

王　静

走上第53期问津讲坛的李子健,是天津知名文化学者、收藏家、民俗学家。先生祖籍冀中,1957年生于天津。他幼承家学,读书三到,谙熟经史子集,广览俗学百论,著有《新文言尺牍》,并长期为多种刊物撰写文章。

一　为"俗学"立论

子健先生出生于木工世家,父亲不但将自己的私塾文化传递给子女,也把匠人精神和精湛技艺传给了子健先生。父亲的言传身教对子健先生来说,是一种可遇而不可求的艺术熏陶和历练。谈到子健先生的收藏经历,颇有趣味和深意。他强调:"收藏家始终要靠藏品说话!"他用一辆轿车换来两驾清代轿厢马车的故事,很长时间都是圈内藏家藏友艳羡与折服的话题。作为藏家,子健先生30余载不惜重金,收集了百余件花梨紫檀古董家具以及翡翠玉石杂项等。

"藏物源自惜物情,惜物出于慈悲心。"此言是对子健先生从事收藏的最佳解读。他说:"收藏是与古人对话,是探究历史、追问曩昔的最具说服力的实物证据。收藏家要有'爱'的意识。收就是购买,藏就是不卖。收藏能打动自己的藏品,以藏品为索引,去感受不曾谋面的世间过往,使之成为行笔成文的素材,让历史的画面再现于读者。"子健先生追求的不仅是古物的收藏,更是对传统文化的守护。

先生为人谦谨博识,对于每个研究课题都极为认真,每每开口便论述得饶具风趣且缜密详尽。他对"俗学"的研究更是独具视角,从不人云亦云。他为"俗学"领域开疆拓土,并形成了其独特的"俗学"定义:"俗学,世俗'文话'之学也。其位'五学'(俗学、文学、哲学、神学、玄学)之首。俗学,乃一切学问之基础,此'基础'非初学、蒙学之意,更非浅易之学,而是承载'文哲神玄'的文化基石,是以文字和语言共同汇集的人类文明之源。一切脱离俗学的学问,皆是不近人间烟火的虚幻之术,以至世人惛懵的无字天书。俗学囊括了枝蔓繁芜的民俗民风,以及涓流交错的世间过往。故,俗学乃应世权变之大学问也。"如此理论新说,为本来促狭的俗学研究注入了新意,开拓了视野。其精确全面的立论被诸多专业学者所接受,并获得充分肯定。

《天津地名成因》《关于天津话懒舌音的形成》《方言俚语之出处》《古诗词中的方言音和方言字的研究》《口述史的魅力》《反切音注为什么切不出正确读音之探索》《关于平仄与普通话》《登峰造极的古典家具》《翡翠赏析与美学价值》等文章,都是子健先生多年研究的重要成果。

二 为文言写心

小说、散文、诗歌、剧本以及民俗杂记,皆能在先生笔下生花。当谈到由其编著的深受学人推崇并被多所院校列为教学参考书的《新文言尺牍》时,子健先生感慨地说:"对文学的热爱,已经成为我生命的基因。留住古人的'规矩',也是弘扬国学的重点。文言书信是中华民族宝贵的文化遗产,是我国特有的脱离口语而形成的独立的书面语体。《新文言尺牍》,我写了一年。在这一年的时间里,我始终保持着一种完全理性的思考。"他认为:"文言书信不同于'我手写我口'的白话书信。一封佳美的文言书信,亦如小赋一般,美词佳句,朗朗上口,雅似诗歌,被文人墨客善用千年,历久不衰。虽自'五四'时期逐渐被白话书信取代,然而它作为书信的一种语体,仍然显迹于文人的笔下,流露在'通情报事'的字里行间。"

"人品高则书品高",子健先生对做学问有着自己的洞悉与领悟。他说:"写作本身就是一个修炼的过程,有渐悟也有顿悟。就像文言书信的'深浅辩',我就曾与学界的'食古派'有过不同意见。"子健先生直言:"有的人陷入误区,认为通篇多为生僻字甚至废弃字,修辞高深莫测、遥不可及,非《辞海》不能解读,才是达到'高水平',这就令人费解了。以先秦时期的'中原口语'为基础的书面语,虽然它的格式千年不变,但其'语言'却在不断地演变,这就是文言的'文'不变而'言'在变。任何时期的文言都不能彻底地脱离所处的语言环境。语言的变异、文字的修正与统一流传至今,都是在删繁提精,为时人所用。'新文言'之所以称之为'新',既要秉承古人的谦恭重礼与修辞典雅,又要适用于今人的礼尚交际和字易文通。

深,不能是故弄玄虚,浅,不代表没有内涵,这就是我们常说的'雅而不深,浅而不白',在对立中找统一,在同理中寻变化,都是为了把古典文学的精髓留住,吐故纳新,更好地把中华文明传承发扬。"关于对文言文深浅的定义,子健先生说:"深与浅,是个人对文言认知的程度问题,也是对文言理解程度的口语表达。从学术的角度而言,文言不能以深浅划分,因为'深浅'是认识概念,我们可以从时间概念加以区分,五四新文化运动之前的统称为旧文言,之后的统称为新文言。"

作为著名漫画大师段纪夫先生的唯一入室弟子,子健先生的高尚品行与卓著才学深得老人垂青与信赖,老人将毕生的漫画手稿整理出来,全部赠予子健先生收藏。谈到师傅这种无上的信任,子健先生充满感怀地说:"师傅是德艺双馨的典范,他的人品和艺品深深感动着我。漫画艺术是一切绘画艺术的最高境界。从审美价值的角度说,任何表现领域都离不开高度概括,既要合乎自然,又要合乎人性。思维美学形态和视觉美学形态相互依存,漫画真正的内涵需要哲学与文学的理念为基准,美与丑的掌控需要敏锐的眼光去洞悉。看似最简单的概括,蕴含了巨大的深刻的意义。"虚怀若谷而不失恪守准则,这也许正是子健先生的大智慧吧。

三 为社会尽责

子健先生担任天津市河北区政协常委、河北区人大常委会委员及民革河北区委副主委期间,为民生问题多方奔走,积极建言献策,还经常慷慨解囊,热心公益,成为远近闻名的慈善大爱践行者。

作为有着20多年历史的金达纸业公司的董事长,子健先生打造了同行业龙头企业的传奇。在他的企业里,他善待员工,扶贫济困,助学助残,抗震救灾,捐款捐物,他的善行义举在业内有口皆碑。有博爱之心者,方能容纳百川,这才是当今企业家做人做事的最高境界。宅心仁厚,大善无疆,子健先生实至名归,是真正意义上的儒商。

子健先生的深厚学养与人格魅力也得到人们的敬重与推崇。他以弘扬爱国主义精神为己任,并为此付出了很多努力。近年来,在全国性祭奠黄帝陵和为平津战役纪念馆捐赠书法作品《止戈序》等活动中,他与天津另外八位书画名家被誉为"津门九君子"。子健先生负责所有序、跋及韵文的撰述,同时,擅长金石篆刻的子健先生还以其作品的精严遒劲、厚重朴茂获得人们交口称赞。先烈抛忠骨,福祉遗子孙。在写作过程中,他怀着对先辈的敬畏之心,严肃对待所写下的每一个字,子健先生坦言:"再大的事件,也要由细节来推进。历史脉络、语法修辞,逐字推敲,不仅是对先烈的尊重,也是对后人的负责。"类似这样的社会活动,在子健先生的生活中已成为常态。唤起更多人的爱国情怀与民族自信,是他心中的期冀,也是他心中的责任。

4月28日,子健先生在天津问津书院的讲座,得到诸多知名文化学者的肯定与赞誉,他把人们看似平淡无奇的方言,挖掘出了历史的深度和广度。他没有随波逐流地将方言词汇停留在望文生义的层面,而是寻找充分证据——正本清源,这是他对历史文化的最大尊重。子健先生以诙谐幽默的谈吐,将人们带入对文化的重新思考与全新感悟之中。

拥有大家风范,才可论其艺德品行。半个多世纪的文化洗礼,历经若干文化与时代转型,子健先生深厚的文化功底、博大的人生胸怀、崇高的艺术品质,造就了他格局高远的人生走势——从企业家到作家,再到收藏家、慈善家、文化学者,子健先生在圈内"泡"得太久,看得太透。参透古风悟今境,诚如人们初见子健先生的印象,他非但俊逸洒脱,而且才高博远,故而追随者甚多,被友人誉为儒素君子,实实不为过也。

(《藏书报》2018 年 5 月 21 第 20 期)

问津讲坛第 54 期
(2018 年 5 月 26 日)

天津饮食与民俗

主讲人:高成鸢

　　高成鸢,1936 年生人,山东威海人。天津图书馆研究馆员、天津市文史馆馆员。早年研究中华尊老文化,后来从文化史课题转向中餐由来的探究,同时还关注天津风味。任中国烹饪协会文化顾问,天津食文化研究会名誉会长。著作有《中国饮食与文化十一讲》和《津门传家宝》(饮食部分)等。

天津饮食与民俗

高成鸢

笔者本来对美食不大在意，对烹饪也不感兴趣，是在一个文化史课题的研究过程中，突然对中餐的由来发生兴趣。1991年，参加首次"中国饮食文化国际研讨会"时，天津市代表团的领队李中垣副市长（市烹饪协会顾问）发现笔者这个"散兵"，就要笔者"归队"，这样才开始关注天津饮食文化，并得到李世瑜、张仲先生的鼓励指导。

问津书院要笔者主讲天津食俗，天津人的"好吃知味"，大家都很熟悉，笔者想从其中的"道理"方面跟大家交流探讨。

一 天津人"讲吃知味"的由来

笔者参加活动时，正赶上各地饮食业界为本地争取"菜系"地位，本市一位领导人提出"吃在天津"的口号，笔者心想这不过是自卖自夸。后来听到几位行家和大师都说，全国大赛中，外地选手都对天津师傅"发怵"。有一次北京众多厨师重演"开国第一宴",笔者在会上见到3位天津老师傅,说是当年被周总理调去"支援首都"的,这才知道"津菜"确曾有过往昔的辉煌。

(一)独奉奸臣为厨神

中餐有"地域风味"之分,天津地域小、历史短,跟鲁、川、淮扬、粤等流派相比,按理应该是不值一提,然而天津饮食却有鲜明的特色,占有相当突出的地位。天津人素有"讲吃"的风尚,"知味"的资质,超过毗邻地区,也超过作为参照系的上海。

旧时中国各行业都要供奉本业的祖师或神祇,作为本行业的护佑者的象征。十几年前,中国烹饪协会曾邀集几位研究者,商讨厨师节和"厨祖"问题,提出的厨祖候选人有商代贤相伊尹、老寿星彭祖等四五人。笔者在会上谈到,天津餐饮业大繁荣的20世纪早期,饭庄酒楼多以古齐国的易牙为厨神。与会的几位饮食文化的研究者们都感到大为惊讶。据《津门杂谈·祀神陋俗》:"饭馆供奉易牙",天津"八大成"之首的"聚庆成"门前就挂着"易牙遗风"的牌匾。

易牙何许人也? 他是齐桓公的御用厨师,为人无比邪恶,后来发动过宫廷政变,把重用他的君主活活饿死。他为巴结馋嘴的齐桓公,竟把自己的儿子烹成一道美味来进奉,

厨祖伊尹

简直是灭绝人性。可是,这个奸臣却有高超的烹调技艺。他首先是个天才的"知味"者,据说能用舌头分辨淄水、渑水的味道,所以孟子说在口味上他是天下的权威(《孟子·告子上》:"至于味,天下期于易牙")。苏东坡的《老饕赋》说"伊尹割烹,易牙调和"。

伊尹是商朝开国贤相,曾借着烹饪向商汤王讲政治原理而受到重用,他那篇题为《本味》的文献被公认为"烹饪经典"。论时代伊尹比易牙早,论地位人格比易牙高。易牙人格卑劣,不足为神,天津的餐饮业者为什么偏要选出这么个大坏蛋来供奉在店堂中? 不正是特意标榜"美味压倒一切"的经营宗旨吗? 谈到"振兴津菜",再造津菜的往日辉煌,当然还得在"味字当先"上大做文章。

"菜系"旧称"帮口",专家认为其内涵也包括经营理念,梁实秋说"外敬"的做法就是天津馆子发明的①。供奉易牙为厨祖的惊人之举,最能有效标榜天津菜味道出众,不也是高明的商业"炒作""吗?

(二)大众基础:漕运劳工的解饱与"讲吃"脾性

天津人讲吃、知味的缘由,有人归于濒河又近海的优越位置,所以都说"津菜"长于烹调"河海两鲜"②。银鱼、紫蟹等珍品都是产地狭窄、个体细小,要靠长于赏味的当地食客发现,才能成为宫廷贡品。如若充分认识到天津人文因素的特殊,地理因素就相对变得不那么重要了。城市的早期居民的群体习尚会留下久远的影响,天津最早是个渔村,"贴饽饽熬小鱼"本是渔民简朴的"一锅熬",《大公报》名记者张高峰(1918—1989)称之为"家喻户晓的吃法,是天

---

①见梁实秋《雅舍谈吃·溜黄菜》。
②张英凤主编:《津菜》,天津科学技术出版社2002年版,第7页。

津人'口重'、爱吃鱼虾的典型饭菜"①，新时期这种家常吃法竟登上高档酒楼的菜单。

"天津卫"作为军事建置，最早的居民是军人及其家属，还有运河漕运粮米的船工。军人、船工群体，共同特点是饭量大、出汗多，对饮食有特殊需求，会影响到本地特殊食尚的形成。这使天津饮食像天津方言一样，具有"孤岛"的特性。

漕运大船要在天津换小船才能进京，因此这里的码头劳工曾多达十万之众，成为居民的主体。由于重劳动消耗热量，天津人饭量特大，这是讲究美食的重要条件。现代人饭量变小，面对繁多的珍味只能浅尝辄止。"肚大能容"使天津人追求美味的"空间"大于其他城市的居民，例如吃卤面(天津话叫"捞面")，在味道浓郁的卤汁之外还要佐以炒虾仁、炒面筋丝等"四个碟"，这也促进了烹调技艺的提高，至今"清炒虾仁"还是津菜的"保留节目"之一。

饭量与菜肴风味相关的突出实例，是清末民初天津家宴及餐饮业流行的成套菜肴模式"八大碗"(多为"大鱼大肉")，这与扬州的满桌"小碟"形成鲜明对比。量的大小会影响味道的高下，经历过"大碗"阶段对美味的追求，后来精致化为盘装的高档海鲜，味道必然胜出一筹。

(三)精英主导：盐商的奢华与"知味"资质

如果说普通居民的需求是美食的"基础"，那么精英阶层的好尚就是"主导"。在天津，主导者是盐商阶层、后来加上"寓公"群体。

天津附近盛产海盐，最早的居民除了渔民还有盐民，清代诗人

---

① 张高峰：《天津人的吃》，尹桂茂主编：《津门食萃》，南开大学出版社1995年版，第541页。

张船山有描写天津的名句:"十里鱼盐新泽国,二分烟月小扬州。"
芦盐通过运河覆盖了黄河以北,与以南的"淮盐"并立。扬州(上海
兴起以前是最繁荣的都市)与"小扬州"的繁荣,同样与盐业有密切
关联。

　　盐跟佳肴的关系天然密切,菜肴什么味道也没有,那叫"淡"。
梁山李逵馋久了,就嚷嚷"口中淡出鸟来"。盐业历代都是国家的主
要财政来源,垄断了盐业的经营的盐商,历史上曾是无比富有的阶
层。台湾作家高阳在《古今食事》一书中认为,河工与盐商"对于中
国烹调艺术的发展发生过极大的作用"①。书中有专门章节讲述盐
商对美味的追求,不少情节令人拍案惊奇。全国主要的盐业,南有
江苏的淮盐,西有四川的井盐,北有天津附近的芦盐;恰好相应地
就有淮扬菜、川菜以及津菜。近年天津名厨师和美食家在总结津菜
内涵时,一致认为其口味特点是以"咸鲜"为主,而根据"味觉生理
学",咸味的呈现要以鲜味为前提条件。

　　盐商特别热心于夸示美食佳肴,这大概就像纺织品商热衷于
时装表演一样。兴起较晚的天津是芦盐的集散中心,也是大盐商的
销金窟。天津盐商在讲吃上的奢侈,比扬州毫不逊色。限于篇幅,这
里只以大盐商查家建立的大型园林水西庄作为典型。据《沽水旧
闻》一书记载,庄主查家不惜高价酬金把"各省之庖人(厨师)"多达
二百多位,都罗致到门下,每次宴席都请众客点菜,不论客人"使献
何艺,命造何食",都能很快上席。乾隆几次来津都驻跸于查家的水
西庄,膳馔的丰盛珍奇,竟让皇帝"自叹弗及",有些伤了自尊。

　　都知道水西庄曾跟扬州小玲珑山馆等处并列为全国三大名

---

①高阳:《古今食事》,台北皇冠出版社 1983 年版,第 107 页。

园，却不知提出此说的清代诗人袁枚（1716~1797）原来是与苏东坡并列的大美食家，更不知他的名著《随园食单》，曾在号称"世界美食王国"的法国，被其译者（也是陆文夫名著《美食家》的译者）誉为"美食经典"。苏杭达官名流经常沿着运河北上京城，水西庄是必经之地。《随园诗话》中有记载说当袁枚船过水西庄时，曾跟庄主查为仁（1695~1749）互致问候。按情理推想，讲吃的查家既是祖籍南方的盐商，其建庄又以聚集招徕远近名流为宗旨，南方诗人雅士理应成为庄里的食客嘉宾。例如水西庄诗人汪沆之师、著名诗人美食家朱彝尊（1629~1709，浙江人），就是水西庄的常客，其美食名著《食宪鸿秘》与《随园食单》并肩流传至今。

有句天津民谚特别值得注意："吃尽（禁）穿绝天津卫"——"吃尽穿绝"并非成语，据张钟先生说，吃"尽"本来是吃"禁"。帝制时代规定衣食住行都有分严格的等级之分，新兴的天津远比京城宽松，因此天津盐商在奢华消费上敢于突破禁忌，这都促进了天津美食文化的发展。

下层大众承续了船工的"讲吃"，上层精英发扬了盐商的"知味"，形成饮食文化尖端与基础两个层次，上下互动，使天津成为"美食家"的温床。

二 个性强烈的天津小吃：由来及意义

"小吃"是中华饮食文化里特有的，以肉食为主的西方人没有主食、副食概念，而中国人以"干饭"充饥，自古养成了"就菜"的进餐模式。但"正餐"之外常需要"垫补"，于是有了"小吃"，它的本质是"饭菜合一"，有"快餐"的功用。

天津小吃没有南京夫子庙小吃那样历史悠久，却以风味独特而闻名。天津人嗜好小吃，可能来自早年适应码头劳工群体的需求。天津小吃味道浓烈，多能充任"下饭"（名词），甚至能当得大菜。美食家谈天津菜的风味，常认为最讲究的是小吃。

（一）"烙大饼"："卷一切"实为小吃之母

天津卫的小吃，得从烙大饼说起。"大饼"前边要加个"烙"，以区别外地传来的"炉饼"（烧饼、锅盔之类的总称）。别看大饼连咸味儿都没有，它却可说是天津的"美食之母"。

袁枚在《隋园食单》里强调"饭"是本、"菜"是末，"逐本忘末，真为可笑！"这里面的大道理，老祖宗的经书《礼记》里讲得透彻：美味得靠淡而无味来反衬，就跟彩画靠白底反衬一样。"饭"本来指"干饭"，但北方人拿面食当主食，大饼就是老天津人最喜爱的的"饭"。"烙饼"不等于天津大饼，南北广大地区的烙饼都是"葱油饼"类型的，《随园食单》管它叫"蓑衣饼"，做法是，面剂子"擀薄"涂油，"卷拢"成螺壳形再擀薄，翻烙时用力摔打，熟了会散成蓑衣状结构。这种饼除了油多，还要加葱花、盐末，又咸又脆又香，像小吃一样追求美味，不算纯粹的主食。美食家梁实秋在《雅舍谈吃·烙饼》里说，"葱油饼太好吃，不需菜。"

天津大饼完全不同，无葱、无盐，抹一点油纯为分层串汽。它本质属于主食，要的是淡而无味，像米饭一样得"就"着特别有味的"菜"吃。家庭烙饼有的很小，所谓"大"饼，除比烧饼大，怕也有"主要"之意。

"烙大饼"是天津人的一大发明。这个论断，则是笔者提出的。天津人发明大饼，史料中也能找到有力的依据：明朝江南诗人朱彝尊长住北京,往来天津,他的饮食专著《食宪鸿秘》里有"光烧饼"的记述,原注说"即北方代饭饼"[1]。顾名思义,"代饭饼"就是淡而无味的天津大饼。

天津大饼的可贵特点是绵软而富含水汽,饼胎是用加以密封两头的"剂子"擀薄的,烙时一翻个儿很快会膨胀成圆球,油膜分成的薄层间充了水蒸汽,切忌撒汽。饼的本身就像个无形的蒸锅,根据"压力会使温度升高"的原理,内部的高压使温度超过煮"汤饼(面条)"的一百度,再翻一回,瞬间即熟,实际是半烙半蒸而成的。为了蒸汽充足,得多用水、和稀面,加上密封而不失水,所以有绵软而"外焦里嫩"的良好口感。

何以天津人有这样的发明?洋人的谚语说"需要是发明之母"。天津运河船工干的是重体力活,死面大饼是最"实在"的干粮,没条件备办"下饭",大饼可以卷了有味的"咸食"吃,他们没有条件加热,绵软的大饼可凉吃。对比馒头,一冷就"反生"变散、又耗费唾液,天津人不大爱吃。

大饼南方船工不肯吃,北方农村则没条件做。农村做饭只能烧柴草,烙饼需要煤球炉,煤球最早的记载见于天津宝坻人的笔记《乡言解颐》[2]中。天津人还发明了叫"支炉"的烙饼专用炊具,是多孔的半球形陶器,跟煤球炉配套使用。"支"是指抬高,适

支炉

①(明)朱彝尊:《食宪鸿秘》,中国商业出版社1985年版,第34页。
②李光庭:《乡言解颐》,中华书局1982年版,第2页。

当地离开炉火,以便调节温度。

大饼吃法独特,卷着吃或夹着吃,在咀嚼中味道时浓时淡,变化万千。卷、夹是吃法,却像"拌"一样可看成是烹饪法的延伸。卷吃的副食多种多样,天津独有又薄又脆的"果箅",是油条的变种,味道咸香,其大小恰好卷饼而食,堪称大饼促进小吃发展的标本。天津的小吃,味道也极为浓郁,单独吃起来受不了,反都成了夹饼的"副食"。

(二)煎饼果子:小吃偏能"下饭"

"果子"("果"本写作"餜",油条的天津名称)本属"点心"类,煎饼在其山东发源地则是纯粹的主食,为了加强煎饼果子的味道及下饭功能,特别加葱花、面酱卷在里边。

煎饼果子,天津独有,近在咫尺的北京,也一直没流行起来。20世纪80年代才在京城露头,跟天津比起来,味道还是高下悬殊,煎饼是拿白面摊的,吃起来黏糊糊的还带酸头。什么道理?当然是因为北京人不懂得它是必须拿大饼加着一起吃的。

"煎饼果子",外地人乍一听,还当是两种东西呢,其实它荟萃了几种地方名吃的精华。说到"果子"的由来,据说早年在天津流传着一个故事。行刺奸臣秦桧的勇士施全有个兄弟施中,为躲避追捕,扮作渔民从临安(今杭州)乘小船,经运河逃到天津,改名朱钦惠(诛秦桧),卖油炸货为生。他把两小块面摞在一起抻成长

煎饼果子

条,在油锅里炸熟炸透,取了个名字"油炸桧"。天津食客也用咬碎嚼烂来发泄对奸臣夫妇之恨,索性改叫"油炸鬼"。后来流传到外地,多叫"油条"。有"考证癖"的周作人引用明清笔记,说油条是"河北风味",这也印证了油条是从运河传来天津的传说。

古人管精加工的面点叫"果子",用到油条上,为天津独有。旧时"果"要加个"食"旁,好跟干鲜果品区分。因为油条形状像棒槌,俗名就叫"棒槌馃子"。油条各地有,做法和味道各不相同。北京的叫"油饼",是淡黄色没炸透的,远没有天津果子的脆香。

煎饼,民俗专家张仲先生最先提出是山东传来的,蒲松龄写过《煎饼赋》,其中描写煎饼"合米豆为之,圆如银月,大如铜缸,薄如剡溪之纸,色如黄鹤之翎",跟天津卷果子的煎饼一模一样。"米、豆"指小米面、绿豆面,天津煎饼也是混合面的,葱、酱也是山东口味,煎饼果子改用天津甜面酱。据出身贵族的台湾美食家唐鲁孙先生考证,这种酱最早也就京、津才有,本是宫中太监拿摆祭的剩馒头做的,若非大量"废物利用",谁舍得用纯白面做酱?

煎饼果子是天津人"知味"的标志,北京人尝过煎饼果子,都夸"味道好极了",那为什么学不到家?恐怕因为味道太"酽",天天吃有点受不了。天津人发明这种美味,本是出于运河码头工人的需要,跟特有的大饼配套,成了方便而可口的快餐。

煎饼果子要用大饼卷着或夹着吃,这种吃法特别符合美味欣赏的原理:一方面,有淡而无味的大饼反衬,煎饼果子的味道更加鲜明;另一方面,在口中咀嚼时,各种成分的味道浓淡随时变幻,更有"吃头"。所以可说,是煎饼果子配大饼,造成了天津人的特别"知味"。

（三）似菜非菜"锅巴菜"

在天津名吃中，地方特色最为强烈的要算锅巴菜了。它的名字，用天津话来说，就极其"各色"，得给外地人费半天话才能明白。"锅巴"指的是煮饭时锅底上形成的"干儿"，北方也叫"格炸"，记载宝坻县风俗的《乡言解颐》一书里就是这么叫的，而"锅巴菜"里得念"嘎巴"，典型的天津话发音"嘎巴脆"。"菜"，尽管从蔬菜引申为多肉料的菜肴，总还同是跟"主食"相对的"副食"，"锅巴"纯是粮食，怎么也成了"菜"？

锅巴菜做法是把绿豆煎饼切成柳叶状，另做一锅咸卤，买主来了临时抓一把投入锅边热卤中，稍加搅拌即用勺连卤舀到碗里，浇以麻酱汁、腐乳汁、香菜末。从材料看以主食为主，属于小吃，但功用却是"下饭"的菜肴，所以非菜而名为"菜"。因为卤汁偏咸、气味浓烈，必须搭配大饼、窝头等主食。

通常把锅巴菜归为早点，然而据台湾女作家刘枋回忆，锅巴菜

锅巴菜

在晚餐里也扮演着重要角色。她写道："当年法租界天祥市场后面的万顺成，每晚坐客常满，人人面前都有一碗锅巴菜。"[①]台湾美食家唐鲁孙回忆说，天津张庄大桥元兴旅馆（后改为浴池）张掌柜祖上卖的锅巴菜的，因偶

---

① 刘枋:《吃的艺术（续集）》,台北大地出版社1986年版,第137页。

尔弄一批口蘑,做的卤汁"有煮鸡的湛香"①。后来有的锅巴菜就用鸡汤做卤,直接变"荤"了,跟肉料的菜看更靠近一步,名副其实地变成了下饭的"菜"。

煎饼果子和锅巴菜可以说是姐妹俩——都是煎饼家族的成员,不过一个用整煎饼卷,一个用切碎的煎饼烩。天津人做这两种小吃所用的煎饼,跟山东比,在原料上有很大改进,比如选用绿豆面。山东煎饼的原料本是小米面,天津煎饼先前也是小米面、绿豆面两掺的,现今发展到纯用绿豆面。这是美味竞争的结果,因为绿豆比小米贵。绿豆的味道跟"菜"比较接近。让绿豆生了芽,就完全变成蔬菜,比一般蔬菜更具清香气味,天津人最爱拿韭菜炒了吃,叫"蓝白线儿"。天津人爱吃煎的"焖子",跟各地的凉粉同类,但也改用绿豆粉为料。"焖子"不是"菜",同样要"就"着饼吃。

(四)"油炸蚂蚱"

"油炸蚂蚱"是"津沽"一大名吃,老天津谈起此味不禁满口馋涎,年轻一代的天津人却都不大相信,油炸蚂蚱也算津门一大美味。台湾女作家在刘枋天津住过,30年后还不忘此味,她在《天津菜》一文中写到:"炸蚂蚱是善饮者下酒佳味。如用烙饼卷而食之,更是老饕解馋之物。"民国年间的《丙寅天津竹枝词》还拿它跟卤鸭并列:"油烹蚂蚱远闻香,卤味人称鸭子王。"作者特加注释说:"城内沈家栅栏油炸蚂蚱最好。"《津门纪略》记载天津名吃中的油炸蚂蚱,则说"鼓楼北于十"的最佳。台湾美食家唐鲁孙回忆说,张伯苓先生最爱这口,还扬言请他吃俄国大菜都不换呢。

---

① 唐鲁孙:《酸甜苦辣咸》,广西师大出版社2005年版,,第168页。

　　蚂蚱全国到处都有,宋人《倦游杂录》说,岭南人叫作"茅虾",为"常所食者"。它为什么唯独以天津美食而闻名?古老的《礼记》记载,蚁卵酱和蝉都是宫廷佳肴。那么天津人为什么不吃蝉呢?

　　昆虫美味而富有营养,吃与不吃只是习俗和心理问题。随着文化史研究的进展,外国学者越来越重视。按美国人类学家提出的原理,可食之物必须便于大量采集,才能形成群体的食俗。饮食对文化的意义。前几年出版的《好吃——食物与文化之谜》一书中,美国人类学家哈里斯提出一个原理:用类似"生产成本"来解释"吃什么、不吃什么"的习俗。作者认识到,尽管昆虫是地球最多的、蛋白最丰富的生物,但却是"最无效的、不可靠的食物资源",这有一条原理:有的东西尽管可食,只要不能形成大众的食俗,人们就不免有嫌恶的心理①。蚂蚱就是蝗虫,天津一带的地理气候条件最适合蝗虫繁殖,历史上蝗灾不断,严重时"蝗虫蔽天,食禾殆尽"。明代学者大臣徐光启深通西方科学,又是农业专家,他曾在天津做官多年,同时从事种稻试验,曾亲自研究蝗虫习性,著有最早的专论《灭蝗疏》。在他绘制的蝗虫发源界域图中,天津正处在重要地带。即便没有成灾的普通年份,蝗虫在天津郊野也有相当密度,足以形成捕捉的"规模效益"。

　　旧时每到夏秋之季,正是蚂蚱籽满肚圆,危害庄稼的时候,捉蚂蚱的大军就出现在田野上。炸蚂蚱的做法是先把翅膀去掉,用开水焯一下,晾干了下锅油炸,然后加进酱油、醋、糖等勾的汁,以及葱丝、姜丝等作料,就成了色泽酱红,酥脆浓香的佳肴。清末民初,油炸蚂蚱这道美味价也作为价廉的"时菜"风靡全市的大小饭馆,

---

①(美)M·哈里斯:《食物与文化之谜》,山东画报出版社 2001 年版,第 183 页。

外地视之为最有天津特色的美食,有的菜馆拿它充当"敬菜",让外来食客人体味津沽风情。

好吃的天津人追求奇味,油炸蚂蚱加上葱酱等佐料,便成为节令美食。本地歇后语说"大饼卷炸蚂蚱,家(夹)吃去吧!"用同音字强调了油炸蚂蚱必须"夹"大饼的吃法。

(五)"铁雀"得名于津音"铁脚" 外地"侵权"缘于被本地"忘光"

"老天津卫"们谈起美食,"铁雀"总是名列前茅。铁雀的吃法是油炸后加上花椒、葱、酱油烹成。菜肴名称有"炸溜软飞禽""酥铁雀"等,口味香酥偏咸,下酒或夹了大饼吃,风味独特。可惜近几十年来,这一名吃几乎被本地人完全遗忘。

铁雀,最先仅因天津美食而闻名。各地美食宣传常说"铁雀是麻雀的一种",凭这个,就知道他们说的全是赝品。麻雀属于"文鸟科",跟铁雀并没有邻近的亲族关系。可以断言,"铁雀"是比麻雀珍贵而美味的鸟。"铁雀"到底是什么鸟?是麻雀的别称、变种、还是分类上独立的物种?根据《中国经济鸟类志》断定铁雀为"鸟纲,雀形目,雀科,鹀属,三道眉草鹀",描述说"大于麻雀,夏季多见于高山地带,冬迁山脚、平原。分布于内蒙以南、广东以北广大地区。亦有以麻雀充铁雀者。"笔者的好友,已故现代烹饪史研究开拓者聂凤乔先生对这个问题下过功夫。聂先生主编的巨帙《中国烹饪原料大典》,对史料收罗详备,其中"铁雀"一节所引的三条史料全都出自天津,分别是:樊

铁雀

彬的《津门小令》:"雪落林巢罗铁雀,冰敲河岸网银鱼。"周宝善的《津门竹枝词》:"盘山冰雪高三尺,铁雀飞飞始振翎。"张焘的《津门杂记》:"冬令则铁雀银鱼,驰名远近。"《丙寅天津竹枝词》说:"铁雀莫将他雀混,登盘先喜啖铃铛。"(铁雀头最香俗称铃铛)还特加注释:"铁雀以铁爪者为真,售者往往杂以他雀。"1990年代聂先生做出结论说:"以铁雀为料做成的菜品,多见于天津,其它地方散见。"①书里提到的菜品有天津的"炸溜软飞禽""酥铁雀"等多达七种,北京两种,黑龙江、江苏(荷花铁雀)仅一种。历代食谱中找不到"铁雀"的踪迹,最早见于乾隆年间的《帝京岁时记胜》,但只有名称。笔者在承担天津"贺岁书系列"的《津沽传家宝》一书的饮食部分时,曾请教过李世瑜、张仲两位先生,他们的意见也不一样,笔者便从12种名吃中去掉了"铁雀"一种。

"铁雀"名称的由来令人费解。笔者以此为线索,在查阅史料时不断留意,终于揭开了疑谜。铁雀到底"铁"在哪里?按理当是全身羽毛颜色像铁,但据《鸟类志》描述,铁雀背羽栗色,颏下白色,其余大部分都是红褐色。值得注意的是,天津烹饪美食圈人士都一致认为,铁雀的脚爪是黑色的。明代人宋诩的食谱《宋氏养生部》里出现了一条线索,可供侦破"铁"字的由来。那本书在"禽属制"一章的"黄雀炙"一节之末,附有"鹌鹑、竹鸡"的条目,解释说都是"铁脚之属"——看来确有"铁脚"这么一类鸟,不是学名就是俗称。宋诩长住北京,紧邻天津。他说的烹饪方法也跟做铁雀相似:用香油、花椒、葱、酱油等炸透,加醋发烟,熏成香黄。这提示我们,"铁雀"之名莫非跟"铁脚"有关? 细而硬的黑色鸟爪,确实最适合用"铁"来形

①聂凤乔:《中国烹饪原料大典》,青岛出版社1998年版,第128页。

容,而突出"铁脚"的特点,最容易把铁雀跟麻雀分辨开来。

这个推想可以从文献里找到佐证:樊彬在《津门小令》提到铁雀,自己加注说"尤重黑爪";《津门竹枝词》作者提到"铁爪",强调"铁雀以铁爪者为真"。更有说服力的是,明代宦官刘若愚在记载宫廷生活细节的《酌中志》中说,"十二月,炸铁脚小鸟,炸(水焯)银鱼"。铁雀、银鱼都是天津特产,明代同是指定的贡品。"草鸦",与麻雀外形相近,分类学上距离很远。这种山鸟每年冬季从盘山飞到天津一处河湾上,属于珍禽。清人《帝京岁时记胜》中最早出现"铁雀"之名,明代食谱《宋氏养生部》则提到"铁脚之属"。天津土音"脚"(jiāo)"雀"(qiāo)同读第一声即"阴平"音,很容易混肴。"雀"雀字古音属于"入声",全国方言中只有天津话把入声的北方变音 e 进一步变成符合元音 ao。据此可以考定"铁雀"得名于津音"铁脚"①。

(六)"狗不理"理应出在天津

到了近代,包子、饺子才在北方由小吃变成正餐。天津谚语说"饺子就酒,越吃越有",天津人年俗除夕晚上、子夜和大年初一要连吃三顿饺子。从别称等方面可以推定饺子在全国的流行始于天津,含有海虾仁的"三鲜馅"最早也出现在这里。

包子,是可以代表天津的一道传统面食,至今在各大城市常可见"天津包子"的招牌。天津饮食业的行家回忆,"天津包子"包括"荤素回汉,多种多样",牛肉包、羊肉包、肉皮包等,各有名店,例如以素馅包闻名的"石头门槛"。

梁实秋先生的美食名著《雅舍谈吃》中有一篇谈包子,半篇讲

①高成鸢:《"铁雀"得名于津音"铁脚"》,《今晚报》2005 年 11 月 3 日。

的是天津。其中有个"狗不理"包子的笑话,令人忍俊不禁:"相传的一个笑话:两个不相识的人据一张桌子吃包子,其中一位一口咬下去,包子里的一股汤汁直飙过去,把对面客人喷了个满脸花。肇事的这一位并未察觉,低头猛吃。对面那一位很沉得住气,不动声色。堂倌在一旁看不下去,赶快拧了一个热手巾把送了过去,客徐曰:'不忙,他还有两个包子没吃完哩。'"

这篇题为《汤包》的文章,不仅提到"狗不理",一开篇还提到"玉华台",指的是北京那家著名淮扬菜馆。天津也有一家玉华台,台湾美食家胡静如先生《吃遍大江南北》一书中有对该店的专篇记述,根据登记材料,天津玉华台的开创者是一位来自淮安的人士。前些年淮安市申请"淮扬菜之乡"称号,同时举办美食节,展示的美食中就有著名的"淮安汤包"。前往参加"淮扬菜系烹饪大赛"的天津玉华台大师,曾猜想天津包子跟淮扬汤包的关系。

淮扬菜系的汤包,里面包的主要是汤汁。个头儿有天津包子三四个大,薄皮儿必须是烫过的死面,才有足够的张力当"容器"而滴水不漏。梁实秋所描写这种包子扁扁地塌在笼布上,取时要抓住皱摺处猛然提起放进碟中,"轻轻咬破包子皮",把汤汁"吸饮下肚"。

六十多年间,汤包一直是天津玉华台的保留菜品,但"汤包"一词在津门食客中根本没有流传。梁实秋并没有为狗不理包子追根溯源,从而跟淮扬汤包联系起来,但他已明确谈到天津包子"里面确有比一般为多的汤汁"。台湾作家刘枋女士回忆"狗不理",也说"有很多汤汁",蒸熟"会塌得扁扁的"。两种包子高下如何?当然各有千秋,但不能否认天津包子"后来居上"。汤包闻名于扬州,周作人说过,南方人认为包子饺子不算"饭",属于小吃,天津则当"好饭"。

天津运河劳工群体劳动强度特大，又因为抢时间而比较紧张，对饮食有特殊的要求，就是既"解饱"又方便，"天津大饼"卷咸的吃就合格。然而也得间或吃顿"好饭"作为调节，所以"饭菜合一"的美味包子就应运而生了。

对于干重体力活的群体，淮扬汤包是吃着玩儿的，"狗不理"包子的改进，都是为了更能解饱。馅要汤少而肉多，更重要的是面皮要厚而解饱。烫面皮能包汤汁，而不被海绵状的吸收。"狗不理"创始人高贵友对包子实行了重大改进：包子皮方面，把"大发面"改成"半发面"[①]（术语"一拱肥"），这种皮子不透油，松软而有嚼劲，定型优美有光泽。馅儿方面把"硬馅"改进为"水馅"，做法是加进高汤及少量的菜，多用葱姜，蒸熟后不会结块，咬开一兜鲜汁，清香四溢。

（七）油炸甜食：天津麻花与"十八街"（附"耳朵眼"炸糕）

中餐的"小吃"从味道来说，主要分为两大类：鲜咸类和香甜类。前者近于饭菜结合的正餐，后者近于"零食"，北方也特称"点心"（南方统指非米"饭"的吃食，包括包子饺子）。

麻花是油炸甜食的典型，早先以河南禹城产的最有名。从20世纪前期，天津麻花的名声竟大大超过河南，道理在于大都市商业繁荣，聚居天津的回民同胞大多以饮食为业，激烈的竞争促进技巧提高、花样翻新，当然更有天津人对美食的特别追求。

"十八街"麻花创始人范桂林是河北省大城县人，1928年，范桂林兄弟俩来天津，在河南人开设的麻花铺当学徒，后又受雇于另一

[①]王啸伯等：《天津包子史话》，《天津工商史料丛刊》第二辑，天津工商业联合会出版，1984年，第142页。

家。1936年兄弟俩与人合伙开麻花铺,各自成家后曾分设两店,后来再合并,两人名字中有"桂"字,店名就叫"桂发祥"。麻花店开设在东楼十八街地带,后来就以"十八街麻花"闻名于远近①。

麻花是天津人喜爱的大众小吃,摊档店铺不少,范桂林为了能在竞争中取胜,细心揣摩配料、火候,经过反复改进,设计出一套别出心裁的制作技艺,炸出来的麻花香甜、酥脆(既不"艮"也不硬,一嚼就崩散),独具风味,一尝难忘。他还首创在坯料的"白条"中间夹进一条馅体,其中有桃仁、桂花、青红丝等配料,所以得加个"什锦"的形容词。"十八街麻花"还有一大长处,就是抗潮湿,能长久存放而不变绵软,所以成为来津游客购买礼品的首选。

"狗不理包子""十八街麻花""耳朵眼炸糕",并称天津小吃"三绝"。"耳朵眼炸糕"已有120年的历史,创始人刘万春当年靠一盘磨和一辆小推车起家,车上挂个"回民刘记"的小木牌,在街头上现炸现卖。光绪十八年(1892),他在北门外大街开店,店名"增盛成",因为诚信经营、精益求精而远近闻名。"耳朵眼"不是炸糕店的字号,是广大顾客叫出来的。原来,炸糕铺坐落在"耳朵眼胡同"口的左侧,因胡同很小,得了个形象的名称。久而久之,店名"增盛成"反而不为人知。

耳朵眼炸糕用料考究,做工精细,风味独特,一百多年来一直极力保持传统做法:选用上等黍米(天津叫"粘黄米",现已改用白"江米"),水磨发酵,红小豆煮烂,铜丝罗"搓沙"去皮,加上红糖汁炒制成豆沙馅。下锅先用温油,后用旺火炸透,再用香油轻炸。加上"控油",要用三口锅。炸出的糕,咬一口三层分明:金黄的硬壳、嫩

---

① 刘建章:《范桂林和桂发祥麻花》,《津门食萃》,南开大学出版社1995年版,第81页。

白的糯米面、黑的豆沙馅。吃起来外焦里嫩，有嚼头又不粘牙，甜香满口。

考证起来，"炸糕"这个名称并不古老，历史文献里几乎不见踪迹，现实生活中，炸糕这个美食品种，在全国其他地区也没有像在天津那样流行。中国饮食史研究者公认，油炸法是跟西域民族学会的，小小炸糕，是回、汉民族文化交流的结晶。

三　融汇、竞争使"津菜"后来居上

（一）各大菜系在天津的交汇

"研究"要求比较，这就需要有"参照系"。研究天津美食，最好跟同为近代大都市的上海比较。如何证明天津人在"讲吃、知味"上超过上海？天津谚语说"当当吃海货不算不会过"，"当"掉的都是锦衣裘袍，表明天津人一味讲吃，上海人还要讲穿。另一方面，美食享受需要有钱有闲，上海的富人多是买办阶层，像洋人一样忙忙碌碌，而天津的"寓公"有钱有闲。

民国前期政局混乱，下台的王公贵族、失意的军阀政要，个个腰缠万贯，携眷来天津租界蛰居，形成全国独有的"寓公"群体。他们企图东山再起，便以宴席为纵横捭阖的舞台，天天酒食征逐，一掷千金。这一特殊群体的活动，有力地刺激了天津餐饮业的繁荣。高级饭庄都不接待散座，专门招待预定的酒席。

天津成为与上海并列的大都市，商业繁荣又远超北京，粤、闽、川、湘各界精英纷纷北上来津，带来了不同风味的需求，也引来了厨艺人才，加上清王朝灭亡后，宫廷高厨外流进入人才市场，这都使天津成为各大菜系的展台和熔炉。

天津兴起的早期,淮扬菜就已借助运河交通在天津交汇。天津海轮通航后"胶东帮"(鲁菜东支)纷纷来津,开办登瀛楼、正阳春等名菜馆,带来海鲜烹调技艺,使以烟台、济南为代表的鲁菜东西两支在天津合流,遂使擅长"河海两鲜"成为天津菜肴突出的优长。

此外,以餐饮为业的回民也使清真风味在天津市场的竞争中得到升华,出现宴宾楼等一批著名菜馆,成为天津烹调技艺的另一要素。

(二)中西文化在餐饮业的碰撞

天津是近代中西文化交流的重要舞台,饮食方面,这里当然也是中西碰撞的场所。像各地一样,最早接触西餐的华人是与洋人打交道的洋行(如英商怡和洋行)买办阶层,他们大多来自被称为"洋人来华跳板"的香港、广州,曾深受西洋文化熏染,已经吃惯了"番菜"。另据天津餐饮界老行家说,最早吃西餐的是皇帝和王公贵族。1863年英国人开办的利顺德大饭店是近代中国最早的几家涉外饭店之一,其餐厅当然供应高档西餐。1898年的《津门记略》记载有番菜馆两家,1911年的《天津指南》就增加到14家,其中华人开办的3家。

由于文化背景的不同,西餐有着自己独特的餐饮文化。德国人开办的"起士林"西餐馆服务优雅,外国店员的中国话很流利。北洋政府交通总长朱启钤好吃西餐,他教家人用刀叉,说"要有个吃西餐的样子"。1895年成立的天津基基督教青年会是中国近代最早的民间社团之一,附设有西餐馆,善于接受新鲜事物的青年一代来此活动,促进了西餐的流行。随着社会观念的进化,有很多时尚人家在西餐厅举行喜寿宴席。到了20世纪20年代,西餐馆在天津已遍布租界内外。1863年英国人开办的天津利顺德大饭店是近代中国最早的涉外宾馆,餐厅常有上层人士尝新。天津的八国租界是西餐推广的重要阵地,那里的"寓公"群体是最早惯吃西餐的食客,例如下台的民国大总统黎元洪曾带家厨到西餐馆去边吃边学①。

外来文化必须适应本土文化,这是文化碰撞的规律,表现在西餐的引进上,就是"西餐中吃""中餐西吃"(也有用"做"替换"吃"的说法)。前者例如西餐"罐焖牛肉"把洋葱改成大葱而接近中餐的红烧牛肉,后者例如张学铭(张学良之弟,曾任天津市长)家厨创新菜品"番茄虾球"(炸虾肉丸子浇番茄汁)②。西餐与中餐融合的现象,在天津格外突出。天津一位老餐饮人曾对此进行回忆总结,断言"中西餐合吃"是天津餐饮界的"一大创举",是"经营上的一种竞争形式",20世纪40年代天津致美楼、东兴楼、登瀛楼、天和玉等山东饭庄"纷纷增添了西餐作法,编制了中西餐合吃的筵席菜单",以中餐菜肴为主,增加西餐菜肴,还增添了刀叉等洋餐具。高档食客纷纷品尝,以致"没有创办这种中西餐合吃的筵席,业务比较清淡了"③,可见中西餐的交汇在天津一段时期非常普遍。

(三)"津菜"在中餐谱系中的地位

行家都知道,过去没有菜系之说,都叫"帮口"。"菜系"一词出于业界的自我标榜,早已被商业部叫停。第一部《中国烹饪概论》改

---

①周骥良:《黎元洪与西餐》,《津门食萃》,南开大学出版社1995年版,第505页。

②周骥良:《黎元洪与西餐》,《津门食萃》,南开大学出版社1995年版,第606页。

③王钦宾:《天津的饮食业》,《天津工商史料丛刊》第4辑,天津工商业联合会出版,1986,第61页。

用"风味"概念,按其认定标准,天津风味可以属于"亚菜系"①。

天津兴起于漕运和盐业,繁盛于开埠和租界。20世纪前期,"八大成"等以"天津菜"为标榜的高级饭庄应运而生,迅速叫响,并为各地食客承认。百余年前最早的"都市指南"读物,在分类收录菜馆时就有津菜"饭庄"一类与"山东馆""广东馆"等并列②。从20世纪30年代开始,"津菜"名目在各地食客中开始趋于无闻。这与"津菜"本身无关。考察其缘由,是1928年后天津城市地位的急剧下降。津菜的盛衰,我认为可以用八个字来总结,就是"后来居上""生不逢时"。津菜的历史成果是中餐文化的宝贵财富,由于时段清晰、特色鲜明,不但值得本市行家和食客来努力传承,还特别值得作为中餐标本来深入研究。

---

①陶文台:《中国烹饪概论》,中国商业出版社1988年版,第218页。
②羊城归客:《津门记略》"食品门"一节,1898年。

探本究源成"一家之言"

——问津讲坛第 54 期主讲人高成鸢先生侧记

万鲁建

高成鸢先生和我是山东同乡,我们曾有过多次交谈,先生对我也关爱有加,让我受益匪浅。问津讲坛第 54 期开讲前,王振良先生给我打电话,希望这期的主讲人侧记由我来完成,并说这也是高先生的建议。尽管我对自己能否写好颇有怀疑,但仍不揣浅陋答应下来,于是与先生相约又一次见面。

一　闲谈处处可见学问

大约是 2013 年,已忘记是在什么场合,那是我初次见到高成鸢先生,聊得还比较投机。后来找机会去先生家拜访,他讲了很多中华文化的问题,还送给我一本书,是关于饮食文化的。如今翻阅,发现这本书并不纯粹探讨饮食文化,更多的是从物质角度来探讨中华文化的本源问题。这是先生多年来一直研究的课题,从具体微观的物质着手,通过大胆假设和严密求证,力求寻得中华文化发展进程中一些本质的规律性的东西。后来又遇到过先生几次，然因场合与时间关系，交流都不是很深入。再次专程拜访先生是在2013年11月，查阅我的记录，先生这次又送我一本书——《饮食与文化》（复旦大学出版社2013年8月出版）。再后来见面的机会就少了。

高成鸢先生是山东威海人，我是山东曹县人，虽然同处山东，但实际上相距甚远，风俗也大异，但这不妨碍我们之间有种天然的亲切感，或许这也是先生对我比较爱护的缘故吧。记得上次拜访的时候，先生身体并不是特别好，这次也能感觉到他有些疲惫——先生说自己讲话不能太快，也不能时间太长，还对我说如果有事，可以随时走，不要客气。先生虽然是山东人，但十岁时便随父母来津，也可以说是天津人了。先生长期在天津图书馆工作，对书有一种天然的喜好，当然他并不汲汲于藏书，插架者全部是服务于读写。这次见面，话题也引到了书上。

与高先生闲谈，处处都能感受到学问。说起书时，高先生问我是否每周都去淘书，我说只要有时间，至少会到书摊看一看，所淘主要是感兴趣或研究所需。高先生语重心长地说道，作为研究者，不能陷入淘书而不能自拔，还是应该多研究。我想，这应与先生在图书馆工作有关，或许是职业习惯，或许是职业操守，先生并不藏书，对地摊上的旧书也看不上眼，毕竟他经手的古籍珍本太多了。

高成鸢先生还对我谈起天津图书馆原馆长、著名教育家黄钰生。记得上次拜访的时候他就讲过，可见他对黄先生的感情。先生说："我不认为有'恩师'一说，但有'恩人'一说，而黄钰生先生就是我的恩人。正是当年黄钰生馆长特许我从事学术研究，才使我走上学术道路，并坚持至今。虽然不能说取得多大成就，但我问心无愧。"对于黄先生不为今人所重,高先生愤愤不平。尽管早些年已经出版过《黄钰生纪念文集》,但他认为这远远不能概括黄先生的一生,并希望今后有学者能够更多地关注黄钰生先生及其成就。

我们还谈到在天津文献史上占有重要地位的《天津志略》及对其辑录者宋蕴璞的研究情况。现在学界对于宋蕴璞多知之不详,先生通过多方查证,已经基本厘清其生平事迹,并写有两万余字的考证文章,可以说是填补了一个空白。我们期待先生这篇大作能够早日发表。

二 从尊老到美食的研究

高成鸢先生出生于 1936 年,为天津图书馆研究馆员,1996 年受聘为天津市文史研究馆馆员。他先后担任过中国烹饪协会和世界中餐业联合会的饮食文化专家委员会顾问,2018 年被中国食文化研究会授予"终身成就奖"。现任中国烹饪协会饮食文化研究会顾问、天津市食文化研究会名誉会长。

高先生一直致力于中华文化的研究,对于尊老文化与饮食文化的研究尤见功力。他将中华尊老传统与中餐美食联系起来,这一观点因为过于新颖,最初并不为学界所认可。而他以研究心得求教于著名学者季羡林先生时,得到了季老的充分肯定,认为他的研究可成"一家之言"。著名学者庞朴在给高先生的信中,则称赞其研究"存亡继绝,功德无量"。正是在诸多大学者的鼓励和支持下,先生矢志不移,醉心于中华文化本源问题的研究,主持完成了国家史学课题《"尚齿"(尊老):中华文化的精神本原》,并于 1999 年出版《中华尊老文化探究》,得到学界的一致好评,还成为中国社会科学院

"建国 50 周年献礼图书"。

此后,高先生又倾心于中华饮食文化的研究,他认为中餐美味是饿出来的,中华文化是吃出来的。为此,高先生大量阅读古籍文献,为论证自己的观点而不懈努力。他先是在 2008 年出版了《饮食之道——中国饮食文化的理路思考》一书,为先生十多年的论文结集。再经过三年,2011 年出版《食·味·道:华人的饮食歧路与文化异彩》。这本书为学术专著,较为系统地论证了先生对于中华饮食文化的认识与看法。2013 年,先生又出版了繁体字本《从饥饿出发:华人饮食与文化》。从书名就不难看出,先生对于自己学术研究的核心观点是多么地执着与不懈。2018 年刚刚出版的《味即道:中华饮食与文化十一讲》,是对先前三本著作的修订与精编,可谓先生研究中华饮食文化的集大成之作。正如他在该书后记中所说:"本书是我自己认可的饮食文化研究成果,二十多年探索的结晶。"

无论是对中华尊老文化的研究,还是对中华饮食文化的研究,先生所探讨的都是中华文化的物质本源问题。或许是因为研究课题过于宏大,先生的观点很长时间都不为学界认同,甚至还遭到一些排斥。但先生并没有气馁,在季羡林、庞朴、王学泰等诸多大学者的鼓励和支持下,他潜心向学,不问结果,最终取得丰硕的成果。先生的几部著作,我虽然未能逐一细读,但从先生的文字之中,我们仍能够知道,看似很普遍的表象之中,其实都隐含着中华文化的本源因子,但是如何予以求证,前提则需要大胆假设,而仅就这些假设来说,已绝非常人所能为也。现在,先生又在研究扁担与中华文化的关系,已经成稿数万字。我真心感佩先生于耄耋之年仍旧孜孜不倦地探寻,真乃吾辈学习之楷模!

三 解析天津饮食民俗

如前所述,高成鸢先生致力于中华饮食文化研究数十年,先后出版多部专著,是享誉学界的文化学者和饮食文化专家。同时,他还担任天津市食文化研究会名誉会长,并承担过中央文史馆主编的《中国地域文化通览·天津卷》中"饮食"一编的撰写工作,因此问津讲坛请先生来讲"天津饮食与民俗"最合适不过了。

既然要讲天津饮食,当然少不了现在天津人熟知的"三绝",即狗不理包子、耳朵眼炸糕、十八街麻花,更少不了天津人爱吃的早点煎饼果子。随着纪录片《舌尖上的中国》的热播,煎饼果子俨然成了天津美食的代表。不过,这些并不是高成鸢先生研究的重点,先生所关注的是天津饮食所具有的文化内涵和天津餐饮业兴起的社会因素。高先生认为中餐美味是饿出来的,中华文化是吃出来的。天津饮食也不例外。天津城市兴起于漕运,码头工人在早期居民中占据很大比重。这些人工作紧张,需要力气,虽然辛苦,但收入也还算不少,具有一定的消费能力,能够支持其对美味的追求。他认为,天津人比较"知味",集中表现在对"小吃"的嗜好,其中以煎饼果子和锅巴菜最为典型。当然,更为重要的是近代天津作为中西文化荟萃之地,形成了有钱有权的寓公阶层,他们对于美食的追求愈加精致,使得天津饮食能够博采众长,形成独具特色的"天津菜"。对于天津菜究竟属于哪个菜系,学界一直众说纷纭,但大都认为天津菜不是独立的菜系,只是风味独特而已。对此高先生也认为,"菜系"之说是不准确的,天津饮食的独特性更应该以风味流派来区分,具体到天津风味则处于"亚菜系"的地位。他还认为,天津菜之所以后来湮没无闻,并非津菜本身的问题,而是与 1928 年后天津城市地位开始下降密切相关。

总之,高成鸢先生对天津饮食的研究,更多的是着眼于宏观的文化视野,并提出了非常有价值的观点,值得我们深入探讨。

一篇文章难以穷尽高成鸢先生的学问之道与研究心得,我们唯有多拜读先生的大作,才能真正窥见先生的学术高地。我们也期待先生能有更多佳作贡献给学界。

(《藏书报》2018 年 6 月 18 日第 24 期)

问津讲坛第 55 期

（2018 年 6 月 30 日）

天津广告与民俗

主讲人：由国庆

　　由国庆　专栏作家、民俗专家、传统广告文化研究与收藏家，近代天津史研究中心特聘研究员，曾为报人，2006 年创立"故纸温暖"文化传播品牌，发起"书传善缘，播种温暖"公益项目，已出版专著十六部，有的被列为天津市重点图书工程项目，各专著被中外大量国家图书馆、大学图书馆馆藏。

天津广告与民俗

由国庆

一 一袋色染色旧生活

老天津是中国北方重要的染料业商贸基地，大小店铺纷设街市。这些年来，笔者注意收集此行业遗存下来的老包装、老广告、老商标等，花花绿绿，一如往昔生活的色彩。

万义号染料庄位于天津北门外针市街，业内知名，生意兴隆。20 世纪 20 年代末 30 年代初，万义号在自家广告画中别具匠心地引入了播音员的娇美形象，引人视线。万义号的广告"播音员"殷殷道："全国各织染厂、各家庭注意：如用最鲜艳、最坚固、不退色颜料，就请你用天津万义颜料厂出品'虎鹿'商标颜料。因该厂已有十余年之成绩，信用素著，不但颜料鲜而价值又特别克己。今年为酬谢主顾起见，又将颜料成色特别提高，如蒙赐顾，无任欢迎之至。"这段广告词以电台报告商业新闻实景实录的画面晓知于人，声情并茂，宣传效果事半功倍。

天津洪兴漂染厂则干脆将其纺织产品定名为"电台牌"。洪兴厂商标的画面十分生动，身着改良旗袍、仪态万方的女播音员手持广播稿站在话筒前，另一场景中有一位很斯文的小姐翘腿坐在沙发上，侧耳倾听着收音机里发出的声音："报告诸位一个好消息，天津洪兴染厂他们用的颜料最高，工师著名，所染各色鲜艳夺目，洗晒不变，研究染色可谓同业之先进，非本台替他们宣传，在津压倒一切是任人皆知，请诸君前往购染试之便知本台报告的不假啦。"

顺便一说，当时的厂商缘何如此热衷女播音员的形象呢？答案只有一个：赶时髦。无线电广播自1906年发明后迅速传入中国，华洋杂处的天津城作为北方第一大商埠，尽得时尚风气。1925年，位于日租界旭街（今和平路）的义昌洋行在四面钟开设津门首家小型电台。几年后，仁昌绸缎庄于1932年在法租界梨栈（今劝业场一带）庆丰里开办了天津首家私营商业电台——仁昌广播电台，由此，新奇广播在天津方兴未艾。

笔者曾经用自己的富余故纸与广东某藏家交换，互惠互利，一来二去熟识起来。几年前的一天，朋友来电话里兴奋地说，他家收拾屋子时意外发现了几个老年间的天津名产放羊牌袋色的旧包装袋，他说他母亲早年常用这种袋色为家里人染衣服，印象很深。这也一下勾起了笔者的童年回忆。

四五十年前，笔者家所在的宿舍院是城西知名的"寡妇排"，因为我们的父亲都在新疆支边，一两年才回来一趟，各家的家底都不厚。院里的孩子一茬接一茬并不少，那年月不仅拮据，布票也有限制，孩子们不可能年年穿新衣裳，都是"新三年，旧三年，缝缝补补

染色生活

又三年"的蓝裤蓝褂。所以一到春节前院里就热闹了，妈妈们一边忙着炖肉蒸馒头，一边支大锅煮颜色为孩子们染衣裳，无一例外，用的都是天津名产放羊牌袋色或色片。

放羊牌染料是天津化工采购供应站于20世纪五十年代创立的品牌。放羊牌袋色以独特的配方、齐全的色种、低廉的价格与上乘的质量很快成为六七十年代家喻户晓的知名日化产品。天津袋色曾畅销全国，特别享誉华北、西北、东北地区，成为全国染料行业的佼佼者。

如今的服装争奇斗艳，用袋色染衣服也许会让80后、90后匪夷所思，的的确确，袋色退出了日新月异的好日子。

二　信誉久著的谦祥益

作为土生土长的天津人，笔者格外青睐津门老字号的遗存，故纸中的往事更让人体会到亲切与温暖。2003年春天，在老城厢改造工地的废旧家具市场，一面破碎穿衣镜背后的衬纸，不，是一幅印着"谦祥益"大字的广告画，如磁石般吸引了笔者的目光。这机缘让人欣喜若狂，笔者一眼便被那画中鸿雁高飞的远大抱负所打动。这幅七八十年前的广告画有四开大小，笔者曾把它拿给一位曾在谦祥益"穿木头裙子"（站柜台）二三十年的老店员欣赏，他动情地忆起了谦祥益往事，说仿佛又回到了那红红火火的岁月……

　　谦祥益绸缎庄是老天津最知名的绸缎庄之一。1917年,谦祥益保记绸布店由孟养轩创建于估衣街。说起山东孟家谦祥益的历史,可谓源远流长。孟子的第五十五代孟子伦一支在明洪武二年(1369)自直隶枣强迁入山东章丘旧军镇,为一般耕读之家。至清康熙年间,孟家不但在财产上有所积累,在科举方面也较有不俗的成绩,于是开始发迹,并大量购置土地,从事商业活动。当时,章丘一带盛产一种俗称寨子布的土布,孟家在旧军镇开设鸿记布庄收购寨子布,到周村及济南等地销售,世代相传。至清代道光年间,孟家已由行商变为坐贾,孟兴泰在北京和济南开设了祥字号布店。

　　由于经营有方,北京谦祥益创建后生意极为红火,清末在北京前门外鲜鱼口创办谦祥益南号,在前门外珠宝市建益和祥,在钟鼓楼建谦祥益北号。同时,孟家以谦祥益为总店,在周村、任丘、上海、济南、天津、烟台、苏州、汉口、青岛等地开设绸布店二十余家绸布庄,总投资白银四百万两,形成了一个庞大的营销系统,比开张之初的资产增加了百倍,成为全国规模最大的丝绸布匹店。

　　孟家在天津分别开设有谦祥益保记、谦祥益辰记两家大型绸缎庄。谦祥益主要经营棉布、绸缎、呢绒、皮货等四大类商品,其中以棉布数量居多。商家深谙"不怕不卖钱,就怕货不全"的经营之道,即使已过时的布料也有库存,以利顾客方便。相当的资本也使他们能备以水獭、海龙、貂皮等名贵皮货。

　　谦祥益运用经营场地宽大的优势,推行开架售货,并有一套相应的服务措施。顾客由了高者迎进门,售货员接待,无论买多买少均由售货员陪同去货架前挑选商品。对待大主顾更是好茶好烟伺

谦祥益

候，不敢怠慢。谦祥益视顾客为"财神爷"，要求售货员讲话必须和气，讲究语言艺术。明码标价、货真价实、加放一尺又是该店经营上的一大特色。每匹布料上都捆有一布条标明货品名称与价格。对于大路货商品，低于市价销售，而一些专有货品的定价则高于一般商品。为刺激消费，谦祥益还曾采用买十尺加送一尺的办法。

像谦祥益这样的经营者讲究以德经商，他们的商品上没有五彩装饰，没有防伪标贴，他们只有一遍一遍地重复着崇高理念的宣传文字。1921年1月6日，谦祥益在《大公报》一版曾刊登广告，文载：自分设天津以来，尤蒙各界诸君子联袂枉顾，几乎应接不暇，而本号自当益加勉励，力求克己，以保我货高价廉固有之美誉。在谦祥益以后发行的海报广告中也不难看出这一点。广告中鸿雁展翅，志存高远，最上方明显的位置写着"信用久著"明示顾客。

三 "引滦入津"故纸片

笔者曾在旧书摊上偶然见到一张橙红色的小广告，其上标有明黄色的"同饮滦河水，共思幸福源"字样，它很不起眼，"年岁"并不大，但它涵盖的内容对天津这座缺水城市来说，是极有纪念意义的。捧着这张小纸片，不禁生出苦甜生活的一番慨叹，似水流年。

直到改革开放前后，笔者家所在的西营门外那条胡同里仍旧只有一个自来水龙头，大家久已习惯了挑筲担水、大缸储水。"自来水能腌咸菜"堪称当时天津的一大怪。院里邻居王婶家是老天津卫人，好喝茶，清早起来便生炉子烧水沏茶，也总听见婶抱怨："这年头儿，多香的茉莉花茶也让这倒霉的黄汤子咸水给糟践了，反倒好，做饭熬汤甭放盐啦。"此话不假，那水确实又咸又涩又苦，老百姓说，真不是味儿。

说到用水，笔者家还是有便利条件的，因为母亲所在的学校就在家门口，校园里有压把井，水挺清澈，可以经常去打水。但好景不长，约是1981年的冬天，那口井再也压不出水来了。随着城市淡水资源的日益匮乏，居委会曾多次提示大家，最好把拆换下的被面炕单等大件留待夏天多雨的季节再洗。不仅如此，听大人们聊天说由于水压不足，三楼以上无水，海河上的浮桥、渡口通行受阻，用水量大的浴池大多改为旅馆。

也正是在这段时间，笔者发现同学小刚的爸爸下班经常在自行车的后座架上绑个白色小塑料桶捎水回家。因为这水，刚子在胡同里牛气了好几天，他说那水倍儿甜，是他爸从啤酒厂带来的。话不胫而走，于是街坊四邻很多人都奔向了城西市郊结合部啤酒厂的那口深井，有担挑的，有提筲的，更有拉着小地排子车的。无例外，水桶里都放上一把筷子，打了水，筷子并排漂浮在水面，以免洒。可是，若走起来那路途并不算近，也不乏坑洼，有时到家尽管只剩下半桶水，但总让人欣慰。特别是周日或年节，连老带少浩浩荡荡来回，以及在啤酒厂排队的情状，真可谓一道景致。笔者也曾为腿脚不便的王婶捎带过水，婶能喝上甜水茶当然欢喜，总拿个水果或稀罕的巧克力糖慰劳我。

对甜,是一种渴望,期盼中终于有好消息传来。1982 年 5 月的一天,笔者的母亲下班回家兴冲冲地说:"下午政治学习期间听到了天大的好消息——引滦河水进天津的工程已经全线开工!几年后就再也不喝海河苦水了。"从此,所有天津人在翘首以待……胡同里苦甜参半的日子照样快乐着,因为家家户户的生活确实好起来了。

喜出望外的是,第二年国庆节前夕的 9 月 11 日,引滦入津工程比原计划提前两年告竣通水。津城万民欢腾,报纸广播连篇累牍地宣传工程中的感人事迹,报道民众的幸福甜蜜。胡同的水龙头里喷涌出甘泉,大伯大婶围着水龙头笑逐颜开,争先恐后品尝甜水。包括我在内的淘气包们迫不及待地直接用嘴对准了那股甘甜,任由水花溅满全身。

同饮滦河水 共思幸福源

天津市人民政府
一九八三年九月赠

引滦入津

记得通水之际市政府特意向每户居民发放了 2 两茶叶,让人民尝尝甜水泡出的香茗。同时,居委会也将一张橙红色的小广告发给大家,留作纪念。

王婶是院里最幸福人,当她接过那包茶叶时,眼泪都下来了。初尝甜水,笔者母亲专门包了一顿肉馅饺子,甜水煮出的饺子味道前所未有。笔者仍不解馋,一边喝着饺子汤一边啧啧叫甜,妈妈说:"傻小子,没有苦,你哪知道甜。"

四 温暖的蛤蜊油

时下 40 岁以上的读者也许对蛤蜊油并不陌生，那是 20 世纪五六十年代普通家庭当家的护肤品，曾滋润过许多人的生活。

笔者收藏一张 1958 年天津第一化妆品生产合作社推出的年历广告纸，上面画着该厂产品。想那年月信息不发达，挂历很稀罕，大多数百姓使用普普通通的日历牌，过一天撕一页，若是有张花花绿绿的年历，无论大小，也会高兴半天的。第一化妆品合作社迎合顾客所需，设计印发了新年历，上面画着漂亮的蛤蜊油盒以及其他美妆用品。年历免费赠送，权且广告。笔者意欲花三五块钱买下这张故纸，但卖家貌似个文化人，他说："哥们儿，这价钱不可能拿走，你想想一盒烟卷多少钱？若找回老日子的温暖需要多少钱？自己琢磨吧……"虽然这是风马牛不相及的比对，但从某种角度也道出了一种旧情怀的感觉。于是加了些钱收下这张故纸，不是为年历，其实看中的是那盒蛤蜊油。

老年间没有电脑游戏，孩子们从早到晚在外面疯玩，尤其是寒假，即便三九天也不着家，所以手背总被寒风吹得干红皲裂如老树皮，常常到了钻心疼的地步才回家暖暖。笔者也如此，于是母亲一边大声呵斥着，一边心疼地赶紧用热水给洗净，擦上一层厚厚的蛤蜊油，然后再给按到火炉上去炙烤，直烤到笔者"咿呀"叫喊、两手通红才算罢休。就像良药苦口，转天早晨再看，手已经基本恢复了油润。从那时起，笔者就觉得蛤蜊油真是神奇。

蛤蜊油是一种白色或浅黄色的全油膏，主要成分是矿物油、凡士林、石蜡、蜡、冰片等，具有防止皮肤皲裂、滋润皮肤的作用，特别适宜秋冬季使用。自 20 世纪 50 年代到改革开放之初,价廉物美的蛤蜊油风行于市。蛤蜊油根据蛤蜊壳大小分为几种规格,小号的仅卖几分钱。当年天津出品的蛤蜊油深受广大市民喜爱,几乎街面上的大小百货店杂货铺都有出售。

两只小小的扇形贝壳里注满了护肤油,然后合拢,用蜡封口。蛤蜊油的得名源于贝壳包装,"发明"此包装的人可算得上聪明之极,为当时属于"废物"的贝壳赋予了如此完美的功用。或许其中的根本的原因还是包装物原材料的紧张与劳动力的廉价。试想,贝壳从海边收集到拣选清洗加工,运输、人工的成本是多少? 蛤蜊油实惠、环保,堪称贫困年代对民众生活的一种贡献。

大多数北方城镇比不上渤海之滨的天津,内陆的老老少少对海洋生物有足够的新奇之感。蛤蜊壳上的天然的花纹异常美丽,让人不由得想到了海的壮阔风景。在三北地区的乡镇,许多人在拮据的生活费中挤出钱来选购蛤蜊油,或许也有想感受一下大海气息的意味。记得上小学的时候,班上的女同学都以拥有一盒蛤蜊油为荣,她们在课间经常像对待宝贝一样从口袋里摸出蛤蜊油,比比看谁的贝壳更大更漂亮。

五六十年代没有面膜紧肤水增白蜜那么多花样名堂,但爱美之心人皆有之,即使不为化妆,手和脸的皮肤保养也是重要的,在只顾吃饱穿暖的年代,一盒蛤蜊油彻底满足了女子们的追求,保住了爱美女性最基本的尊严,滋润了清苦岁月中的青春。蛤蜊油带给人们的不仅

蛤蜊油

仅是海的向往，或许还有一种精神的愉悦，一种简单的幸福。

五 老年间的礼品券

每逢岁末年初，特别是春节前夕，商场、酒楼、银行都会变着花样推出一些礼品卡、购物卡、美食券、贺岁版银行卡等，促销力度很大，大大方便了民众走亲访友拜大年的喜庆生活。中国人重亲情，讲面子，礼尚往来，无可厚非。其实，这类礼券绝非现代时髦生活的产物，早在民国时期就已经形成风气了。

这些年来，笔者在不同的收藏市场收集到十几种各色老式礼券，其画面上皆具有一定的广告与推销特征。其实，最初的目的只是想给自己的商业民俗研究写作提供些鲜活有趣的资料，没想到时间长了，品种多了，也就自成脉络了。

老话常说，日子再紧也得富过年。佳节来临，吃穿用戴，买卖激增，聪明的买卖人又岂能坐失良机呢，大减价、大放盘的同时，发售礼券、商品券同样是民国商人、银行家的营销妙招。

礼券是馈赠亲朋好友有价证券，可以代替商品，买赠或受礼者以家境殷实的中上层消费者为主。白老板托张二爷撮合桩生意；周小姐想让大记者在报纸上炒作一番，过年了，总要表示心意的。礼券，对于购买者、商家、收受人三方可谓皆大欢喜。购买者送出礼券，既美观大方又不显山不露水，同时也很体面。收礼的人何时消费、欲买什么也可随心而就。如此种种，礼券便扮演起了多样的角色，公关效果事半功倍。

"从南京到北京，买的没有卖的精。"在礼券的流通过程中，最得利益的是还是商人，他们先行吸纳了现金，尤其是在通货膨胀的年月,物价波动频繁,商人往往轻松获利。与此同时,商号、银行通过礼券不仅活跃了经营手段,还扩大了影响。

从某种意义上说,中国人过年又是美食的节日,除了家中备下丰富的年饭之外,免不了亲朋好友聚会到饭店畅饮一番。开业于1917年的燕春坊是老天津著名的二荤馆(中高档饭店),酒席宴与水饺、寿合、喜合等小吃同样脍炙人口。为了方便百姓,吸引食客,燕春坊在20世纪30年代曾连续多年发售"喜庆礼券",购买礼券者送出的相当于一桌丰盛的酒席。试想,张大人拿着一张粉红色的礼券,大摇大摆地进门就尝鲜儿,也算得上气派了。

不仅如此,精于鲁菜的天津登瀛楼饭庄北号在1942年也推出过10元面值的礼券,凭此券可品尝正宗的"上席一桌"。当时,总号位于天津东门外的一品香茶食店生意兴隆,分号也有数家,该店在礼券上特别注明了"四号取货,一律通用"的字样。

一纸设计精美的礼券大多还要配上漂亮的类似信封式样的包装袋。比如,凤记东品香茶食店的礼券袋的一面画着乘风破浪的远

礼券

洋轮,给顾客以宏图大志的美好遐想;另一面为花木盛开图,又凸显几分清雅的格调。

天津宝丰百货线店的礼券是笔者所见同类藏品中从设计到印刷相对较为精美的一张。先说画面,麒麟与丹凤交织出了吉庆祥瑞的氛围,在新颖的美术体"礼券"二字的上方还有一个聚宝盆的剪影,浓缩着聚财生财的理念。礼券的右下角专门设计了繁复的花样

图案,与今天的货币图案十分近似。礼券的具体面额会标注在这个位置,加盖印章后,更有效地防范了涂抹修改。礼券的边框以及底纹线条也十分严整工细,足见在制版过程中所花费的心思。宝丰礼券的背面表格与中原百货礼券的模式相差不多,但特别加盖了钢印编号,进一步起到了防伪作用。毕竟,有价证券的安全问题不可小觑。

六 代乳粉的甜与苦

一个过去的代乳粉包装袋,广告与商标意味较浓,在笔者的收藏册里大致已存放十几年了,已记不清是在哪淘到的,只记得当时只花了一元钱。它是 20 世纪 60 年代的产物,按说时间不长,一般是不会被收进类似故纸的。可为什么还留着呢?主要是它真切地承载、折射了笔者儿时那些有滋味的日子。笔者出生于 1968 年,生下来时 8 斤 8 两,可谓膘肥体壮。母亲因终日辛劳,加之当时食物匮乏,导致奶水不足。没办法,笔者便跟很多孩子一样,早早地搭上了代乳粉和稀汤烂饭。母亲说,笔者小时候从不挑食,喝起代乳粉来"咕咚咕咚"的,很可爱。

自 20 世纪 50 年代末,特别是 1960 年到 1962 年期间,国家经济发展遇到了前所未有的困难,喝牛奶、喝奶粉自然成为奢望,一种叫代乳粉的食品悄然风行起来。比如北京同丰食品厂出产过蛋黄代乳粉,贵阳糖稀生产合作社出产过"娃娃"代乳粉,广州国丰联合食品厂出产过"广州"代乳粉,天津元记食品厂出产过"健身"代乳粉等,不胜举数。一般的代乳粉是用黄豆粉、大米粉、小米粉等加上少量白糖、奶粉配制而成的。那个时候,刚出生的婴儿每天要凭

奶证喝到 2 瓶每瓶不足半市斤重的牛奶。满周岁孩子的定量减为 1
瓶，这时只好加代乳粉了。代乳粉和砂糖也是凭票供应，每月到指
定商店买 1 市斤代乳粉和 2 两砂糖（俗称古巴糖）。虽然代乳粉味
道尚可，但营养与牛奶天壤之别。为了给孩子填饱肚子，父母们早
就不考虑这些了。笔者小时候搭代乳粉吃到五六岁，而且代乳粉不
可能放开没完没了地喝。虽然只是似懂非懂事的年龄，但已意识到
母亲的辛苦和家庭条件所限，所以即使肚子饿得咕咕叫，也没向母
亲提出过额外加一顿代乳粉的要求。记得邻居小刚的父亲在当时
可谓"万金油"式的人物，不知从哪里能接连不断搞来代乳粉，小刚
自然不缺嘴。总见他捧着大碗吃着稠稠的代乳粉，绝不同于笔者的
稀汤寡水，有时真是眼巴巴看着很羡慕。

　　经过几年的建设，经济形势有所好转，但随之而来的"文化大
革命"再次使国民生产发生倒退，天津和其他城市一样，刚有起色
的牛奶供应又紧张起来。读报，曾见一老人对记者回忆：那年他的
儿子才 3 岁，拮据的生活使孩子从未尝过牛奶的味道。牛奶供应最
紧俏的时候，甚至连婴儿最基本的需要也不能完全满足，老人的
小女儿就是用一半牛奶一半面糊养大的。

　　就是这样，代乳粉、糕干粉在那年月甚至被视为"救命粉"，尤
其对于缺乏母乳的孩子。笔者成年后，有次和母亲闲聊，提起代乳
粉与小刚家的旧事。母亲流露出几丝伤感，问当时为什么不朝她

20 世纪 60 年代奶粉广告

要?笔者告诉母亲,比起身边吃面糊的孩子,已经很满足了。母亲的笑有些苦涩。那不是母亲的错,往昔生活都这么艰难。直到后来笔者才知道,为了能保证孩子天天喝到代乳粉,母亲曾到委托店卖掉了她最心爱的涤卡裙子,攒了些代乳粉钱。

今日看着收藏册中那几个方形的代乳粉纸袋,笔者感喟不已,是它为童年留下了甜美记忆,而母亲则失去了当年仅有的一件象样的衣服。

七 刘二姐

民间传说人物刘二姐婚后为求子到娘娘宫拴娃娃的故事,广泛流传于民国时期以天津为核心的北方地区,其传播形式涉及天津时调、京韵大鼓、梅花大鼓、滑稽大鼓、单弦、北京琴书、河南坠子、二人转、相声、民间小曲、民间绘画等艺术形式,特别为人喜闻乐见。

说起来,笔者与"刘二姐"的情缘颇深。早在 2001 年冬,笔者在北京琉璃厂淘到一张《刘二姐拴娃娃》彩色石印画片,如获至宝。该画片是 20 世纪 30 年代天津鼓楼北毓顺成芳记印制的。由于笔者一直从事民俗文化研究,对婚育习俗、拴娃娃民风多有兴趣,得此美画后更加强对刘二姐拴娃娃及相关人文风俗的关注,于是紧锣密鼓搜集资料,进行研究,一年后写出二万

刘二姐拴娃娃

多字的文稿,并在学术会议上进行过交流,受到好评。

在书摊上见到一本有关刘二姐唱词的小册子,令笔者眼前一亮。小曲开篇唱:"刘家的小二姐闷坐在绣楼,手托着香腮一阵好发愁。过了门六个月半年将算够,夫妻和美度春秋。常言道草为留根,人为留后,人老无儿阵阵忧。四月里,开庙十五十六,娘娘殿内香火收,何不我今天走一走,明着去逛庙,暗着我把娃娃偷……"二姐出门前精心梳洗打扮,她"上身穿青洋绉改良去瘦,下配中衣蓝串绸,上海式的坤鞋又尖又瘦,紧紧绷绷正正周周。腰系汗巾白洋绉,又把粉红花来绣,上绣狮子滚绣球。铜圆带了六吊六百六,大块洋钱皮包里收。打扮多时将要走,拿过来白手绢蓿砂豆蔻包儿里兜……"民间故事中都说刘二姐俊俏摩登,此唱本中也不例外,且看:"二姐她走起道来好似风摆柳,扭儿捏捏儿扭,扭扭捏捏,透着风流倒把人的魄魂勾……"刘二姐在娘娘宫拴了娃娃,高高兴兴把家还,回到家她对"孩儿"说:"你要抽洋烟卷,妈妈管你个够,长城、政府、墩台、人顶球(皆为当时的香烟品牌。笔者注)。咱家民地有六十六顷六亩六,还有小驴大蟒牛,谁都知道咱们家的银钱厚,银行当铺首饰楼。天短话长一时难说够,喜只喜我的儿三更半夜快把胎投,刘二姐拴娃娃当着面把脸露,愿只愿连生贵子辈辈封侯。"

还有一张画叫《刘二姐逛庙》,画中二姐烫着波浪发,穿着可身的酒红色旗袍,脚蹬高跟鞋。见那鞋旗袍高开衩,侧露内里衬裤,小裤蓝底白花过膝盖,衬得小腿更显白皙。她打着花阳伞,身后还跟着个穿洋裙的女仆。有趣的是,二姐没像常见图画中那样抱个从娘娘宫拴来的泥娃娃,而是由女仆领着个小儿郎。嘿,画面有意趣,看来娘娘显圣,二姐已如愿得子了。画中绘她们三人走在街边,正路过益德堂膏药铺的摊子,本来一患者扶在凳上正准备贴膏药治腰疼,结果掌柜的一贴膏药竟贴到患者的脑门上。缘何?二姐款款而来,婀娜勾魂,路人都早已看直眼啦。

八 阴丹士林布的故事

阴丹士林色布曾给至少两三代天津人留下过深刻的印象,老辈读者对"阴丹士林""士林蓝""士林布"等名称耳熟能详。

阴丹士林是一种还原染料名,德文 Indanthren 的音译。还原染料耐洗、耐晒,牢固度高,用它染成的布俗称阴丹士林布,其中以蓝色布尤其经典、畅销,其他种类也很多。谈及阴丹士林染料的发明,有段轶事说来有趣,故事的主人公就是我国民主爱国人士、著名化学家曹任远。祖籍四川自贡的曹任远 16 岁时被选派日本留学,从此开始了化学基础与应用化学的研究。1916 年,曹任远毕业后回到上海。转年,他又赴美国的几所大学攻读化学专业,两年后获硕士学位。曹任远于 1919 年再赴德国留学,成为著名化学教授 Busahen 的学生。

据同期留学德国的化学家李乃尧回忆,曹任远在紧张的学习研究之余喜欢钓鱼,有一次一个同学趁曹任远去钓鱼的空儿悄悄来到他的实验室,打乱了一些药瓶原来固定的摆放位置,意在玩笑。曹任远回来后仍按以往的习惯和比例配合化学成分,过程中不慎碰倒了配好的液体,污染了洁白的工作服,出乎意料的是他即使用最好的洁白剂也无法洗净。第二天清早,他惊奇地发现工作服上留下的竟是漂亮的鲜蓝色。站在曹任远身后的 Busahen 教授正微笑地看着他,亲切地问他是怎样试验成功的,请他按这种配方重新配制看看。曹任远这时才发现药瓶并不是原来的位置,于是将错就错照样重新配方,白布被浸染后鲜蓝夺目,久洗色泽不减,越洗越鲜。这便是阴丹士林布的前身。曹任远将这一发明写成论文,获得了德国化学博士学位。

曹任远1924年学成回国,在成都经营了一小段时间阴丹士林布厂,产品供不应求。此后,曹任远在国内数所大学任教,培养了许多人才。

近代以来,西方商人纷纷将目光投向我国沿海开埠城市,至19世纪末,德商在上海开办的企业达八十多家,远超美国、法国。1926年德商德孚洋行于十里洋场开业,以染料经营为主。当时,中国传统手工染整业正在发生变革,逐渐被机染所替代,德孚洋行不仅牢牢控制着阴丹士林染料的生产处方与销售,还出产或代理质量上乘的阴丹士林布,几乎垄断了中国市场。

阴丹士林注重广告,宣传的目的是赢得顾客,如何能打动消费者是阴丹士林经销商日思夜想的事。顾客手中的每一枚银元都是辛苦所得,顾客花钱讲求物有所值。阴丹士林广告的立意注重强调生活实用消费理念,避免空洞的浮萍式言辞。潜移默化的亲和力——阴丹士林营销中特别具有推动力的法宝。

笔者收藏的这幅《阴丹士林家庭空中历险记》连环画式广告,相对少见。图中描绘:光头先生一家四口乘飞机遨游天空,

阴丹士林布

一会飞近太阳,一会飞进雨区,他们的士林布衣服毫无褪色。忽然有只飞鹰撞向飞机,一家人跳伞落地,不幸掉到卖鸡蛋的摊子上,摔到石灰水中,但全都安然无恙。经过皂洗,他们的衣服仍像新的一样,全家甚为欢喜,真乃"快乐的阴丹士林家庭"。

从故纸堆里找寻百年风雅

——问津讲坛第 55 期主讲人由国庆先生侧记

王小柔

　　提及收藏,总会让人联想到"捡漏儿""传承"以及某些岁月的变迁和兴衰。物品的价值来自时间的叠加,收藏的人是有心人,他让散去的日子重新聚拢,把积淀的文化因素擦拭出光泽。这个人就是由国庆。

　　搞收藏,搞来搞去搞成"储蓄"的大有人在。东西越积越多,而且越来越精,或藏之高阁秘而不宣,或津津乐道逢人炫耀,许多收藏家走的就是这样一条"仓储"之路。

　　著名学者由国庆的收藏,不仅"积物",更留心于"积学",几年来出版了民俗文化、传统广告文化方面的多部专著,比如《再见老广告》《津沽旧世相》《中国糕点话旧》《老广告里的岁月往事》《与古人一起读广告》《天津卫美食》《民国广告与民国名人》等,足见他在研究上的用功。收藏者的藏品需要精神与文化的双重依托,其价值才会挣脱"行情"的世俗理念,体现出另外的价值。在老广告收藏上,由国庆像是掘金者,在真赝混淆的泥阵中跋涉,在浩如烟海的故纸中披沙沥金。

一　故纸里的时尚与韵味

时间是个好东西。无论多不显眼不值钱的东西,只要搁够年头儿,都成了稀罕物。最难得的是,有心人的法眼能让它们穿越时空,散发出迷人的光彩。收拾起那些散落在许许多多老物件上的细碎的时光,历史脉络逐渐清晰,我们沿着线索走回光阴里。

在收藏圈,各有各的喜好,东西攒多了就自成一派。说尽了老广告故事的由国庆是个细心的汉子,点心笺、月份牌画、小画片、老商标画等,凡是跟广告沾边的,他都收藏,淘换这些东西可用了他不少心思。不过,老广告对于他不是一种投资,由国庆收藏它们是为了研究,而那些花里胡哨的纸张就成为他的学术依据。

读他的书,如果你忽略所有文字,只看他收藏的老广告画,整体感觉是,以前的广告怎么这么雷人呢。比如让一风情万种的旗袍女依偎在一只大老虎旁边,这一对儿跟两口子似的呆在一个大地球仪上,女的膝盖下是"亚细亚",老虎爪子下按着"欧罗巴",背后是蓝天白云。你能猜出这是在宣传什么吗?我不看旁边的注解是绝猜不出来的。

由国庆的书不仅好看,还让人长学问。因为每一张老广告的背后,由国庆都在掰开揉碎地给你讲那个年月的故事,甚至是传说,文字与老广告真是相得益彰。而且在你看完那些很有视觉冲击力的老广告以后,好奇心驱使着你必须读一读文字。

毋庸置疑,20世纪前50年的商业宣传中最吸引人的、数量最多的是美女题材的广告。举凡烟草、纺织服装、医药、日化产品,甚至是肥田粉，皆为"美目盼兮风韵浓"或"云想衣裳花想容"的情调。无论商品是否与女子有关，她们定会一拥而上，让你的目光无法逃离诱惑。这就是广告的目的。

最初，广告上的清末女子宽衣大袖，柔弱温婉；可西风东渐的20世纪20年代以来，画中人俨然在一夜间有了大变化，清纯靓丽的少，丰腴娇艳的多。而城市生活背景下40年代的女性更加成熟，她们或弹琴茶话，或相夫教子。尽管有些老广告已涂上了岁月的旧色，美女的肌肤也有些黯然，但她们"开放"的程度、自信的表现，与今天相比可谓有过之而无不及。面对洋口红、波浪发、高跟鞋以及高高开衩的花旗袍或无法再短的迷你裙，人们不禁感叹，好一个花样年华！

最让我惊叹的是，那会儿的中国真开放，根本看不出这女的跟广告有什么关系，就给摆纸中间了。我随手一翻，就看见一位扬着胳膊搔首弄姿的胖妇女穿着暴露，最妙的是居然没戴胸罩，在她旁边写着"万金油"，好端端的一正经东西，非这么宣传，太有创意了。

读罢老广告，你会知道眼球经济并非今天的发明。那个年代没有网络，没有电视，也没有太多可欣赏美女的地方，通俗亲切的"脂粉"广告最通俗、最直接、最快捷地满足了大众的审美需求，激发着商品经济的活力。由国庆的著作《老广告里的香艳格调》是一幅往昔的市井风情画卷，从中能看出作者下了多少功夫在里面，从如此浩瀚繁杂的老广告里打捞往事不是件容易的事。

二 民俗文化细枝末节的积攒

由国庆说，时代脉搏都一一刻画在广告故纸上，每段故事都是历史的注脚，每页故纸都是昨天的日记。不同于一般的老广告研究，由国庆在研究中既关注老广告的画面美，又重视它所承载的商业文明的历史价值，使读者对老广告所折射的中国文化和东方传统心存敬意。

春去秋来，由国庆一直在中国广告文化史，特别是与之相关的近代人文故事中"游赏"，没有停歇。与此同时，他广泛搜罗故纸，深入解读，注重收藏与文史、民俗的有效结合，撰写了大量文稿，还在2006年创立了"故纸温暖"文化传播品牌。

中国近代百年波澜壮阔，风云际会，老广告好像涓涓细流，悄无声息地渗透在历史的航程中，老广告老商标画面所表现出的东西，几乎涉及社会生活与发展的各个层面，可谓千丝万缕、包罗万象。

虽然光艳的画面让人过目难忘，但顾客大多只有在边角处才可找到关于商品的话语。由国庆比较喜欢"阴丹士林"系列广告。比如，阴丹士林与东方淑媛的个案在很多人心目中已经不仅仅是某种染料、布料的推销，而成为某种生活的象征与拉动。可以说，当时的社会环境塑造了前辈商人和设计家的内敛，他们正是在这润物无声之中达到目的的，与时下广告的信誓旦旦、一目了然大相径庭。

重读老广告，其品貌、性质和策略有许多耐人寻味的地方。买卖贵在自愿平等，往昔商业宣传的策略多是柔性的、亲切的，少有强加；迎合的、诚信的，少有欺诈。老广告揭示了什么是中国文化，什么是东方传统，什么是民俗风尚，什么是百姓生活，以及什么是前尘往事的一种温暖。

三　打捞沉积时光之下的如烟往事

风起之时,万木有声。有人逆风而行,留下孤独倔强的身影,有人长风破浪,直挂云帆。由国庆始终研究着他的"杂项",记录着时光里的尘影与身影、云影与帆影。每一本书,都是他自己的光荣与梦想。

由国庆从小爱画画,也喜欢接地气的民间文化,至今还保留着青少年时代搞的中西美术史、中国民间艺术的一些剪报资料。大约30年前,因为一次广告创作,他开始着迷于清末老仿单的古朴和月份牌画上东方淑女的端庄来。或许就缘于这份感动,让由国庆一头扎进故纸堆中,一边读着相关的文献资料,一边寻觅、淘宝、研究。从此,老广告、老商标等故纸与他结下不解之缘。

由国庆是研究天津民俗文化的,我以前以为他只研究老广告,不知道他对吃也那么在行。每一样东西,他都能为你往民国以前倒出处,除了那些漂亮的老广告,由国庆讲到天津人讲究"大吃八喝"的劲儿一定会使你听得入神。

从零食到主食再到菜品,他都能寻访到历史渊源。就拿药糖来说,街头集市里现在还有推车卖的,偶尔也会买几块。而由国庆会告诉你民国时期卖药糖是这样吆喝的:"吃块糖消愁解闷儿,一块就有味儿;吃块药糖心里顺气儿,含着药糖你不困;吃块药糖精神爽,胜似去吃'便宜坊'(名餐馆);吃块药糖你快乐,比吃包子还解饿。"还有一种吆喝能让你笑得背过气去:"天津卫呀独一份儿,我的药糖另个味儿,我越说越来劲儿,家家有点为难事儿,要问有嘛为难事儿? 老头管不了老婆子儿……"那些市井的声音,从书的纸张间传来是那么亲切。

由国庆不仅创办了故纸温暖工作室,还连年发起"书传善缘,播种温暖"公益捐赠活动,且重点关照偏远地区,得到许多地方图书馆、大学图书馆的积极响应,让四面八方的读者都感受到天津的温暖。

(《藏书报》2018 年 7 月 16 日第 28 期)

问津讲坛第 56 期
(2018 年 7 月 28 日)

天津的曲艺习俗

主讲人：潘侠风

潘侠风　1987 年生，天津师范大学经济学学士，2008 年开始从事曲艺理论研究和曲艺创作，发表理论作品多部。许多曲艺唱段被搬上舞台，产生一定影响。

天津的曲艺习俗

潘侠风

有些朋友分不清戏曲和曲艺的区别，经常有人把曲艺里面的艺术形式误认为是戏曲，也有把戏曲里面的艺术形式误认为是曲艺的，因为这两个艺术门类确实有相近的地方。那究竟什么是曲艺呢？简单说，曲艺是中华民族各种"说唱艺术"的统称，它是由民间口头文学和歌唱艺术经过长期发展演变形成的一种独特的艺术形式。

戏曲跟曲艺的区别在于：戏曲是一门综合的艺术，包括舞台设计、化妆、道具、布景转换等。曲艺侧重于说唱，演出时演员人数较少，一般只有一至二三人，道具也很简单。偶有一些道具、乐器包括乐队，但是舞台设计、布景转换等都没有了。所以，和戏曲相比，曲艺表演具有短、平、快的特色。比如说，文艺演员到地方去慰问，曲艺演员经常能够根据当时当地的具体情况，编出具有时效性的作品来，从而收到不错的效果。当然也有的曲艺形式不断发展，成为戏曲，比如评剧、越剧。评剧的原始形态就是拆唱莲花落，越剧原始形态则是南方的落地唱书，这都是从曲艺不断发展而成的戏曲形式。可见戏曲与曲艺的关系是很密切的。

天津是曲艺之乡，历史上在天津当地流传的曲艺形式，按张鹤琴先生在《津门曲坛沧桑录》里所介绍的，一共就有三十七种，而实际的曲种数量肯定比张先生所罗列的这个数字还要多。今日笔者介绍一些曲艺方面的习俗，诸如演出方式、拜师收徒、艺人生活等方面。

一　曲艺演出方式

曲艺来自民间，大部分艺人的演出目的是谋生。通俗一点说就是：得拿卖艺来换钱，来维持个人生活、养家糊口。因此，中华人民共和国成立前的曲艺艺人实际上过着跑江湖的生活，很多人衣食无着，朝不保夕，所以不得不为了生存而卖艺。这样的生存环境决定了过去的曲艺演出，不可能像现在一样在现代化的剧场里，观众们买门票，进来欣赏艺术。历史上的曲艺演出，不管哪个曲种，一开始都是都是相当原始的，后来随着社会经济的发展，演员地位的提升，才走进了现代化的大剧场。历史上曲艺演出的形式有如下几种：

（一）撂地：画锅、明地、大棚

曲艺演出方式最原始的一种就是画锅。什么是画锅？就是在道路上撒一个圈，艺人站在圈里表演。这种演出的形式，术语叫"画锅"。这是曲艺演出中最接近原始形态、表演难度最大的一种形式。为什么呢？因为大街上来来往往的都是行人，怎样才能把观众吸引过来看演出要靠演员的本事。用曲艺界的术语讲,把观众吸引过来的过程叫"圆粘",意思就是吸引观众。这其中的方法有很多,比如相声演出一般都要讲究"白沙撒字"。演员拿手指捏着汉白玉的粉末,在地上撒出不同的字来,嘴里还得唱着太平歌词,这叫"白沙撒字"。现在相声市场很火了,太平歌词也有不少人在演唱。但白沙撒字,会的人就少了,因为随着时代的发展,这个技能已经逐渐用不到了。侯宝林先生晚年有一段录像,是示范白沙撒字的。他是撒在小黑板上,一边撒字,嘴里一边唱太平歌词。这段录像是很宝贵的资料。

虽然说现在的相声舞台上,看不到这种"圆粘"的痕迹了,但在其他曲艺形式里,这个画锅时期"圆粘"的痕迹还有所保留,例如山东快书这样诵说类的曲种。一上来,演员打的开场板如疾风骤雨一样,这就是撂地画锅时期"圆粘"的痕迹在现代演出中的呈现。或许有人会问:山东快书就打两块叫鸳鸯板的铜板,撂地时期能招来观众么?其实现在的山东快书是打鸳鸯板,但过去的山东快书是鸳鸯板跟竹板一起打的。当然现在打两块大板的也不多了,不过很多老演员还都留下了加大板的山东快书录音。另外,各种大鼓,包括河南坠子等,他们开场的鼓套子,非常的火炽热烈。在音乐的配合下,往往能赢得观众的掌声。这也是当时为了"圆粘"而发明创造出来的,经过不断的衍变保留到了现在。笔者以为,这些曲艺习俗都是根据现实的需要而出现的,现在看来有些东西是传统,而在当时却是实用性很强的。

画锅是撂地形式中最原始的,演出场所也不固定,随便找个人来人往的地方画个圈就可以演。比画锅高级一点的撂地形式是"撂明地"。"明地"就是有固定场所的"撂地",一般场子周边有一圈长条板凳供人坐下来观看。"明地"比"画锅"要稳定一些,因为有固定的地方,能够吸引一些观众经常来看。在天津,比较著名的"明地"有八个:三不管、鸟市(大胡同西)、谦德庄、小营市场(北站新大路西口)、北开(东至金钟桥,西至北营门,南至三条石大街北面,北至铁道根)、三角地(西门北往西一直至画眉店)、新三不管(也叫六合市场)和河东地道外。

不管是画锅也好,明地也好,都是露天的演出。露天的演出受天气条件的制约,所谓"刮风减半,下雨全无"。天气一不好,观看曲艺表演的人自然减少。因为露天演出,条件相对艰苦,艺人的收入完全没有保障。后来出现了大棚,演出条件逐渐好一些。天津就曾出现过"时调大棚"等演出场所。

总体来说,"撂地"这种演出形式,不管是画锅、明地,还是大棚,都是曲艺演出原始的形式。

(二)书场、茶社

书场茶社,是曲艺演出登堂入室的开始。从地上走进屋里,是很重要的一步。能够在书场、茶社演出,就意味这个曲种开始向高层次发展了。因为不管是书场,还是茶社,演出环境相对于撂地是天壤之别。演出环境稳定,有利于演员研究艺术。另外,曲艺观众的素质也大大提升。能够吸引文人墨客、达官贵人等素质高的观众,既能使演员的收入大大增加,又能使演员更好地吸收观众的意见,促进曲种的革新。

讲到书场茶社,笔者想谈另外一个问题,即说书习俗。说书是一个很宽泛的概念,除评书外,天津流行的很多曲种都是从说长篇书过渡而来的。就像京韵大鼓、西河大鼓、辽宁大鼓、乐亭大鼓、河南坠子、单琴大鼓（就是北京琴书的前身）、竹板书等的艺术形式，它的母体都是说大书，说长篇故事，中间夹杂着唱段。比如说到大英雄出马：有个人物赞，来个唱段；说到风景的地方，来个山水赞；说到情节激烈的时候，来个唱段。唱段是其次的，说书是本体。这些唱段根据演员的自身条件和演出的实际情况，可以灵活掌握，比如今天嗓子不好，唱段就可以省略。今天演出效果好，就可以多唱几句。后来这些曲种进入天津后，有些曲种依然保留着说长篇书的特色，比如西河大鼓，现在天津还有会说书的老演员。有些就完全放弃长篇书，专唱短段了，比如京韵大鼓。像河南坠子等曲种，在天津没有说长篇书的了，而在河南当地说长篇书的还非常多。天津有一种西城板，用天津话演唱，也是以说书为主，中间夹杂着一些唱段，这个曲种现在也濒临失传了。天津土生土长的曲种，就是西城板、天津时调两种，余者皆是外来的。

天津的书场、茶社，请先生说书跟北京不同。按《江湖丛谈》的说法：北京的书馆请说书人，两个月为一转。按现在说法就是档期，两个月一档。天津不是这个习俗。天津是按三节请先生，春节到端午节是一个档期，端午节到中秋节是一档，中秋节到转年春节又是一档。说书先生说满一个时间段即可。现场说书跟现在听电台、电视评书有所不同，不是把整部书从头到尾地说完，是很灵活的，比如说《三国》可能从三顾茅庐开书，说到赤壁之战，够一节就打住了，不需要完完整整地说完《三国》一本书。这是现场说书与电台、电视台录书的区别。

另外，无论是撂地，还是书场、茶社，演员们都涉及到一个问题，即演出不售票，需要演员找观众去要钱，按术语说叫"托杵"。这个难度是相当大的，因为如何让观众高兴地把钱从口袋里掏出来，考验演员的本事。其中，画锅敛钱最难。因为演员就一个人，观众都围在外头。演完，练毕，要钱时观众都走了，演员这一场就做了无用功。即便演员一手拽一个，也只不过拽两个人，所以画锅敛钱最难。其余演出形式里，敛钱相对比画锅要容易一些。因为大棚、书场、茶社的演员演出不是露天的，观众不好意思不给钱。敛钱者，一般都是刚拜师的小学徒，拿着笸箩替师父找观众要钱。以什么为敛钱的标志呢？例如说书的先生一场书说三小时，当然现在说书基本都是两个小时，甚至一个小时就打住了。而过去生活节奏慢，说书时间长。这三个小时里，先生不一定留多少个扣子。台上一留扣子，术语叫"撂驳口"。徒弟或者伙计就拿着笸箩下去敛钱了，这叫零打钱。像阎笑儒、尹寿山的《武坠子》里就有这种台词，"要罢了钱，书归正"，就是这种演出形式的真实写照，此外侯宝林、郭启儒说的《三棒鼓》里面也有这种演出形式的描写。

（三）新式曲艺剧场

中华人民共和国成立前也有新式的曲艺剧场出现。所谓新式，就是现代模式的，即凭票入场观看演出。这种曲艺演出场所是最高档的，如小梨园，是过去曲艺艺人演出的最高殿堂。小梨园坐落在泰康商场三楼，曲艺界顶级的演员才有资格进小梨园演出，小梨园观众群的文化层次比较高。演出条件好，对演员节目质量要求自然就高，所以能进入这样高规格的曲艺剧场演出是旧时代艺人的追求。小梨园实行包银制。所谓包银制，就是给演员发工资，请其来演一期，并提前支付一定薪水。这个分配模式是非常先进的，比"托杆"强之万倍。有稳定收入，演出环境好，观众欣赏水平高，自然有助于演员不断革新、发展艺术。当时小梨园有五个台柱子，被誉为杂耍五大王:戏法大王罗文涛、梅花鼓王金万昌、单弦大王荣剑尘、相声大王张寿臣、鼓界大王刘宝全。此五人被称之为"五大王",后来骆玉笙(小彩舞)等人也长期在小梨园攒底演出。像这样的新式曲艺剧场,天津还有很多,此处不再一一列举。

(四)电台

上电台也是曲艺艺人的演出方式之一,此处电台是指中华人民共和国成立前的老电台。上电台由艺人包时间段,例如早晨八点半到十点半是某某演员的,那这两个小时就归该演员支配。上电台播音,收入从哪来呢?主要靠广告费。演员代报广告,很赚钱。例如"小蘑菇"常宝堃的广告费就特别高,因为他能很灵活地把广告编到相声节目当中。中华人民共和国成立前,电台广播是老百姓获取信息的主要途径之一,所以上电台播音,也成为曲艺艺人走红的一个重要方式,比如表演京东大鼓的老演员刘文斌(董湘昆老师的师父),就通过电台极大提升了知名度,很受天津观众的欢迎。当时有一段关于电台的相声节目《学电台》,就反映了电台在群众中的受欢迎程度,一直流传到现在,经过演员不断的创新提升,到现在依然常演常新。

(五)计时收费

前面所讲的几种演出的方式,都是中华人民共和国成立前的演出方式。中华人民共和国成立以后,曲艺演员都归国营单位,天津成立了各个曲艺团,比较大的有市曲艺团和广播曲艺团,后来这两个团体合并,成为天津市曲艺团,市团下面又有各个区的曲艺演出团体,这些团体中,只有规模较大的,诸如红桥区、和平区等区团,综合实力比较强,其余小的区团,由于规模较小,鼓曲演出比较少,主要以说书演出为主,比如河西区,河北区,河东区等,像姜存瑞先生就在河东区,王田霞老师就在河西区。

在这种演出环境影响下,一些曲艺团开始采取一种计时收费的演出模式,据一些老演员和老观众回忆,计时收费是以十分钟为单位,市团的演出,每十分钟3分钱,区团的演出,每十分钟2分钱,说书的演员,每十分钟1分钱,因为说书节目一到两个人就可以完成,而唱大鼓的节目,演员加乐队需要十几个人。所以计时收费对于曲艺团来说,竞争是相当残酷的,演出是否吸引观众关系着剧团的收入和演员的声望。对演员来说,这种演出模式,是一个极大的挑战,必须要努力提高业务水平,才能吸引更多的观众。

二 拜师收徒

中华人民共和国成立前,受当时的社会环境影响,几乎各个行业都讲究拜师收徒。拜师,第一是有尊师重道的意义;第二是起到行业保护的作用,因为过去没有工会这类组织,只能通过行业门户,来保护从业者的利益;第三是许多行业内部都有一些只对行内人公开的内部资料,,只有拜师之后,才有资格了解。比如,说书行当里面有很多秘本(行话叫"道活")。这种本子,只有行内人才有资格接触到。这些本子,是经过历代艺人不断丰富发展而成的,属于行业的秘本,只有拜师之后才能接触到,这也是拜师的意义。

在天津风俗里,拜师的仪式叫做"摆枝"。拜师当天,需要邀请一些宾客,作为收徒的见证。按照规矩,拜师仪式上必须有"三师",分别是引师,保师,代师。引师是引荐人,保师是担保人,代师是能够代替师父传艺的人。

拜师收徒,除了行业传承的意义之外,还有一种江湖义气的存在,较多地体现在同行之间的帮扶救济,当然这是建立在旧时曲艺艺人人数少的基础上,现在的曲艺艺人,特别是相声演员,天南海北,甚至外国都有,人数也多,就不见得能起到这个作用了。

下面,笔者以相声行业为例讲一下拜师收徒的一些规矩。按老演员冯宝华的说法,起码得请两行人,一行是变戏法的(就是古典戏法),另一行是唱单弦的,为什么要请这两行呢?因为过去说相声的,许多节目是从戏法和单弦行业借鉴而来的,且吸收了很多这两个行业的经验,请这两行的人,表示相声行业的"不忘本"。比如相声老演员于宝林的公子于浩拜师刘聘臣,引师是单弦老艺人李志鹏,保师是相声演员田立禾,代师是戏法老演员王殿英。

相声界拜师要有"引保带",鼓曲界也有"引保带",比如四胡老艺人钟吉铨,解放初期拜师王文川先生(刘宝全的弦师),他的"引保带"就是屈振庭,曾振庭和朱文良,这都是中华人民共和国成立初期的老前辈了。2017年,天津市曲艺团的弦师张子修(给骆玉笙伴奏四十多年)收徒于欣华、陈雁,"引保带"是韩宝利,王立扬和白慧谦,前两位是和张子修一起给骆玉笙伴奏的演奏员,白慧谦先生是北京著名的三弦演员。直到现在,不少拜师仪式还有很多是遵循这些流程的。

随着时间的推移,拜师的很多流程也被简化了。中华人民共和国成立以后,曲艺人才培养采用了学员团队(或者叫团带学员)的模式,这个时期,学徒就相当于后来艺术学校的学员,所以有很长一段时间,传统的拜师仪式被取消,最近二十年左右又逐渐有所恢复。当然,我们需要强调一点,学员团队这种新时代的培养模式,同样培养了许多有成就的艺术家,也有很多被传为佳话的师徒。所以,拜师收徒,形式是次要的,关键在于老师的"教"和徒弟的"学"。

关于拜师,还有一个代拉师弟的习俗。所谓代拉师弟,就是师兄代替老师收下弟子,多是师父已经故去,而拜师人因为辈分或其他一些原因,需要拜师,由这门的师兄代替师父收徒弟。比如马志明先生拜师朱阔泉,朱阔泉已经故去了,于是由师兄侯宝林先生代替朱先生收马志明为师弟。当然也有师父尚在,师兄代替师父收徒的例子。比如张寿臣收常宝堃的时候,把常连安(常宝堃的父亲)认为师弟,同时列为焦德海先生的弟子,当时焦老先生还健在,不过这也是很少数的。除了代拉师弟,还有一种收徒的特殊形式是家属代收,这种情况比较少见,最典型的就是,李文华拜师马三立,当时马三立先生已经去世了,是他的公子马志明替父收徒,李文华才得以拜在马三立的门下。

拜师之后,师徒关系自此开始。此外,有一些师父还要与徒弟定下契约,例如规定投河觅井,与师父无关,还有的规定学徒期间赚的钱一律归师父所支配等。从法律角度看,这些约定其实是不合理的,当时就有许多开明的师父已经开始摒弃这种不合理的师徒制度。这是应该提倡的。我们讲继承传统,主要是要继承行业里面传统文化中精华的一部分,对于那些不合理的,或者是不符合现代要求的习俗,还是应该摒弃的。

拜师收徒,还涉及到一个排辈分的问题,这主要产生在相声行业之中,其他行业,因为从业人员少,且演员的代际跨度大,辈分体现不明显。相声从业人员众多,从清朝中后期发展至今,已有很多代的演员,为了记录相声行业的师承关系,就有了相声传承谱系。相声传承谱系,简单说就是相声行业的家谱,师门传承,按道理应该要遵循先进门为师兄,后进门为师弟的原则,但是曲艺界的传承谱系,却有着更多的人情味道。例如,马三立先生的合作者之一,刘奎珍先生,论辈分比马先生小一辈,但是他的岁数比马先生年长,马三立吩咐儿子马志明,要称呼刘先生为大爷,即使是在曲艺门户之中,也要讲究起码的人情道理,不能只讲辈分,忘了人情。

拜了师,有了门户,就属于行里人了,那么与行里人相对应的阶层,就是业余爱好者,现在一般都称为"票友"。任何一个曲种,都需要有爱好者的支持,才能不断向前发展,更有一些曲种,是由爱好者自娱自乐而兴起的,最典型的就是清朝的梅花大鼓和岔曲单弦。这两个曲种都是八旗子弟的爱好兴起,后来才开始出现职业艺人,所以这两个曲种,有着众多票友,特别是北京票友,而且水平也是比较高的。天津的曲种中,也有靠业余爱好者传承的,比如前面提到过的西城板,后来不再有专业团体进行表演,但是在民间还有所传承,票友刘筱江为了将西城板传承下来,做了大量的工作。

关于票友的起源,说法很多。按单弦老演员谭凤元的说法,过去在北京的八旗子弟中流行唱岔曲,但是碍于身份,不便出去演唱,于是乾隆皇帝颁发"龙票",允许八旗子弟到各处演唱,但是不许收取报酬,后来就将这些拿着"龙票"演出的人称为"票友"。在单弦曲种中,确实分子弟门(就是票友门)跟生意门(就是以唱单弦为生的职业艺人)两种,直到现在,北京单弦八角鼓界仍有票友体系的传承。

按照谭凤元先生的说法,北京的子弟门在清朝是有很多规矩的,比如子弟门的票友不论年纪大小,都论平辈(当然有私人交情的例外),八十岁的老头见对着二十岁的年轻小伙子,也叫兄弟。后来随着社会的变化,大批的票友下海从艺,就要按生意门的要求去做了。

最近几十年间，各地职工文艺汇演也出了不少曲艺人才，天津较有名气的有唱京东大鼓的董湘昆先生和唱天津快板的王家骏先生，特别是王家骏先生，可以说是天津快板的创始人。天津快板的前身是天津时调靠山调里面的大数子，在传统曲目《刘二姐拴娃娃》《枪毙曲香九》中都有体现。解放以后，王家骏同乐队将这个大数子从唱法到伴奏都做了很多革新，推出了很多反映新社会新生活的曲目，因为他表演生动活泼，风趣幽默，很接地气，所以一炮走红，火遍全国。

对比天津和北京两地的票友活动，风格有着很大差异。历史上，北京城很多有身份的人业余进行曲艺表演，风格大多清高雅致，而天津这个阶层表演曲艺的几乎没有，这是京津两地曲艺票界最大的区别。天津的一些曲艺老前辈如屈振庭、刘洪元包括一些唱时调的老票友，像许成有、孙文林、苏长维等，还有唱西城板的刘筱江，他们都是出自社会的底层，与北京相比，表演上更接地气，这也是天津文化的特色。

三 行业秘密语

曲艺的秘密语，并不仅限于曲艺这一个门类使用，各行各业基本上有秘密语，只不过因行业差异而有所不同。相声大王张寿臣先生有个单口相声叫《行话》，前面的垫话部分，就讲了好几个行业的秘密术语，主要是讲一二三四五六七八九十，这十个数目字，在各行业中都有哪些不同的叫法，当然，这段相声只是讲了行业秘密语的一部分，披露了冰山一角而已。

　　曲艺的秘密语,术语叫"春典",也叫"唇典"。春典的产生是为了行业保护,熟悉行业暗语,可以作为从事行业的证明,有时也可以自我保护。比如前面提到的表演京东大鼓的刘文斌,最早是剃头的,业余的时间唱大鼓。后来,他打算专业唱大鼓,没几天就有同行来找他盘道,因为刘文斌没有拜师,不懂春典,所以吃了亏。后来,刘文斌拜师宋恩德老前辈,学习了行内的春典,此后再没遇到过同行"横买卖"的情况。

　　20世纪30年代,连阔如先生所著的《江湖丛谈》一书较早地介绍了春典以及一些具体含义。后来,又有很多专业演员在著作中,对春典进行了不同程度的介绍,社会上对春典的了解逐渐加深。

　　春典产生于旧社会,是为了行业和自我保护,中华人民共和国成立后,春典的使用率大大降低了,当然也有少量的实用性强的春典还在使用,比如说"越了",当出现演出节目重复的情况,演员一喊"越了",台上的人就明白这段节目重复,需要更换。现在,在专业曲艺演员中,春典的使用已经大大简化了,除了出于塑造人物的需要适当使用一些之外,几乎很少使用。

曲艺研究创作两翼齐飞

——问津讲坛第 56 期主讲人潘侠风先生侧记

张　颖

2018 年 7 月 28 日，天津曲艺作家潘侠风做客问津书院，主讲问津讲坛第 56 期，讲述《天津的曲艺习俗》。

一　两个潘侠风

与潘侠风从神交到相识，已经有近十年时间。十年前，当新浪博客蓬勃兴起之时，我在网上发现一个名叫"九龙祚"的博主，时常写些关于曲艺的评论。在这些文章中，最引人注目的是连载达八年之久的《笑坛点将录》。这是仿照民国时期戏评家景孤血先生《梨园点将录》的体例写成的相声理论著作。如今，连载中的很多文字被曲艺理论著作引用，在曲艺界引起了不小的反响。很多人可能和我一样，都是通过这部相声理论著作认识"九龙祚"的，但当时我们只是神交，尚未有机缘面对面交流。

直到 2014 年，在天津民间人士组织的纪念京韵大鼓表演艺术家骆玉笙百年诞辰座谈会上，我才第一次与"九龙祚"见面并长谈。
这时我才知道，"九龙祚"先生竟是与我同龄的年轻人，他的真名叫
潘侠风——这个名字在戏曲界倒是享有很高知名度，不过此潘侠
风却非彼潘侠风也。

京剧界有位戏曲理论研究前辈叫潘侠风，以编辑出版《京剧汇
编》享名于世。除此之外，他还是位戏曲作家，京剧知名剧目《赵氏
孤儿》的剧本，就是由潘侠风根据地方戏移植整理而成。当知道"九
龙祚"先生亦名潘侠风时，很多人的第一反应就是探究两个潘侠风
的关系。这次在问津书院讲座时，就有几位老观众拿着前辈潘侠风
的著作，询问"九龙祚"先生与之有无关联，这也该算有意思的艺坛
趣闻了。在这里，我可以负责任地告诉大家，尽管两位潘侠风都进
行过理论研究，也都从事剧本创作，但是他们并无交集，只是碰巧
同名而已。

提到这位年轻的潘侠风，必然要提及他的大作《笑坛点将录》，
这既是他从事曲艺理论研究的处女作，也是他迄今所有理论著述
中影响最大的一部。经过近十年的沉淀，《笑坛点将录》已成为很多
人的相声启蒙教材，从这个意义上来说，他为相声的普及推广作出
了贡献。虽然他本人总是认为，其中的很多观点并不成熟，只是自
己青葱时期的"游戏之作"而已，但透过这些文字，我们依然能感受
到他对曲艺的热爱。而正是这种纯真的热爱，使动笔时只有 21 岁
的他，在刚刚步入曲艺理论研究领域时满怀初心，而这种初心恰是
《笑坛点将录》最为难能可贵的特色。

2014 年，潘侠风有幸结识了天津著名文艺理论家夏康达先生，
开始追随夏先生进行学术上的深造。夏先生在学术界耕耘五十余
年，是著作等身的文艺理论家。通过与夏先生的接触交流，潘侠风

受益匪浅。他将先生的学术思想,有机地融入曲艺理论研究中,并取得了可喜成绩。2014年和2015年,他相继写出关于骆派京韵大鼓的理论著作《落玉声闻八十秋》和关于天津时调的理论著作《沽水悲歌遏行云》。这两部作品得到学界的肯定和鼓励,也标志着他的曲艺理论思想,相比之前进入了较为成熟的阶段。这种变化,除了自身学养阅历的积累之外,与夏康达先生潜移默化的影响是密不可分的。

二 创作受关注

进行曲艺理论研究的同时,潘侠风还涉足曲艺创作,堪称两翼齐飞。理论和创作兼顾,在曲艺界并不乏人——许多知名曲艺理论家都有曲艺作品问世,而许多曲艺作家,由于长期浸淫檀板弦歌之中,对于曲坛掌故如数家珍,也留有不少理论著作。潘侠风承继了曲艺界的这一优良传统,曲艺创作与理论研究几乎同时展开,十年来写了大量曲艺唱段。现在天津曲艺舞台上流行的曲种,他几乎都有涉猎。这十年的曲艺创作,他也经历了从稚嫩走向成熟的过程。

潘侠风从事曲艺创作初期,很多作品改编自当时热播的影视剧,这在曲艺创作领域可是个不小的突破。大家都知道,曲艺作品尤其是鼓曲作品,绝大部分是历史题材的唱段,中华人民共和国成立成立后才出现了不少说新唱新的曲艺作品,而从当代流行的影视剧中汲取营养创编曲艺作品尚不多见。而潘侠风的创作,恰好弥补了曲艺创作领域的这个空白。他的作品中,京韵大鼓《金粉世家》最具代表性。这个作品源自张恨水的同名小说,2003年曾被改编为电视剧在央视播出。京韵大鼓《金粉世家》借鉴了传统曲目《刺汤勤》《徐母骂曹》《别母乱箭》中的艺术精华,曲辞文雅且不晦涩,读起来极具美感。这个作品也反映出潘侠风的曲艺创作,特别是鼓曲创作的艺术理念:第一,曲艺作家要对传统曲艺作品了如指掌,才能推陈出新;第二,曲艺作家要掌握各个曲种的唱腔特点及伴奏特色,也就是要做到李渔所说的"手则握笔,口却登场",才能写出成功的曲艺作品;第三,曲艺创作也要与时俱进,虽然曲艺是传统文化,但是只有不断创作新作品,跟上时代脚步,适应时代需要,曲艺才能更好地传承发展下去。这些也是潘侠风创作曲艺新作品的初衷。

随着曲艺创作的不断深入,潘侠风的作品逐渐引起曲艺演员的重视。2016年,他第一次应邀为业余演员刘文虎创作梅花大鼓《琵琶行》。刘文虎带着曲辞来到其老师——花派梅花大鼓泰斗花五宝家中。已经94岁高龄的花五宝老师为这个作品设计了唱腔,并留下珍贵的清唱教学录音。而后,这个作品又得到名琴师钟吉铨先生的大力支持,不但做了许多具体指导,更以90岁高龄亲自伴奏,也存留了珍贵的录像资料。所有这些,都体现出曲艺界前辈对青年新秀的提携。《琵琶行》演出成功之后,在花五宝、钟吉铨的鼓励下,潘侠风又陆续创作了梅花大鼓《霸王别姬》《正气歌》等,演出后也都获得很好的反响。

三 业内获首肯

潘侠风创作的曲艺作品中,梅花大鼓数量最多,也更为人们所熟知。以《琵琶行》的问世为分水岭,潘侠风的曲艺创作进入了新的阶段。因为经常为不同的演员进行创作,所以他能更多地从演员特点出发,为之量体裁衣,写出具有个人特色的曲艺作品。刘文虎是男演员,潘侠风就为他创作《霸王别姬》《正气歌》等具有阳刚之美的作品;而同为梅花大鼓业余演员的储秀云是女性,他便写出《文姬归汉》这样内容婉约柔美的唱段。通过《文姬归汉》的写作,潘侠风又得到梅花大鼓名家张雅琴(储秀云之师)的赏识。张雅琴老师耗时四个月,为《文姬归汉》设计了唱腔。张老师在家中亲自拉低音胡、记谱子,为梅花大鼓艺术教学留下珍贵资料。老艺术家的这些行为,使年轻的潘侠风感激不已。

除了梅花大鼓,潘侠风还创作过天津时调《白蛇传》,由天津时调老艺人魏毓环的弟子、业余演员李婉珠演唱。他还为白派京韵大鼓名家李树盛改编过《画舫缘》,创作了《桃花庵》,另在钟吉铨先生指导下,以绝迹舞台多年的"新鸳鸯调"为音乐素材创作了天津时调《宝玉夜探》。经过这一阶段的实践与摸索,潘侠风对曲艺创作又有了新的认识,他主张曲艺创作一定要遵循以演员为中心的原则,要根据演员特长进行创作,不能脱离演员自由发挥。应该说,这些主张是很有见地的。

说句略带调侃意味的话,虽然潘侠风很希望别人把他视为曲艺作家,但更多的人似乎仍称其为曲艺理论研究者。这次受邀在问津书院讲述天津曲艺习俗,也是对他在曲艺文史和理论方面的肯定。特别是天津文史名家章用秀、张绍祖亲临讲座现场,让潘侠风感到巨大的激励。他的这个讲座,围绕天津曲艺演出形式的习俗、曲艺拜师传承的习俗、曲艺行业秘密语三方面展开,较为全面地勾勒出天津曲艺习俗的轮廓与框架,使听众在短短两小时的时间里,对天津曲艺习俗有了整体认识。台下许多上了年纪的观众,对潘侠风的讲座也都频频颔首。这些都说明,潘侠风在曲艺理论领域的研究成果是能够服众的。

当年我与潘侠风初识的时候,大家都管他叫"九爷"。这个称呼并非源自他的排行,而是因为他的网名"九龙祚"。从21岁到31岁,经过十年的努力,潘侠风在曲艺理论和曲艺创作方面都有了一定成绩。我也希望在今后的日子里,"九爷"能够不忘初心,继续耕耘,在曲艺领域收获更多更大的成果。

《藏书报》2018年8月13日第32期)

问津讲坛第 57 期

（2018 年 8 月 25 日）

天津的书业习俗

主讲人：曹式哲

曹式哲　1947 年生，天津市人。笔名沽上人、欣然、思樵。高中毕业后赴内蒙古插队，曾任包头师专讲师。1991 年调天津市古籍书店，从事古籍复制编辑，副编审。近年潜心天津书业文化研究，有多篇文稿发表。中国现当代文学研究会会员，天津市作家协会会员。

天津的书业习俗

曹式哲

一 天津旧书业的历史沿革

天津于明永乐二年(1404)设卫建城,早已为学界所公认,然则天津旧书业究竟始于何时,却并无明确的文献记载,长期以来,成为一桩悬案。天津地方史专家杨大辛所撰《津门书业杂谈》开端曾经写道:"天津书业始于何时,史无记载,说不清楚。就天津教育发展史而言,在明朝正统元年(1436)首创卫学,继而设立武学、屯学、运学,适应教学需求,必有书肆出现。进入清朝特别是经过'康乾盛世',津门人文荟萃,著述如潮,版刻图书大量涌现,书肆书坊作为一种独立行业逐步发展起来。"①照此推论,天津旧书业的起始时间起码是在康乾时期,可惜没有确凿的史料可证。

---

① 杨大辛:《津门古今杂谭》,天津人民出版社 2015 年版,第 296 页。

细细思量,在当时的历史条件下,能够记录下旧书业史实者至少需要具备四个条件:

其一,必须是有心于此、有志于此者。

其二,不论是旧书业的从业者,还是旁观者,其人必须十分了解旧书业。

其三,必须具备一定的文字表达能力。

其四,必须拥有或者能够借助一定的经济实力,以保障旧书业史料的记录和流传。

即令此四者皆备,事情做成了,而且做得很好,尚取决于能否避开天灾人祸,完完整整、顺顺当当地流传下来,你道难也不难? 由此可以推知,今天的文史工作者在史料相当匮乏的条件下进行书业文化史研究同样很难,如果能够发现哪怕一丁点有参考价值的史料,一定如获至宝。四年前,笔者在查阅天津市新闻出版局史志办1993年12月编印的《图书发行业》专章(第一篇第五章)时,就发现了两则颇具研究参考价值的史料:

其一,"天津早期的图书出版业都是编、印、发一体的。天津文焕堂1871年(清同治十年)刊刻的《唐诗三百首》,书牌中刻有'天津文焕堂自在苏、杭、浙、闽广为拣选古今书籍发兑'字样。这广告性的书牌证明距今120年前,天津已有正式书店了",可惜未注出处。2019年2月末,南开大学图书馆古籍特藏部惠清楼主任曾经提醒笔者:雷梦辰文集《津门书肆记》①所收《晚清至解放前天津书坊刻印本书籍知见录》②有关于天津文焕堂当年发行三种古籍刊本的

①雷梦辰原著,曹式哲整理:《津门书肆记》,天津古籍出版社2014年版。
②孙五川、李树人主编:《天津出版史料》第五辑(天津市第一届出版史志研讨会论文专辑),百花文艺出版社1993年版。已收入雷梦辰文集《津门书肆记》。

记载(笔者虽然整理出版了雷梦辰文集《津门书肆记》,却未能记得这些内容,真也忙昏了头,惭愧)。兹照录如下:

> 《重订四书补注备旨》,古冈邓退庵撰,甬上仉伦柱参补。清同治三年(1864)刊本。
>
> 《监本诗经》八卷,宋朱熹集传,又题"悉遵宋刊点书无讹"。清同治五年(1866)刊本。
>
> 《唐诗三百首》四卷,蘅塘退士编,章德章燮注,仁和孙考根校正。清同治十年(1871)刊本。书内刻有书牌云:"天津文焕堂自在苏杭浙闽广为拣选古今书籍发兑。"

根据上述资料信息可以判定,早在清同治年间,甚至更早,天津便已有文焕堂这样的正式书店,而且发行范围颇广,已达"苏杭浙闽"诸地,可见实力不俗。尽管何时何地设店、规模如何、店主是谁等基本情况并无交待,于笔者却依然是可喜的收获。

其二,据史载:"天津最早专门从事图书发行的店铺,是道光六年(1826)冯国幹①经营的小店。'冯国幹②,字崐圃,以病背不能仰人,呼冯橐驼。少未尝读书,长为书贾。潜心记问,凡古今载籍之流传,版字椠印之精糙③,皆能道其大略。栖身市上,前拥卷帙,后有小室,仅足容膝。时与名流宿谈其中,人多与之契。国幹④虽市贩,实主信义,与驵侩有殊。生平至性过人。'"《天津县新志》这则史料通过对冯国

---

① 原文误为"冯国翰"。
② 原文误为"冯国幹"。
③ "糙"原作"糙",疑误。
④ 原文误为"国幹"。

翰体态特征、文化程度、业务水平、店堂状况、为人品性的勾画,展现了一位约 200 年前的天津旧书商的形象,因而弥足珍贵。遗憾的是,未能在《天津县新志》内查找到这则记载,似乎又要成为一桩悬案。

正自颇感无奈之际,2019 年 7 月 1 日,笔者发现从友人处借得的《天津通志·出版志》①一书中所收的《大事记略》明确无误地记载着:"冯国翰开办从事图书发行的店铺。这是天津较早的书店",时间标明"清道光六年(1826)"。这证明至少在清道光六年(1826),天津便已有了冯国翰所经营的这种规模虽不甚大,却像模像样的书店。它的出现,从一个侧面反映了当时社会的文化需求,是社会发展的必然产物。这一记载的发现,将天津旧书业的起始时间(较之清同治年间的文焕堂)又提前了数十年。

必须指出,《大事记略》的记载仅仅表明冯国翰所开办的书店是"天津较早的书店",并未称之为天津最早的书店,因此在清道光六年(1826)前天津有无书店,若有书店(笔者坚信其有,不信其无),则情况如何,依旧是一个待解的难题。总之,有关早年间天津旧书业的文献记载难得一见,即便偶有零星发现,亦不免失之简约,很难让人满意。

那么,究竟还有没有较早的、翔实可靠的天津旧书业的历史记录呢?答案是肯定的。天津书业前辈雷梦辰的三篇代表作《津门书肆记》②《天津三大商场书肆记》③《津门书肆二记》④可证。笔者认为,

---

①天津市地方志编修委员会编著:《天津通志·出版志》,天津人民出版社 2001 年版。
②中国人民政治协商会议天津市委员会文史资料研究委员会编:《天津文史资料选辑》第三十四辑,天津人民出版社 1985 年版。已收入雷梦辰文集《津门书肆记》。
③中国人民政治协商会议天津市委员会文史资料研究委员会编:《天津文史资料选辑》第五十二辑,天津人民出版社 1990 年版。已收入雷梦辰文集《津门书肆记》。
④经曹式哲整理、续补完整后,已收入雷梦辰文集《津门书肆记》。

此"三记"是迄今最具研究参考价值的近现代天津书业史料文献。以下逐一述之。

雷梦辰首篇代表作《津门书肆记》的研究参考价值有二：

其一，此文所记载的首家书店系始创于清光绪二十年(1894)的宝文堂(内容涉及店主姓名籍贯、设店时间地点、经营范围、出资人姓名、经营状况、发展演变等)，当属雷梦辰笔下最早的、介绍较详的书店实体，应当予以足够重视。

其二，或详或略，依序记载了从清光绪二十年(1894)至1949年天津解放前，旧城厢区内外、河北大经路(今中山路)、旧法租界(今和平区)共计31家书店的经营活动。其中，旧城厢区内外19家书店、河北大经路(今中山路)4家书店、旧法租界(今和平区)8家书店。

雷梦辰第二篇代表作《天津三大商场书肆记》则依序记载了从20世纪20年代至1949年天津解放前，旧法租界著名的三大商场共计46家书店的经营活动。其中，泰康商场(1926年开业)3家书店、天祥市场(1924年开业)40家书店、劝业场(1928年开业)3家书店。

这两篇代表作共记载了清光绪二十年(1894)至1949年天津解放前这一历史时期77家书店的经营状况、发展演变以及书店书籍之流通，内容包括店主姓名、籍贯履历、品性嗜好、业务交往、设店时间、店址变更、进货渠道、资金来源、主营项目、销售状况、经营年限、歇业时间、徒弟帮伙、分散聚合等，又有收售轶事、店主趣闻、古籍作伪、地下党活动等穿插其间，亦颇增情趣，对后之研究天津书业文化史者颇有助益。

雷梦辰第三篇代表作《津门书肆二记》的重要性同样不可低估。《津门书肆二记》系雷梦辰未完成的一篇遗作，我在2010年10

月21日采访其长子雷向坤时,偶然发现此文(详见拙作《雷梦辰遗作〈津门书肆二记〉发现始末》①)。《津门书肆二记》记载了1949年至1956年公私合营这八年间天津书店的经营活动,体例一仍《津门书肆记》《天津三大商场书肆记》两篇,所述依序为红桥区、河北区、南开区、和平区、河东区、河西区,内容包括书店名称、经营范围、店主姓名、店主籍贯、开业日期、设店地址、出版动态、经营转换、歇业日期、并店迁址、兼营状况、人员数目、分店增设、店主变换、店名变更、股人变动、作者按语、加入图书业公会日期、公私合营日期等,同时又收录了新书业、租书业、年画业、图书兼文具、南纸兼图书的经营状况等,上承《津门书肆记》《天津三大商场书肆记》所述清光绪二十年(1894)至1949年天津解放前这一历史时期天津书店的盛衰聚散(雷梦辰为此称《津门书肆二记》为"续编",可见此文在雷梦辰心目中的重要位置),下启1956年公私合营以后天津书业的发展演变,实为不可或缺的一段历史记录,对研究天津书业文化史极具参考价值。

《津门书肆二记》全文计约6.5万字,总涉628家书店。前半部分系雷梦辰未完成之遗稿,计约2.5万字,涉及336家书店(其中红桥区88家,河北区71家,南开区119家,和平区58家),经笔者整理后被报人王振良推荐至齐鲁书社《藏书家》第17至19辑连载,发表日期分别为2013年8月、2014年3月、2015年2月。后半部分系笔者据雷梦辰遗留的资料卡片(其实就是将信纸一裁为二的纸片,惜残缺不全)整理而成,计约4万字,涉及292家书店(其中和平区191家,河东区57家,河西区44家)。《津门书肆二记》全文

①《藏书报》2012年4月2日,第14期(总第621期)第1版转第3版。

后收入雷梦辰文集《津门书肆记》，系首次以完整面目示人。

《津门书肆二记》的问世，意味着雷梦辰"三记"所勾勒的清光绪二十年（1894）至 1956 年公私合营这一历史时期的天津书业文化史大体完整了。换言之，雷梦辰"三记"可谓填补了晚清以来天津书业文化史的一段空白。如果连同业已收入雷梦辰文集《津门书肆记》的《晚清至解放前天津书坊刻印本书籍知见录》和《直隶书局创办始末考》①《近代天津私人藏书述略》②三篇，则雷梦辰文集《津门书肆记》之成，诚如天津市图书馆历史文献部李国庆主任所言，"为业界同仁提供了一份难得的珍贵文献，它填补了书业史、藏书史及文献学上的一项空白"。

虽然由于种种局限，雷梦辰仅仅将天津书业文化史追溯至清光绪二十年（1894），且由于一些客观原因，雷梦辰"三记"所勾勒的清光绪二十年（1894）至 1956 年公私合营这一历史时期的天津书业文化史还存在某些不足，而且还不是严格意义上的天津书业文化史（仅仅呈现了一个轮廓），但是天津书业毕竟从此拥有了翔实可信的晚清以来的历史记录，这是天津书业值得庆幸、值得欣慰、值得自豪的一件大事。

我曾经在拙作《津门书业忆故人——雷梦辰》③结尾写道："雷梦辰的遗嘱表明，他的写作计划远未完成，而且还有再出版一两本

①孙五川、李树人主编：《天津出版史料》第七辑，百花文艺出版社 1994 年版。已收入雷梦辰文集《津门书肆记》。

②中国人民政治协商会议天津市委员会文史资料委员会编：《天津文史资料选辑》1996 年第 1 辑（总第六十九辑），天津人民出版社 1996 年版。已收入雷梦辰文集《津门书肆记》。

③《藏书报》2011 年 7 月 11 日、25 日第 28 期（总第 583 期）、第 30 期（总第 585 期）第 1 版。刊出时有所删节。

书的愿望,遗憾的是没有时间了。然而我又想,雷梦辰于人生这本书已经完成得很好,可以含笑九泉了。雷梦辰没有虚度人生,他是津门书业的佼佼者、津门书业的骄傲。"我认为雷梦辰够得上这个评价。其实岂止天津书业,即便在雷梦辰的家乡河北省冀州市,人们提起孙殿起以及雷梦水、雷梦辰兄弟这两代业书人,亦往往引以为傲。

二　天津旧书业的行规习俗

以下笔者将谈谈对天津旧书业的行规习俗以及相关问题的了解和认识。始于清光绪二十年(1894),止于1956年公私合营,属私营书店时期。1956年公私合营以后属国营书店时期,涉及相关情况时适当记述。

(一)业者来源

数千年来,中国一直是以农业立国,农村人口众多。在近代的中国,由于经济形势每况愈下、社会动荡不安、自然灾害连年等原因,导致农村破产,大批农民背井离乡,到城市里谋生。笔者谓此等趋利避害的人口迁徙现象为"农民工转型"。时下城市里的老住户,不论目前从事何等职业,往上数四五代,大都来自农村,这是中国的基本国情。时至今日,此等"农民工转型"现象依然存在,而且大有方兴未艾之势。以今视昔,形势自有不同,国家政策亦发生相应变化,兹不赘述。

那时候,进城闯天下的农民工颇多十几岁的年轻人。他们文化程度并不高,多数仅念过几年私塾或公立学校。例如,天津市古籍书店(以下简称古籍书店)老职工雷梦辰,由于家境贫寒,在家乡(河北省冀县)公立学校仅读过五年书,尚未毕业即赴北京琉璃厂通学斋投奔六舅父孙殿起(后又辗转至天津)。其兄雷梦水进京更早,此时已然在通学斋八年了;古籍书店老经理张振铎当年在家乡(天津市塘沽区河头乡)念了七年私塾才到天津学徒,可谓读书时间较长的一位;另一位老职工李光育算是学历较高的,当初在家乡(河北省东光县)也才读到初中二年级。五年前,笔者在整理雷梦辰《津门书肆二记》时,曾经在"整理者按"内收入古籍书店 27 位老职工的从业简历,以及与之相关的书面或口述资料,以期充实和拓展《津门书肆二记》的内涵,供研究和关注天津书业文化史者参考。我发现,这些老职工年轻时家境各有不同,然而无一例外,入行前文化程度都不高,仅仅是私塾或小学文化程度,能上初中的则属凤毛麟角。总之,这是一种普遍现象。其实也难怪,生活既艰难,又何谈读书?

笔者曾经根据雷梦辰"三记"及《晚清至解放前天津旧书坊刻印本书籍知见录》所提供的资料,统计过清光绪二十年(1894)至1956 年公私合营这一历史时期在津业书者的籍贯,获知这些业书者分别来自河北省 50 多个县市、山东省 20 多个县市、山西省 3 个县市、浙江省 6 个县市、江苏省 1 个县市、辽宁省 2 个县市、

雷梦水工作照

河南省1个县市、吉林省1个县市，以及安徽、四川、北京、上海、天津等地30个县市。其中来自河北省的最多，来自山东省的次之，来自其他省市的较少，可见各地在津业书者的人数与地域的远近有一定关系。

在统计过程中，笔者顺便制作了《河北省冀县书商解放前后在津活动一览表》《河北省枣强县书商解放前后在津活动一览表》《河北省衡水县书商解放前后在津活动一览表》。三附表涉及店名、店址、店主、经营时间、经营范围、其他、出处诸项，阅后可对这些书店的基本情况了然于胸，省却翻检之劳。三附表显示，冀县在津业书者为41人，冀县佐近的枣强、衡水两县在津业书者分别为15人和16人。虽然数字本身不会讲话，也不是最精确的数字，但是却可以说明一些问题，提供一些参考。

面对诸多冀县人在津业书的现象，笔者不由得联想到关于河北大街"冀州帮"的历史记载，只不过那些吃苦耐劳的冀县人多从事与农村生活和生产有关的行业，诸如，竹木制品、日用瓷器、五金百货、文具纸张、绸布、颜料、炊具等，而非旧书业罢了。

初到陌生的城市，如果举目无亲，很难打开局面。不少年轻的农民工自然而然地选择了投亲靠友这条捷径，靠亲戚、乡友介绍，入书行拜师，业内称此等现象为"家族带"。如果店主本人即是亲戚或乡友则最佳。读雷梦辰"三记"可以发现，绝大多数书店的资料信息均注明店主、帮伙（又称"帮业"）、弟子的籍贯，那些有某种关联的人往往来自同一县市，这便无声地说明了"家族带"现象的存在。

如前所述，绝大多数业书者都是直接从农村老家进津谋生的，然而也有其他一些较为特殊的情况。例如，有原河北省庆云县县长张恩霈,藏书甚富,性嗜研究古旧书,加之家住晓市附近,在晓市得善本书颇多,后来做了天祥市场新华书店(后更名新中书店)经理;有在北京琉璃厂设店藻玉堂,干得风生水起,由于1932年日寇炸毁上海商务印书馆图书馆(东方图书馆)事件的干扰,又来天津开设分号,依然干得有声有色的劝业场藻玉堂经理王雨;有原在北京书行学徒,干得不顺,后转来天津的雷梦辰、张世顺(1956年公私合营以后,二人成为古籍书店职工)等等。总之,业者来源这个问题包罗万象,相当复杂,而且变化万端,难以尽述。

如果说业书者当年由农村进津谋生属于人生的第一次转型,那么1956年公私合营以后,这些业书者变身为国营书店营业员,则属于人生的第二次转型,此是后话。

(二)学徒生涯

单干的小型书店乃至书摊不消说了,稍具规模的书店开业后,不可避免地需要增添人手,于是店主便不得不雇佣一二帮伙,不得不收纳徒弟。年轻的农民工进城后,人生地不熟,也不得不投靠店主,磕头拜师,先行解决吃住问题、生计问题,待立住脚跟,再图发展。书行的师徒关系是相互依存的天然关系,其他行业的师徒关系也应如是。

学徒很不容易,店主看得入眼,才会留下,先干杂活(看孩子、作家务等),后学业务。王玉哲(劝业场藻玉堂经理王雨的远房侄子)回忆王雨昔日学徒的情景时,曾经写道:"雨叔自幼在家乡读过五年私塾,后独闯北京,到一家经营古旧书商店里学徒。在旧社会那时的'学徒',是极辛苦的,一天到晚干没完没了的杂务,而且没有工资,只管吃饭。三年学满后,才可以得到勉强糊口的待遇。"[①]在试用期内,店主会观察徒弟是否聪明伶俐,是否勤快肯干,是否老实可靠,符合预期条件的,方准留下。徒弟的发展一般是学成了,翅膀硬了,便要另立门户,开店设摊。店主对这个趋势心知肚明,却也无可奈何,周遭也不乏这样的先例,甚至店主本人当初极可能便是这样走过来的。如果是实力不济或无心单干者,一般会选择在店主身边继续做下去,先是徒弟,后发展为帮伙,有时,店主也会从其他书店"挖"来可心合用的帮伙。

只有像古籍书店老职工雷梦辰、王振永、张振铎、杨富村、吕清注、苏润环、张璞臣、姚佩琳(1956年公私合营以后,曾任新华书店天津分店古旧书门市部顾问)、王仲珊(1956年公私合营以后,被评为一级营业员,月工资是同事中最高的)等人那样,不但愿意干书行,而且嗜书成瘾,最终才能够站稳脚跟,并且成为书业的佼佼者。他们在学徒期间必然会有许多难忘的经历、精彩的故事。关于徒弟学艺之难,笔者仍然以王雨为例来介绍。王玉哲曾经写道:"经营古旧书生意,必须具备版本目录学的知识,才能清楚古旧书的收售行情,商店里一般的掌柜老板,都在这方面是行家里手。可惜的是他们从来不会主动地培养他的徒弟们。只有在来了有名的学者购善本书的场合下,老板才郑重地取出一部善本书。老板与顾客品评版本的时代和优劣时,徒弟们在伺候客人茶水,垂手站在一旁偷偷地静听。顾客走后,徒弟们再拿出书具体地审视、揣摩。这样时间长了,也会把版本鉴定知识学到手。老板们版本知识也是在学徒时这样一点一滴、偷偷地学来的。真的也来之不易。他们自然也就效法

①引自王玉哲撰《怀念雨叔》,原载王雨著、王书燕编纂:《王子霖古籍版本学文集》(全三册)第三册,上海古籍出版社2006年版。

他的前辈'鸳鸯绣出从君看,不把金针渡与人',也不轻易把他的这种知识'渡'与人了。雨叔在民国二三十年代已是北平琉璃厂古书行业中版本鉴定专家之一,他也是这样学成的。"①著名版本目录学家沈津也讲述过类似情况,他说:"书店(包括拍卖行)的从业人员,也有一些人的鉴定能力很强。解放前,在旧书店里做伙计出身的小老板很多,他们大多文化程度不高,有的仅读过小学、初中,但靠自己做伙计时的努力,勤记、细听、腿勤、动脑子,就是翻书都长一个心眼,而老板不大讲鉴定的窍门,就怕他们'偷师'。所以不少小伙计对于某书之优劣、版本之异同等知识,更多的是从去店里买书的学者那儿(或通过去学者教授家送书的机会)学到的,有的是通过同行的交流获得的。因为那是他们将来吃饭的本钱,也就特别用心。"②

此外,也有较为幸运的特例。例如,古籍书店老职工王仲珊昔时家境较好,在他的少年时代,精明干练的父亲王桂林已然闯出一片天下,成为宝林堂经理,而且是书行的佼佼者,与现代津门书业另外两位元老级人物——文运堂经理王鹏九、培远书庄经理李汝堃齐名。王仲珊在学徒期间的一切均由王桂林安排操持,较之其他徒工自然少吃了不少苦头,出师不久又子承父业,成为王桂林的继承者。再如,宏雅堂经理张树森,在培远书庄学徒期间精于钻研业务,且业绩突出,于是被培远书庄(后更名宏雅堂)经理李汝堃相中,招为女婿,最终成为李汝堃的接班人。然而王仲珊、张树森二人

①引自王玉哲撰《怀念雨叔》,原载王雨著,王书燕编纂:《王子霖古籍版本学文集》(全三册)第三册,上海古籍出版社2006年版。
②引自沈津撰《古籍版本辨识之功不可废》,原载《藏书报》2014年11月3日第42期(总第753期)第1版转第3版。

的学徒经历毕竟属于个别现象，对绝大多数学徒者来说，那段经历都是苦熬过来的，硬撑过来的。最终成功者挑摊单干，失败者只能依附店主，成为书店帮伙，或者干脆改行，转营其他，诸如租书、南纸、文具之类。

雷梦辰(左二)、王仲珊(左一)与同事在天津文庙(摄于 20 世纪 70 年代中期)

(三)经营活动

天津旧书业的经营活动可以用两句话来概括：一部流动的书店变迁史，一部展现社会百态的书商创业史。以下拟从六个方面逐一述之。

1. 经营特点：小、快、灵

天津旧书业的生存环境历来比较恶劣，然而众多书店犹如石头夹缝中生长的小草，硬是顽强地存活下来，并且还有所发展。凭借的是什么？凭借的就是小、快、灵的经营特点。

先说"小"：多数书店(有的只能称书摊)势单力薄，投资少，规模小，费用低。除非万不得已，店主一般很少雇人，即便招纳徒弟，待遇也压得很低。如果店主是在家里设店开业，则往往是前室设店(作门脸)，后室居住。只有一室的，则前半设店，后半居住。如此的确有些逼仄，然而省却了店堂租金。至于煤、水、电等日常开支，更是有限。

再说"快"：此指经营决策快，资金周转快，销售收益快。同时盈利也相对较高,别看店主平日里似乎很闲,如果运气好的话,则盈利十分可观,十几元、几十元、上百元,甚至更多。如果是劝业场藻玉堂那种实力雄厚、主营古旧书的书店,一笔生意盈利数百元甚至数千元也不稀奇。赚钱的机会当然不会常有,因此店主是否反应快、下手快,是否能够抓住稍纵即逝的机遇相当重要。书业有云:"半年不开张,开张吃半年",这两句话略带夸张地概括了此类书店的经营状态,以及店主洋洋自得的心态。

最后说"灵":因为是自东自伙,所以店内一应事务(进货、销售、用人、开支等)都是店主说了算,从来不会有扯皮的事,更不会有久拖不决的事。或赔或赚,都是店主的,因此店主责任心超强,店内管理极严。"快"和"灵"实际上突显了个体书店体制上的某种优长,因而发人深思。

凡事有弊也有利,须辩证地看。比如说"小",看起来是劣势,然而也意味着少损耗,低成本,如果与"快""灵"结合起来,则有可能化劣势为优势,正所谓"船小好调头"。因此千万不要轻视小、快、灵的经营特点,它也能够决定或影响一笔生意的成败。有些店主原先经营的是书摊(售书或租书),干得好,干得顺,也能发展成店铺。书行一夜暴富很难,养家糊口应该不是太大问题。

古籍书店前副经理王振声致笔者函(2018年4月16日)称,老职工张世顺昔日在天祥市场设店庆记书局,专营课本(兼营古旧书装订业务),人称"课本张"。张世顺忆及自己在天祥市场赢利的情景时,曾经不无得意地说:"天祥市场摆个摊,胜似当个小县官",意思是自己温饱不愁,逍遥自在。我不由得又联想到另外两则商谚:"街头一席地,强似百亩田""有儿坐盐店,强如做知县"。这三则商谚或轻政或轻农,均具重商意识。

2. 设店开业三要素:店堂、资金、货源

第一要素是店堂(俗称门店、门脸)。这个问题很好理解,如果没有店堂,便没有立足之地,又何谈开业,如何经营?

然而购置店堂需要大量资金,这个无情的现实令颇多业书者望而却步,转而选择租用店堂。我于是联想到,上世纪三四十年代至1956年公私合营以前,在天祥市场从事业书活动的数十家书店(也还可以包括泰康商场和劝业场的数家书店),不论其实力强弱、规模大小,只为相中了天祥市场及其周边这片经商宝地,贪图商场内租金低廉,水费、电费寥寥无几,而且不纳税,赚点钱就够生活费,方才聚拢于此。天津书业的布局也便由原先零星分散的游击式,逐渐转向扎堆取暖,布阵求存。所以虽然这里人人自谓经理(或称掌柜),家家均称书店(或称书局),其实只是书摊。

无论怎么说,租用店堂仍然需要一定数目的租金,而业书者收入又不稳定,因而这笔费用并非所有业书者都能够承受,于是本小利微者往往会选择沿街设摊或流动推车的经营模式。

先说沿街设摊。早在20世纪三四十年代至1956年公私合营以前,古籍书店一些老职工便曾经选择这种经营模式。例如,张振铎曾于1942年在黄家花园一带设摊售书;雷梦辰曾于1949年2月至8月在北马路北门西三条胡

1956年公私合营前后劝业场楼梯旁某家旧书店

同设摊售书；胡以朴曾于1946年至1947年在兴安路设摊售书；张济中曾于1945年至1946年在长春道菜市场兴安路设摊售书，又于1946年至1947年在胜利桥海河边设摊售书，后于1947年至1953年在上海道摊贩市场设摊售书；郑愚生曾于1930年至1949年，先后在北大关、南市、北门西等地设摊售书或租店。这种经营模式流动性强，省却了购置或租用店堂的费用，然而弊病也是明显的：第一，既然流动性强，读者便容易流失，最终受损的还是售书者；第二，沿街设摊条件有限，难以展示更多书籍；第三，遇刮风下雨等不良天气，便无法出摊，难以保障正常营业。

再说流动推车。20世纪50年代初期，笔者即见识过这种经营模式（租书）：常常是傍晚，业书者推着装满小人书的营业车，摇动着手中的铜铃，吆喝着，走街串巷，招摇过市。小人书都是加了白色硬书皮的线装本（因为是论册收租金，所以稍厚些的小人书便拆装成二册或三册，甚至四册），读者可以随意挑选，大约花几分钱便可以租到一本，一两天后营业车再来，办理还书或者继续租书。这种经营模式颇有点上门服务的意味，方便了读者。记得这位业书者所住不远（家中有间条件不甚好的小书店），三天两头地来，与读者彼此熟稔，相互信任。然而这种经营模式的弊病与沿街设摊相类似，因而也并不久长。

无论沿街设摊，还是流动推车走街串巷，皆弊大于利，属权宜之计。从长远考虑，业书者必须拥有自己的店堂，哪怕是租用店堂。有了店堂，便有了展示书籍的平台，有了接待读者光临之所，便可能将生意做大做强。话又说回来，谁不晓得设置店堂的重要性？然而对于多数利润微薄、仅够糊口的业书者来说，拥有一间属于自己的店堂绝非易事。王仲珊的宝林堂（古籍书店退休职工郑铁庄曾经于20世纪50年代末期前往租赁小人书，称宝林堂系红色双层小楼，楼下是店堂，楼上是居室)倒是他自己的，据说是花两三万元购置的，当是其父王桂林生前挣下的。

第二要素是资金。资金对于设店开业的重要性不言自明，毋庸赘述。笔者要讲述的是，在难以自筹资金(包括店堂)的情况下，书行出现的变通办法，例如，依靠外部投资，合作共赢。据雷梦辰《津门书肆记》宝文堂条记载，清光绪二十年(1894)，天津名门华世奎曾经出资聘请张某某在东城根设店宝文堂，主营古旧书，"兼营天津华氏刻书及各名家刊刻之书"(华世奎不但提供了启动资金，而且还提供了部分货源)，至清光绪二十六年(1900)，华世奎收资歇业。张氏原系北京古旧书业翰文斋学业，行内出身，经营宝文堂六年，获利颇丰。想必张氏与华世奎之间应有合作协议，且华世奎也获利不少。转年，张氏在东马路袜子胡同独资设店宝森堂，主营古旧书，同时"代售天津华氏刻书及天津各名家所刻之书"，经营历三世，凡19年。张氏"借鸡生蛋"之举足够聪明，华世奎肯于投资相助，并且提供部分货源，也是看准了张氏是位精明干练的书业人才。张氏与华世奎的合作，资金是核心，默契是关键。类似的例子还有一些，诸如，1914年至1918年，王仲珊之父王桂林受"益德王"之聘，担任北门里大街求古堂经理，主营古旧书，"得之善本书及名人批校本甚夥，盈利甚富"；1940年至1949年，王依仁出资聘请杨富村担任天祥市场茹芬阁经理，主营古旧书，达八九年之久，后王依仁收资，茹芬阁歇业；1942年，张振铎族婶出资聘请张振铎担任合兴市场振记书局经理，主营旧书，又改旧日文书，后收资歇业。

第三要素是货源。店主有了店堂和资金，还要有货源。对书店来说，货源便是线装古籍、碑帖画册、报刊杂志、工具书等各类书籍资料以及书画作品之类。没有货源,书店便不成其为书店。货源是书店的经济命脉。

书业有云:"新书靠出版,旧书靠收购",意思是新版书籍的供货依靠出版实体〔中华人民共和国成立前是私营书店及一些机构(含私刻),中华人民共和国成立后则是出版社以及少数几家国营书店的出版单位〕,古旧书数量毕竟有限,尤其线装古籍又是不可再生的,因而供货只能依靠收购。然而在店内守株待兔,坐等生意上门总不是办法,于是便出现了上门收购的方式,业内称"跑宅门"。"跑宅门"即店主本人或店主着人下户收书,重点是找那些藏书家、读书人以及有藏书的大户人家,这些人往往藏书甚富,而且懂书,与之打交道,生意相对好做。说来天祥市场永和书局经理张璞臣"跑宅门"还拣过"大漏",占了大便宜。据雷梦辰《天津三大商场书肆记》永和书局条记载:"徐世章有一批普通旧书按废纸卖给张璞臣,张购回后,由废纸中捡得《永乐大典》2 册,后直接售归顾颉刚先生,顾后又售归北京图书馆。"雷梦辰于后又加了一条按语:"徐于 1959 年将藏书全部捐献给天津市人民图书馆,又将其收藏之《永乐大典》10 册捐献给北京图书馆。"看来,这弥足珍贵的 12 册《永乐大典》终于又在北京图书馆团聚了。

然而仅仅"跑宅门"还不够,于是又有人跑"晓市"(又称"早市""鬼市""鬼肆""小市")淘书,以期"拣漏",扩充货源。联益书局经理李惠昌就是靠此成功的,据雷梦辰《津门书肆记》联益书局条记载:"李氏天津博古斋(主营新书)学业,出师后,领东在东北角设大同书局,主营新书。歇业后,始在南开中学对过设联益书局,主营古旧书,货源为南开晓市购入。是时其业务着实兴隆,获利甚丰。"

古籍书店退休职工郑铁庄就其父郑愚生(20 世纪 40 年代末曾

经在合兴市场与人合伙经营竹林书局）的业书生涯回忆道："学生时代的父亲兴趣广泛，颇好读闲书，经常在放学路过北门外时逛书摊，间或选购一两种可心的旧书，日子久了，父亲听得这样一个'秘密'，即那些书摊上的旧书大多来自北开破烂市。书贩们从北开破烂市进货后，先挑选较值钱的卖给书店，剩余的则自家摆摊出售。父亲是个有心人，从此便直接到北开破烂市选购旧书，读毕再卖给摆书摊的书贩们。这样既有便宜书读，又可以从书贩处赚点钱补贴家用。这一省一赚，使父亲悟出经商之道，进而走上业书之路。"①这依旧是"拣漏"，只不过拣的是"小漏"，并且进货渠道是北开破烂市，而非南开晓市。

如前所述，"跑宅门""跑晓市""跑北开破烂市"均系书商的收购活动，此外，还有一种值得关注的外出收购活动，便是访书。访书出行较远，区域较广，非视野开阔、脑筋灵活、社交广泛、资金雄厚、业务精熟之书商不能为也。20世纪30年代，北京琉璃厂知名书商孙殿起（字耀卿）曾经多次南下访书（雷梦水谓之"收货"），甚至一年两次，最远可达广州。其中，1930年末至1931年初这次途径天津、济南、南京、扬州、上海、杭州等地，历时较久，收货颇丰，只可惜未能及时将访书见闻及得书细目诉诸文字，致使孙殿起每每牵挂于心。1958年孙殿起病重之际口述其事，并由外甥雷梦水记录成篇，题名《庚午南游记》②，约二万字。我亦曾撰文《孙耀卿南下访书》③详述其事。虽说孙殿起这类访书活动意在补充、调剂货源，但是客观上却促进了书籍的南北流通，提高了书籍的使用率，因而惠

①引自《津门书肆二记（下）》竹林书局条"整理者按"，原载雷梦辰文集《津门书肆记》。
②原载《文物》月刊1962年7月，第9期。
③原载《藏书报》2015年8月17日第32期（总第793期）第8版。

及学人，泽及社会。说来孙殿起的外甥雷梦辰也曾经有过访书经历，规模与孙殿起南下访书自是不可同日而语，然而也颇有收获。他回忆道："我在个人经营古书时，由于资本不大，不能成批收购，只是在天津的早市收买一些零星的善本，有时也到山东一带采购。当时，哪个地方有旧书，我心里有数，所到之处有时竟也遇到罕见的珍籍。记得 20 世纪 40 年代末，有一天我在山东收购古书时，无意中发现一部诗词稿本。书法雅而不凡，雅致得很，我从墨迹、纸张、装帧几方面进行分析，断定为《聊斋志异》作者蒲松龄手写的草稿，当即将它买下。稿本分为两种，一是撰者手写的原稿，二是作者撰完稿后由别人誊清的本子。稿本又有已刻稿本与未刻稿本之分。已经雕印的名人稿本自是难得，未经雕版的稿本更为珍贵。蒲松龄的这个稿本当时尚未刊刻，确是难得之宝贵。"①有关天津书商访书活动的记载比较少见，迄今为止，我见得最多的还是京津两地书商之间业务互动的记录。

孙耀卿（摄于 1972 年）

3. 经营范围与经营特色

仅仅解决货源还远远不够，同时还要确定书店的经营范围，并且在此基础上逐渐形成书店的经营特色（指专营或主营哪些种类的书籍，而且品种较全、质量上乘等）。

经营范围的确定需要顾及店主业务专长，需要综合考虑本区域市场需

---

①引自《书林有路 学海无涯——雷梦辰与古籍版本鉴定》，章用秀著：《珍宝文玩经眼录》，天津人民出版社 1995 年版。

求、周边书业布局、进货销货便利条件诸因素,并且需要审时度势,不断及时调整,经营范围必须服务于经营特色。

经营特色是书店的招牌,必须准确、鲜明。经营特色需要得到读者认可,读者的态度是经营特色形成与否的试金石。书店有自己的特色,有需求的读者自会找上门来,并且一传十,十传百,无声地形成书店的读者群,从而培养读者群,留住读者群,进而扩大读者群。如果没有形成经营特色,便没有进货思路,非但徒耗人力物力,还会导致读者群流失,造成货源的滞销和积压,智者所不取也。

说起有经营特色的古旧书店,天津老城东城根的宝文堂(经理张某某),东门里的文林阁(代经理王桂林),东门里大街的宝林堂(经理王桂林、王仲珊)、培远书庄(经理李汝堃),鼓楼东大街的文运堂(经理王鹏九),天祥市场的茹芗阁(经理杨富村),泰康商场的宏雅堂(后迁至天祥市场,经理张树森),劝业场的藻玉堂(经理王雨、姚佩琳)诸家遐迩闻名,实足当之。

4. 信息、人脉与售书服务

古文化街文林阁门市部(摄于1986年)

信息这里指有关书籍的消息灵通,谁有什么书,谁要什么书,书商必须了如指掌。只有这样,书商才能够在书籍流通领域如鱼得水,应付自如,才能够及时把握住转瞬即逝的商机,赚到银子,下面笔者以王雨与梁启超的成功合作为例说明。1915 年,王雨在北京琉璃厂藻玉堂开业后,经常将精良的书籍送到梁启超处,梁启超又将所需书籍的书目告知王雨,久之,王雨便对梁启超的存书情况了如指掌。有时书籍重复了,王雨会告诉梁启超已不必再买了。此时的王雨完全是为梁启超着想,并不贪图一时之利。书商能够将生意做到这种程度实属不易,王雨不成功谁成功? 反观梁启超也不吃亏,因为他及时买到了所需书籍,并且享受了周到、贴心的高质量服务。二人之合作共赢,完全是建立在多年形成的高度信任和真挚情谊的基础之上。

书商需要掌握的信息还有很多,诸如,天津及外地古旧书市场的行情,众多藏书家的身世阅历、藏书目的、藏书来历、藏书规模、藏书特点、藏书去向,周边书商的经营动态及其与藏书家之间的多种联系等。

有道是"和气生财",精明、老到的书商都懂得这个道理。书商做生意,必须广有人脉。不论是买方,还是卖方,书商必须赢得对方信任,最好能够成为朋友。书商应当认识到,必须在平素交往中让对方了解你,相信你的人品,相信货源的质量(尤其是真假问题),也相信书商给出的价位。

这方面的反面例子有很多,据雷梦辰《津门书肆记》培远书庄条记载:培远书庄经理张树森见利忘义,为一部殿版开花纸《二十四史》的交易与藏书家李颂臣对簿公堂,结果二人绝交。虽说张树森赢得了官司,却耽误了日后两卡车古旧书的生意。这才是:因小失大,自毁行情;失信于人,咎由自取。再来看一个正面的例子,据雷梦辰《津门书肆记》茹芗阁条记载:杨富村"业务精练,交际甚广,性情直爽,为人忠厚,天津之藏书家知之甚稔。凡藏书家之书一有散出,必捷足先得。每遇有大批书兜售时,多与藻玉堂、宏雅堂、永和书局联合伙购。此外,天津富商巨贾与其来往甚广,托其代购书,盖多插架附庸风雅,作为客厅中之装饰品。""杨氏经营方法做的活,不计小利,大处落墨。正因如此,北京、上海同业多与其往来。"杨富村的品格为人、经营特点及其业绩由此可知矣。1945年2月至1949年2月,雷梦辰曾经是杨富村弟子,在天祥市场追随杨富村学业四年,因此他对杨富村的这番评述是中肯的。古籍书店前经理穆泽有关杨富村的评述亦完全可以与雷梦辰的评述相印证:"杨富村待人谦恭、热情。据一些老职工回忆,杨富村做生意就像做人一样谨慎而有智慧,从不看人下菜碟,绝不做急功近利的事,固而深得客户信赖,彼此关系处得极为融洽。做起生意来,无论是对买方,还是对卖方,杨富村总能比其他老板抢先一步,而且成交率颇高。"①

关于书商销售服务的水平与质量,笔者想列举两个有代表性的例子。2018年7月16日《藏书报》所刊《大师藏书见性情》(作者唐宝民),提及大学者胡适当年到北京琉璃厂古旧书店购书的某些经历,让笔者感慨不已。文章写道:"胡适先生经常去北京琉璃厂的古籍书店买书,时间长了,那些老板了解了他喜欢要什么类型的书,加上他买书的时候很少计较价钱,所以那些老板遇到了好书,就给他留出来,亲自送上门去,胡适先生选择其中较满意的留下,不必马上给钱(当时的教育部常常欠薪,所以胡适那时经济并不宽

①引自《津门书肆二记(下)》维新书店条"整理者按",原载雷梦辰文集《津门书肆记》。

裕），什么时候给都可以。胡适先生用这种方法收藏到了很多珍贵的书，比如那本著名的《乾隆甲戌脂砚斋重评石头记》残本 16 回，就是用这种方法收到的。"书商这种服务很人性化，想读者之所想，急读者之所急，生意做得活。书商最终目的是以对自己最有利的价位将书卖出去，而且是让读者高高兴兴地买去，何乐而不为呢？再举一例，2018 年 7 月 5 日，笔者与浦汉明老师（曾任青海民族学院中国古典文学教授，业已退休，现居北京）通话时，浦汉明老师提及北京琉璃厂多文阁经理魏广洲（雅号"包袱斋"）昔日到她家推销古旧书的情景。其父浦江清（著名古典文学研究专家，曾任教于清华大学、西南联合大学、北京大学，与朱自清合称"清华双清"）见到好书很想买下，怎奈家中经济拮据，为难良久，最终还是决定省下其他开支，将书买下。浦汉明老师回忆道，似魏广洲这样的书商很懂书，因而与学者们颇谈得来，业已成为朋友。有时，魏广洲见浦江清面对好书，因囊中羞涩而左右为难，便允许将书留下，让浦江清先翻看几日再做决定，不买也没关系。浦江清得以借机抄书，记录下有用部分，不买也罢。魏广洲如此贴心、周到的售书服务，怎能不赢得读者的心？1956 年公私合营以后，古籍书店流供员王振永多次将古旧书送到南开大学教授来新夏家，供其选购，正是当年书商服务的再现。

5. 业内传统：相扶相携，互利互惠

书商开店纳客，终日与各种文化层次的读者打交道，其中不乏藏书家、书画家、翻译家、作家、记者、编辑、学者、教师、学生，让人意想不到的是，还可能接触到黑社会人物。书业本是社会弱小行业，书业个体更是势单力薄，遇有不测之事不得不齐心合力，有难同当。1948 年间，天祥市场众书商高扬正气，智斗黑社会成员，为北

京隆福寺修绠堂经理孙助廉巧夺被窃善本古籍样本（每套古籍之首册）36种的经过，即是一例①。既然事情来了，便合力应对，“该出手时就出手”，黑社会成员虽属穷凶极恶之辈，却也理亏心虚，不得不节节败退，最终正义战胜了邪恶。通此此事可以看到书业同行肝胆相照、拔刀相助的一面。社会险恶，唯其如此，方得图存。

还有一段培远书庄经理张树森与章绍亭伙购章父全部藏书的趣事，事情发生在1944年。当时由于章父书善价昂，张树森个人无力购买，便与北京文奎堂、文殿阁、文禄堂、松筠堂等六家商定合伙购买，以北京“封货”的方式解决这一难题。“封货”系古旧书业所创，与拍卖行的拍卖形式相类似。最终此事进展顺利，圆满解决②。笔者尤为关注的是，此次协作并未局限于天津一地，而是将协作范围扩展到了北京。京津两地相距较近，自然联系方便，合作多多。如前所述，早在20世纪30年代初，北京琉璃厂书商孙殿起即在南下访书期间两度来津“收货”，而且收货颇丰，可见京津两地书商关系密切、合作频繁由来已久。即便是在1956年公私合营以后的国营书店时期，京津两地古旧书店也一直延续着这个历史传统，频繁往来，成为合作伙伴和亲密朋友。

6. 经销策略：寄售、伙购、代购

书商做生意，不外乎买书和卖书，似乎很简单。然而在这个过程中，书商往往还会根据读者需求，灵活地实施各种经销策略。寄售、伙购、代购便是书商在书籍流通领域经常运用的经销策略。

寄售：业内又称寄销。即书主将欲售之书寄放书店，委托书商

---

①参见《天津三大商场书肆记》茹芗阁条。

②参见《津门书肆记》培远书庄（后更名宏雅堂）条。

代为销售,售后结账,难以售出则原书退回。定价和折扣经双方事先商定,一般都有书面手续作为保障。这使笔者想到,早在 20 世纪五六十年代乃至 70 年代,天津委托店即有寄售业务,只不过委托店经营的商品包罗万象,唯独不涉及古旧书罢了。雷梦辰《津门书肆记》茹芽阁条记载有刘星楠寄售书逸事一则,可为佐证:"……其晚年(解放前夕)始将藏书陆续卖出。其以持书寄售为主,多则四五种,少则二三种,按其定价八折计算,言无二价。寄售之书店有:茹芽阁、藻玉堂、宏雅堂、文运堂四家。"

伙购:顾名思义,即合伙收购之意。书商有时会遇到藏书家出售大批古旧书,苦于个人资金不足,而又不愿放弃此千载难逢的机会,便联合多位有实力的书商将这批古旧书买下,然后按既定方案合理分配。这便是伙购。

据雷梦辰《津门书肆记》藻玉堂条记载:"民国二十年间,杨氏(笔者注:即杨承训,字敬夫,山东省聊城海源阁杨氏后裔,藏书甚富)旅居耗产,故出所藏,以求善价,因其书价昂贵,故少有问津者,当时公家图书馆虽欲购求其书,由于经费不足,只得望书兴叹。书肆过往商谈者,了了几家。""杨氏总定价十万元,最初叶誉虎、张岱珊、梁众异等三人,合出六万元,杨氏不肯出让",后经藻玉堂经理王雨通过潘复联系京津人士常朗斋、王绍贤、张廷愕诸人合购,议定合出八万元,杨氏同意,最终成交。这是典型的伙购。前文刚刚提到的,培远书庄经理张树森与北京文奎堂、文殿阁、文禄堂、松筠阁等六家以"封货"的方式购买章绍亭之父全部藏书同样也是伙购。

代购:代购无非是相中了某部古旧书,然而由于某种原因又不便出面购买,于是求托他人代劳。雷梦辰《津门书肆记》茹芽阁条对代购倒是有详细记载,不过代购之物是甲骨文骨片,而非古旧书。

兹引述如下:"杨永维受李鹤年之托,重价代购孟广慧收藏之甲骨文骨片逸事一则:孟广慧,字定生,天津著名书法家,藏书甚富,并藏有甲骨文一百三十块。杨氏深受孟氏信任,故孟氏多托其代觅图书,久之来往甚密。孟氏故后,其藏书均售予杨氏一人所得。现代书法家李鹤年,昔年孟氏之学生,多受其秘传奥诣,今谓书法之门第也。李氏酷嗜金石,因深爱孟氏之甲骨文,但恐犯师颜,终未敢开口。孟故后,李氏以重资托杨氏代购之,结果甲骨文一百三十块,终归李氏。"

再介绍一家在经销策略上表现突出,甚至让人有些眼花缭乱的书店文津阁。据雷梦辰《天津三大商场书肆记》文津阁(全称文津阁藏书处)条记载,文津阁经理徐亦鹃点子颇多,原本主营新书兼古书,却又别出心裁地推出几项经营措施:一是以"文津阁经济读书会"的名义代理租书;二是创办《文津》月刊两期,并刊登推销和收购广告曰"文津阁藏书处,专营国学用书,收买宋元佳刊",第一期经销推荐书目以鸳鸯蝴蝶派作品居多,第二期经销推荐书目则以介绍马列主义理论、革命文艺小说、思想评论,以及苏联十月革命和苏联情况的书籍为主;三是刊内载有介绍"文津阁经济读书会"之简章,约法三章(系会员租书条款),思虑周详。雷梦辰最后写道:"笔者对其举办之原委,虽暂未详尽,但按其备货,当知其确为一进步书店。"

在某些情况下,书商还会使用一些特殊手法。古籍书店老经理张振铎有过在天祥市场经营振记书局的经历,据他回忆,进步的书店经理销售进步书籍时,知道有些读者是地下工作者或进步师生,方才取出来推荐,往往采用隐蔽的"袖里囤",周围的人难以发现[①]。这使笔者联想到20世纪五六十年代,委托店职工不便当着

张振铎(中)在古籍书店第一届职工代表大会上(摄于20世纪80年代)

张振铎(左二)与同事在古文化街奠基仪式后合影(1985年5月)

顾客议价,于是双方便将手藏入某一方衣袖内,以手指沟通价格,此时四目相对,绝不讲话。顾客呆立在一旁,对袖内的议价无从知晓。看来这种袖内交易在商界由来已久。当然,与前面提到的经销策略相比,这些都是小手段、小技巧、小把戏了。

书商中确实也有一些唯利是图、售假骗人的,这在雷梦辰笔下即有披露。例如,雷梦辰《天津三大商场书肆记》宏雅堂条所记录的陈益安造假两则。说来陈益安是宏雅堂常客,他在造假制假方面有两项技术专长,一是仿唐人写经,二是印色钩摹藏书家之印。宏雅堂经理张树森出售陈益安伪造的唐人写经,曾经使京津沪三地不少人上当受骗,其中还有藏书家周叔弢(后为周叔弢识破)。陈益安本人并非书商,他正是通过宏雅堂这个平台,借助经理张树森之力行骗则无疑。

①参见张振铎撰,金荣光整理:《回顾天祥书肆》,孙五川、李树人主编:《天津出版史料》第四辑,百花文艺出版社1992年版。

三 天津旧书业的历史贡献

虽然前进的道路崎岖不平,险象环生,但是天津旧书业却依旧顽强地生存下来,并且获得了较大发展。其历史贡献主要体现在以下三个方面:

(一)挖掘、抢救、保存了大量书刊资料,其中包括不少珍贵的古籍文献。

且不说雷梦辰《津门书肆记》《天津三大商场书肆记》《近代天津私人藏书述略》所记录的,在书商与藏书家的共同努力下售归公家图书馆的那些古籍善本了,仅就古籍书店 1956 年公私合营以后至 1990 年间所收购的古籍善本的统计,即可了解旧书业历史贡献之一斑。

据《天津市古籍书店志稿》①记载:"古旧书门市(笔者注:全称新华书店天津分店古旧书门市部,成立于 1956 年 6 月公私合营时,系天津市古籍书店旧称)建立后,经广大职工积极努力,收购古线装书不下百万册。其中善本古籍 3000 余部。如 1957 年收一部宋版《裳湖诗稿》,后存于天津图书馆。宋嘉定间刻本《春秋繁露》《乾隆御览之宝》《乾隆玉玺印》经周叔弢建议归存天津市中医学院图书馆。金刻本大观《本草》归存天津市中医学院图书馆。明刻本《孤树裒谈》归存南开大学图书馆。明天启刻本《抚津疏草》归存天津社会科学院图书馆。元刻本《六业正伪》归存北京图书馆。俞曲园批校

---

① 张振铎撰:《天津市古籍书店志稿》,孙五川、李树人主编:《天津出版史料》第八辑,百花文艺出版社 1997 年版。

《水经注》归存北京清华大学图书馆。明嘉靖刻《山海关志》归存天津图书馆。明万历刻《方经阁》归存安徽师范学院图书馆。明万历刻《大藏经》4200卷归存北京宗教研究所图书馆。明崇祯间《塘报》归存天津市历史博物馆。明万历刻本《常熟县儒学志》、明抄本《雪崖杂稿》归存南京图书馆。仅以上几个事例说明，古旧书店从民间、废品堆为国家和省市级图书馆、博物馆、社科院、教育研究部门挖掘提供了大量历史资料，这些珍贵的文化遗产，它的价值是无法用金钱衡量的。"

《天津市古籍书店志稿》之附录《历年收购古籍珍善本及近现代史资料举要》(天津市古籍书店供稿)，则收录宋、元、金、明、清诸朝代善本古籍刻本及抄本102种(并注来历去向)，弥足珍贵。必须指出，这个书目仅仅是"举要"，而且年限截止到1990年，因此绝不是全部，然而已经相当可观。

再如，中华人民共和国成立前夕，王仲珊从西门南路东杨氏废纸商店抢救回珍贵的近代史料《袁氏家集》[1]；解放初期，书商张树森病故后遗留下一批善本古籍，遗孀袁雅雯意欲出手，北京同业闻讯欲购，为避免散失，雷梦辰建议并且最终促成袁雅雯将这批善本古籍之大部卖给了天津市文化局[2]；"文革"初期，古旧书门市部干部、职工甘冒风险，巧施妙计，抢救了大量古旧书籍[3]，均系生动感人的事例。囿于篇幅，恕不一一。

---

[1]参见李云冲撰《废纸堆里救史料》，原载《南开春秋》总第3期。

[2]参见《津门书肆二记(下)》宏雅堂条雷梦辰按语。

[3]参见张维撰《天津新华书店"文革"中的二三事》，原载中国人民政治协商会议天津市委员会文史资料委员会编《天津文史资料选辑》2000年第3期(总第八十七辑)，天津人民出版社2000年版。

（二）为各级图书馆、科研单位、高等院校及专家学者提供了大量书刊，密切了与学术界的关系，建立了长期合作。

关于这个问题，笔者想先介绍个体书商早年与南开大学图书馆进行业务合作的事例，时间可以追溯到 1954 年至 1956 年公私合营阶段，甚至更早。2012 年 1 月 12 日，古籍书店前副经理王振声曾经致函笔者称："解放前，除商务印书馆、中华书局等出版了《四部备要》《四部丛刊》等丛书外，天津古旧书市场大多是靠一些小商小贩们辛苦经营。记得刘熙刚、王振永、呼智生等人都曾腰夹小布包，每天早晨去南开大学（后来还有天津师范学院）等高校推销新收进的古籍类图书。为排队等候，有时还发生过争执呢！公私合营后，他们成为同事，按照单位分工各自做流动供应工作，便不再有上述争利的事发生了。"①虽然这段文字所披露的仅仅是 1956 年以前书商在南开大学等高校图书馆推销古旧书活动的一个侧面，却也是旧书业早年与高教系统业务互动的真实记录。遥想当年，旧书业与南开大学图书馆的业务往还必定丰富多彩，生动有趣，只可惜相关记载十分罕见，因而弥足珍贵。

《天津市古籍书店志稿》之附录《历年收购古籍珍善本及近现代史资料举要》则提供了更多有说服力的事实。《历年收购古籍珍善本及近现代史资料举要》虽系简明书目，但是对珍善本古籍所属朝代、书名、收购地（来处）、售归单位（去处）等均有清晰记录，十分难得。

先说收购地。记录最多的当然是天津，此外，便是西北、河北、

①引自《津门书肆二记（上）》光明书局条"整理者按"，原载雷梦辰文集《津门书肆记》。

安徽、山东、江苏、东北、陕西、浙江、甘肃、河南、广州、北京、上海、扬州、青岛、石家庄、绍兴、西安、大连等省市,以及安徽屯溪、江苏南通市兴仁镇、江苏南通市废品店等地。由此可知,当年古籍书店收购人员的足迹几乎遍及全国各地,辛苦之极,敬业之至。

再说售归单位。天津用书单位计有:天津市图书馆、天津市中医学院图书馆、南开大学图书馆、天津市新闻出版局、天津社会科学院图书馆、天津市历史博物馆、天津市党校。外地用书单位计有:成都杜甫草堂、北京图书馆、安徽师院图书馆、清华大学图书馆、吉林省图书馆、北京市宗教研究所图书馆、南京图书馆。用书个人计有:康生、周叔弢、韩天衡、郑振铎。此外,尚有一些书籍分别注明"存本店""藏本店"。其实,仅由这份用书单位名单即可对古籍书店(应该说是旧书业)的历史贡献心中有数了。

古籍书店(应该说是旧书业)与专家学者之间业务联系和真挚情谊的建立和发展,应当是顺理成章、水到渠成的事情。诸如,王雨之于梁启超、周叔弢,王振永之于周叔弢、来新夏、郑天挺、朱鼎荣,张振铎之于来新夏,雷梦辰之于冯文潜,笔者均曾撰文评述或提及,不再赘述。

(三)培养造就了一批颇通古籍版本目录学知识和线装古籍修复技术的专业人才。

清末民初以来,天津旧书业的从业者大体经历了三代人。王桂林、王鹏九、李汝塈堪称现代津门书业三位元老级的人物。虽然他们人数不甚多,水平却不低,而且都是业内公认的佼佼者和成功人士,属于旧书业的第一代。以古籍书店老职工张振铎、吕清注、杨富村、姚佩琳、苏润环、王振永、雷梦辰、王仲珊、纪根滇、张克然、张璞臣、呼智生、张世顺、刘熙刚、王海珊、李同青、李同金、李光育、胡以朴、孙金梦、张崑甫、魏树华、郑愚生等人为代表的一批从业者，或为第一代的弟子（如张振铎、杨富村、纪根滇），或为第一代的晚辈（如王仲珊），大多出身贫苦，文化程度不高，却凭着个人的才智和毅力，自学成才，并且在业务上各有所长，属于旧书业的第二代。如今这些书业前辈均已过世，属于他们的那一页历史已经悄然翻过。这些书业前辈为旧书业打拼了一辈子，对社会文化事业的繁荣和发展做出了重要贡献，贡献之一便是通过自己的言传身教，带出了一批业务新人，即旧书业的第三代。近读《古籍书店老店员》①，此文对古籍书店老职工王仲珊、雷梦辰、张振铎等人的细节描述给笔者留下深刻印象，文末对旧书业的第三代彭向阳、孔令琪、赵春山、尹振谦的评点亦引发笔者的共鸣和思考。笔者以为，旧书业的第三代至少还应该包括穆泽、王振声、张毓生、李国秀（女）、刘家云、施维民、高梦龙等人。刘家云于1958年入店，穆泽、王振声、张毓生于上世纪六十年代初期入店，李国秀（女）于1970年入店，他们在古籍书店的各个重要历史阶段均在业务第一线，向老职工学习各种业务知识（穆泽还曾经于1961年9月拜杨富村、张世顺为师，学习修复线装古籍），与广大职工一道，为古籍书店的发展做了大量工作，是在实践中成长起来的业务干部。施维民、高梦龙于上世纪七十年代入店参加工作，曾经于1980年拜杨富村、张世顺为师，学习修复线装古籍，并且在业务上各有所长。2008年以来，施维民曾经在古籍书店古籍修复部带徒三人，可谓薪尽火传，后继有人。关于旧书业的第三代问题，时间跨度大，头绪亦繁多，拟另文讲述，这里不再

①曲振明撰：《古籍书店老店员》，原载《今晚报》2018年6月11日副刊版。

论述。

感谢问津书院精心组织安排了这次讲座，这充分说明了问津书院对天津旧书业的关注和重视。虽然旧书业在天津的众多行业中属于弱小行业，但是它与天津的历史文化密切相关，并且对天津历史文化的繁荣和发展做出过重要贡献，因此不容忽视。作家蒋子龙说过："……没有文化一个城市是立不起来，更不会成为名城"①，这话发人深省。

①引自蒋子龙撰《天津"城中城"——劝业场》，原载《天津日报》2014年5月28日。

津门书业文化研究第一人

——问津讲坛第 57 期主讲人曹式哲先生侧记

李树德

问津讲坛第 57 期主讲人曹式哲先生,是中国现代文学研究会会员、中国当代文学研究会会员和天津市作家协会会员。2015 年以来,我与曹先生以《藏书报》为媒介成为朋友,迄今多有联系。在这期讲坛上,曹先生所讲题目是《天津的书业习俗》,不但史料翔实,而且穿插了津门书业的轶闻掌故,趣味盎然。

曹先生是新时期以来天津古旧书业历史研究的开拓者, 被誉为"津门书业文化研究第一人"。他 1947 年生于天津,高中毕业后赴内蒙古牧区插队,后在包头师专(现包头师范学院)中文系读书,毕业后留校执教,讲授中国现代文学史、中国当代文学史,获得讲师职称。1991 年,曹先生调回天津,进入天津市古籍书店,在复制出版部担任文字编辑,曾经根据社会需要,成功地参与策划、制定、实施过二年选题计划"郑逸梅《艺海一勺》正续编",五年以上选题计划"中国历代家训丛书"和"中国历代小说普及丛书"等,并获得副编审职称。曹先生曾发表文学评论、散文、随笔、回忆录等 80 余篇,约 40 万字。

多年来,曹先生读书、教书、编书、著书的实践,为他从事书业文化研究打下坚实基础。

一 公开宣言 研究书业

真正触动和激发曹式哲先生挖掘和整理天津书业史料,进行天津书业历史和人物研究,还缘于以下几件事:

第一件:2003 年秋,河北省冀州市书友常海成到天津市古籍书店寻访雷梦辰,曹先生在接待过程中,得知常海成十分关注从冀州走出的书业界、古玩界乡贤,长期收集相关史料,准备将他们的生平业绩载入《冀州市志》。在天津市古籍书店工作过的雷梦辰先生,不但是冀州人,而且是版本目录学专家孙殿起的外甥、雷梦水的胞弟,故常海成慕名来访。遗憾的是,雷先生这年 6 月刚刚病逝。后几经周折,常海成寻访到雷先生的家人和徒弟,完成《在古书堆中过日子——记天津古籍书店老前辈、版本学家雷梦辰先生》,发表在 2007 年 6 月 25 日《藏书报》上。这件事情对曹先生触动很大,雷先生是天津市古籍书店的老职工,如果在其生前采访该多好啊! 曹先生觉得自己作为古籍书店的一员,有责任研究这些书业前辈。当时老职工张振铎、呼智生等都还健在,他们有着数十年的从业经历和广博的专业知识,是书业的人才和专家,应抓紧时间整理有关他们的史料。曹先生萌生出强烈的责任感,有了挖掘津门书业史料的念头。

第二件:2007 年春夏之交,曹先生阅读了学友赠送的《王子霖古籍版本学文集》(上海古籍出版社 2006 年 10 月版)。王雨

（1896—1980），字子霖，河北省深县人。他14岁到北京琉璃厂鉴古堂书店当学徒，19岁在琉璃厂开办藻玉堂书店，1956年公私合营后在中国书店供职，数十年来在古籍版本学方面积累了丰富经验，是一位学者型的书业前辈。王雨先生的论著、日记、信札、见闻随笔、学术论文等颇为丰富，但在"文革"中多有散失，生前未能整理成书。所幸其孙女王书燕多方搜集，终于成册出版。面对三卷本《王子霖古籍版本学文集》，曹先生感慨良多：即使当事人辞世，出版其学术著作依然能够做得很好，重要的是有人用心去做。这件事坚定了他挖掘津门书业史料的决心。

第三件：曹先生阅读过徐雁先生的《中国旧书业百年》（科学出版社2005年5月版）和赵长海先生的《新中国古旧书业》（吉林文史出版社2009年7月版），这是两部关于中国旧书业的权威著作，然而两书对天津书业的记载都较少，甚至可说是空白。曹先生对此不禁发问：为什么天津古旧书界没有人做这些早就该做的事情呢？显然，天津书业研究落后了。曹先生由此意识到，津门书业文化研究具有开拓意义，研究空间广泛，他决心填补空白。

这些事情的叠加，促使曹先生写出《亡羊补牢，犹未为晚》，发表在2009年2月2日《藏书报》上。这篇文章，实际上是曹先生向书业同仁发出的抢救书业史料的呼吁书，同时也是他开始挖掘津门书业史料、进行书业文化研究的宣言书。

二 苦苦寻访 终获至宝

曹式哲先生的书业文化研究以雷梦辰为最初切入点。雷梦辰（1929—2003）是天津市古籍书店的老职工，他出身寒门，读书不多,在与古旧书籍打交道的漫长岁月里刻苦自学,掌握了古籍版本知识,成为版本鉴定专家。他撰写的《津门书肆记》《天津三大商场书肆记》诸文,因发表于不同刊物上,在业内影响不大,知道雷梦辰的人也不多。

曹先生阅读《天津三大商场书肆记》时,特别注意到雷先生在篇首的提示:"本篇所记,由民国十三年(1924)建场起,至1949年天津解放止,这一历史时期三大商场售书情况。解放后至公私合营这个阶段,拟另文介绍。"最后这句话触发了曹先生寻找"另文"的激情。他遍查发表过雷先生文章的刊物,又问了诸多书业同仁,均无收获。后来他把目光转向雷先生的亲属,多次拜访先生哲嗣雷向坤。雷向坤虽然不是书业中人,但将其父遗留的各种书籍、资料乃至卡片、字条均保存完好,曹先生与他多次长谈至午夜。对曹先生来说,2010年10月21日是个难忘的日子。那天下午采访后正欲告辞,雷向坤又将他叫住,拿出一提兜材料,原来是雷梦辰先生未完手稿,题名《津门书肆二记》。经仔细阅读,这正是曹先生苦苦搜寻的那篇"另文"。确定这篇手稿之后,曹先生说自己是"喜出望外,如获至宝"。

《津门书肆二记》手稿用钢笔楷书誊录,字迹工整,体例与《津门书肆记》《天津三大商场书肆记》一致。遗憾的是手稿并不完整,尚缺后半部分,好在附有一些资料卡片,可资弥补。整理完手稿之后,曹先生开始补缀资料卡片。这是一项既要细心更要耐心的工作,他在这些杂乱无序的旧纸片中反复爬梳、寻找、核对、辑录,经常工作至深夜。经过两年多的努力,《津门书肆二记》终于整理续补完成。全文共计6.5万字,记载了1949年至1956年天津市628家书肆的经营状况、发展演变、书籍流通等基本情况,包括它们的名称、地址、经营者姓名(字号)、业务交往、设店时间、资金来源、主营项目、销售状况以及业主的籍贯履历、品行嗜好、趣闻轶事、收购奇遇等,条分缕析,件件清楚。

《津门书肆二记》与《津门书肆记》《天津三大商场书肆记》组合在一起,就成为晚清至1956年公私合营这一历史时期津门书肆活动的完整记录。

三 书业"史记" 引起轰动

2012年2月2日,著名文史专家王振良先生来到曹先生家,见到《津门书肆二记》手稿及资料卡片,当时便惊呼"很激动",并希望曹先生能尽快整理补缀,与雷先生其他文章一起辑录成册。

于是,曹先生开始了新一轮的搜集工作。最终,包括"书肆三记"在内,曹先生共觅到雷先生文章9篇。其中,《致姚予节书》是王振良先生根据网上旧书商出售名家手迹时所留照片整理出来的,由此可见王先生对曹先生编辑整理雷梦辰文集《津门书肆记》的重视。附录文章的作者章用秀、尹树鹏是天津市古籍书店的老读者,亦是雷先生的生前好友,常海成则不但是书友,而且是雷先生的乡友。这三人的文章情文并茂,真实动人,连同曹先生所撰介绍雷梦辰先生的两篇文章,对读者从不同角度了解雷先生其人其文以及津门书业文化极具参考价值,亦可见编辑出身的曹先生之用心良苦。

凝聚着曹先生汗水和心血的《津门书肆记》于2014年8月由天津古籍出版社出版,全书300多页,20余万字。《津门书肆记》的出版,填补了天津书业史和藏书史的空白,被誉为天津旧书业的

"史记",引起业界广泛关注。该书的整理出版,奠定了曹先生在天津文史研究界的地位,也为他赢得了"津门书业文化研究第一人"的美誉。

《津门书肆记》将所发现的雷先生诸文集于一书,成果厚重,内容丰富,涉及古旧书流通、收藏、研究及文人轶事等诸多方面,为业界提供了难得的珍贵文献,也为有关雷梦辰的研究提供了诸多便利。曹先生将雷先生定位为"版本目录学家",是非常恰切的,也促进了学界对雷先生的认识。可以说,《津门书肆记》使雷梦辰先生的学术成就得到全面彰显。

《津门书肆记》的整理、编纂、出版堪称范例,对其他行业史料的挖掘整理具有借鉴意义。天津地处沿海,九河下梢,开埠较早,近代的银行业、典当业、租赁业、运输业等很发达。每个行业的老职工都是本行业发展的历史见证人,其中不乏像雷先生这样的有心人,对行业内的字号起源、兴衰、经营等有所记录或研究,这些资料散落民间,正需要曹先生这样的学人进行深入的发掘、抢救、整理、研究。

《津门书肆记》完成后,曹式哲先生并没有停止挖掘书业史料、研究书业文化的脚步,他对津门书业专家张振铎著述的整理(与张振铎之子张金钊合作),也已累积至 40 余万字。《张振铎文存》(暂定名)的编辑工作业已进入后期,出版当可期待。

(《藏书报》2018 年 9 月 17 日第 37 期)

问津讲坛第 58 期

(2018 年 9 月 29 日)

天津年俗

主讲人：罗春荣

　　罗春荣　1961 年毕业于天津师范大学中文系，曾从事教育、政府行政和新闻工作，长期热衷于田野调查、搜集、整理和研究妈祖文化流传于民间的相关资料、遗存和传说，掌握大量第一手资料。1993 年发表《天津皇会在西郊的流传》一文，2000 年发表以妈祖文化为题材的长篇小说《金糖葫芦》。对妈祖传说与中国远古神话的渊源关系进行多年的研究与写作，2006 年出版《妈祖文化研究》一书，从多个方面阐述了妈祖文化千年发展的历史轨迹。

天津年俗

罗春荣

一 天后宫——天津年文化的摇篮和荟萃之地

李琴湘先生写于 20 世纪初的《天津过年歌》（天津图书馆藏），是这样描述春节第一天的："元旦日……残妆妇女街头见，花花朵朵，接二连三，非等闲，天后宫去还愿，一来为儿女，二则求平安。开庙门头·天，摆摊的列两边，耍货玩物十样大全，打锣打鼓人声乱，往后去又看洋片。庙里面人山人海，烧香妇女走中间，男子两边站，如同站班，不得看，往里钻，巡警出力将人赶，只许老道周旋其间，还算是香火姻缘。"

这一段文字如实反映了清末民初天津人的过年习俗。刚刚过了除夕夜，一宿守岁未合眼的"残妆妇女"，来不及重新梳妆打扮，便"花花朵朵，接二连三"地往"天后宫去还愿"。春节从这里开始，天后宫揭开了天津春节第一页。大年初一清晨，天后宫挤满了男男女女,甚至不得不动用警察维持秩序。四周的年货摊以及人声鼎沸的热闹场面,无不烘托出一幅带有天津浓郁地方特色的新年景象。

天津的妈祖信众在大年初一的第一件事,便是去朝拜妈祖天后,无外乎是"一来为儿女,二则求平安",从而点出了天津年文化的两大主题。

"一来为儿女",正是天津求子习俗的传统观念反映。中国几千年形成的父系血缘的社会传承,无不影响着求子继嗣这一重大主题的发展。当然,作为地方民俗文化的组成部分——天津年文化,同样也在演绎着这一主题,并具体表现在求子、养子和教子等诸多方面。

"二则求平安",这是有别于求子嗣的另一主题。天津是沿海城市,历来以盐业、粮业为主。开埠后,钱业、商业的发展,逐渐占据了重要地位。这就决定了更多妈祖信众对于求福、求顺的祈望。平安是福,一帆风顺,福寿双全等,都缘起于对"求平安"的期盼。但这一主题经过市俗化的演变,逐渐加进了求财、求官的内容。诸如天官赐福、招财进宝、五子登科、蟾宫折桂等,都成了对"福、顺"文化内涵的诠释。

由此可见,几百年来天津年文化的两大主题,皆与早期的妈祖信仰有着密切关系。是一种历时长久、约定俗成的社会文化现象。每逢农历腊月春节前夕,天后宫和宫南、宫北大街,便成为天津年文化的荟萃之地。正如清周楚良的《津门竹枝词》(见郝福森《津门闻见录》)所写:

代写春联楷字端,读书半世号穷酸,当街挥就吉祥语,要哄村愚叠背看。

腊尽冬残百货乖,年年在此是招牌,张家窝里刊奇画,不到中旬贴遍街。

二三羽士借神光,遂使财雄甲一方,老乞儿孙少乞寿,先朝天后次城隍。

书生结馆已残年,手挽丝绳放纸鸢,一片筝弦风送响,蒲弓曳满在遥天。

春日朝晴放鸽奴,半空响彻竹葫芦,云中金斗翻尤巧,绝胜平沙落雁图。

《天津过年歌》也描述了类似景象:"不多时,卖年货的渐渐发见,卖年画,写春联,窗户花,合吊钱,石榴花赛鲜,饭花门神还有灶王龛。"天后宫年货市场在每年腊月初形成规模,进了腊月二十才算"出全摊"。清时的宫北、宫南大街,因其地处三叉河口,水陆交通极其方便,南来北往的大家富户、文人墨客、渔家小贩、商旅游人还有善男信女,多云集于此,一时形成天津的金融商贸中心。著名的银市就设在宫北大街,开设的钱庄就有义承泰、聚兴厚、敦瑞合、元达、庆元等达十一家之多。宫南大街还开有华昌、义丰德、永昌三家。宫北大街同时还设有洋布庄增兴益、湧兴成等五家,宫南大街两家。此外还有药店、饭店以及天后宫前东浮桥鱼市、码头。尤其是建于元代被誉为北方妈祖文化中心的天后宫,其感召力无与伦比。可见宫北、宫南大街历来就是天津的繁华之所。据清宣统二年(1910)统计,当时宫南、宫北大街已有各类商户二百余家。其中著名的商号鸿升斋、恒兴懋、桂升斋、东德顺、正兴裕、义承裕、墨稼斋、联陞斋、成竹斋等俱在其内。历史形成的天后宫年货市场,正是借助了天时、地利、人和的便利条件。清张焘《津门杂记》说:"东门外宫南宫北一带，万商云集，百货罗陈，虽道旁隙地，亦为小本经营者摆摊交易。每当腊月初间，店铺门前隙地，均贴有红签，上写'年年在此'，为卖年货者占先地步，沿途一望，遍处皆是。"由于年货大都为应时到节之物，因此多以临时摊位为主。时间一久，哪个摊位在哪，自然形成规则，人人遵守。"年年在此"一张红纸条贴在墙上，一来做个证物，标明某个摊位的具体位置，免得来年发生纷争之事，二来也是一副长年免费的广告招牌，表明了天后宫年货市场的有序性和传承性特点，这在全国是少有的。

二 杨柳青年画

天后宫年货市场的另一大特色，便是几百年来打造了天津年文化的几大著名品牌。《津门竹枝词》里提到的"张家窝里刊奇画，不到中旬贴遍街"，这张家窝地方，是津西杨柳青附近号称南36村之一的著名画乡。所说"刊奇画"，正是闻名中外的杨柳青木版年画。天津名镇杨柳青，"原为沼泽，宋时始有渔民星聚，界于三角淀清河汇入海之地，得名流口，谐称柳口。金时兴定二年（1218）设柳口镇巡检，戍直沽寨。明初，京杭运河漕运日繁，舟楫不绝，景观杨柳成林，青翠叠嶂，故得杨柳青之名。明末清初，风格独具之民间木版年画大胜，更使巨镇享誉遐迩。"明蒋一葵《长安客话》也提到"杨柳青，地近丁字沽，四面多植杨柳，故名。"清查曦的《杨柳青舟中》盛赞道："青青杨柳色，十里大河边。岸岸鱼虾市，帆帆米豆船。潮回残照外，雁度晚风前。南望沧州曲，浮云淡远天。"在这样一个风景秀丽的鱼米之乡，"画片如云雕版成，红黄涂抹不知名。"岂不正是画中杨柳青，杨柳青中画吗？

　　杨柳青年画属木版年画,因地处天津卫,俗称"卫画",又称"卫抹子",是南北四大木板年画产地之首。木版年画早在宋代就已出现,流传至今的有金·山西平阳单色木版年画"随朝窈窕呈倾国之芳容",和金·山西平阳套色木版年画"义勇武考王位"。这种分单色和套色制作木版年画的技艺,是元代末年传入杨柳青的。最初的杨柳青年画是从刊印门神、纸马开始的,线条简单,着色单一。进入明代,大批外地人口流入,其中不乏年画民间艺人。他们利用当地丰富的梨木、枣木资源,雕版作画,同时又以当地蒲苇作原料,民间造纸业也随之兴旺起来, 这为杨柳青木版年画的发展提供了物资基础。明永乐十三年(1415)京杭大运河开通,为南北木版年画技艺、纸张和颜料交流提供了方便。从此,杨柳青木版年画逐步形成了木版套印,再施以人工笔彩的独特风格,突破了传统的单色、套色技法,特别是人物面部开相的晕粉彩涂和服饰的描金加花,揉进了工笔重彩人物画的技法,有着鲜明的地方特色。从明末崇祯至清光绪年间,杨柳青木版年画进入鼎盛时期。"家家会点染,户户绘丹青",杨柳青镇出现了著名的戴廉增、齐健隆大型年画作坊。加之杨柳青南 36 村画业的蓬勃发展,只炒米店一村就有画店近百家,成了杨柳青年画另一重要集散地。杨柳青年画作坊制作的大型门神木版画,高 6 至 8 尺,宽 3 至 5 尺,作为贡品送到北京,贴在皇宫王府和各大城门上,盛极一时。随着不断的发展,杨柳青年画产品进入了华北、东北、西北等地的年画市场,同时还受到法国、德国、俄罗斯、日本等海外市场的青睐。

　　值得一提的是,杨柳青一些著名的年画作坊,大都在市内设有画店或画棚。南 36 村也有不少经营点,尤其张家窝村在宫北大街设有"年年在此"的画摊,每年春节期间,将大批优秀的木版年画,运至这里进行销售。为了扩大销路,必然要适应天后宫年货市场岁时风俗需求,遵循约定俗成的年文化主题,对年画进行遴选。张家窝村并不以制作年画为主,却以裱糊销售杨柳青年画而著称。由于它的特殊地位,张家窝及其他一些销售网点,对于年画的取向,必然会影响杨柳青木版年画的选材和制作。因而,大量优秀的传统木版年画也便应运而生。

首先,反映求子习俗的主题,是杨柳青木版年画的重要选材之一。求子方面,齐健隆的"麒麟送子"为其代表作。该画线条优美,绘制精细,色彩丰富而淡雅。画面取材于麒麟送子这一传说,据说在孔子出生前,他的父母已有十个孩子,但其中九个是女孩,唯一的男孩孔孟皮还有足疾。夫妇俩心有遗憾,便来到尼山祈祷求子。一天夜里,阙里突然走来了一头怪兽,外形似鹿非鹿,龙头独角,四蹄长颈,全身鳞甲,牛尾马足。好多人不知道它的名字,只有一位学识渊博的老者,认出了这是一头"瑞兽",名曰"麒麟",非太平盛世而不出。这头瑞兽并不惊慌,从口中却吐出一块方帛,上写"水精之子孙,衰周而素王,徵在贤明"。这就是典故"麒麟吐书"的来历。众人看了这字,迷惑不解。那老者揣摩一度,忽惊曰:"这分明是送来了王侯之种啊!可惜生不逢时,但却也是千古圣人啊!"第二天,那祥瑞之兽不辞而别,而孔家却生下一男婴,这就是后来的孔子。从此,"麒麟送子"典故便在民间流传开来。"麒麟送子图"也写作"祈麟送子图",也有称作"仕女婴戏图"的。画面上是一男童骑在麒麟之上,一手抱笙(谐音升),一手举一文职花翎纱帽(意为文官),或举武职金盔官帽(意为武官),均喻"早生贵子"之意。男童后站有一已婚未育妇女,手执凉伞,呵护身旁。人物开脸,娇娆俊美,充分体现了杨柳青年画特色。与此相关的还有"莲(连)生贵子""榴开百子""莲年有余""文王爱莲""福寿长乐""福寿三多"等。"莲年有余"一画,为一大胖娃娃,左手怀抱鲤鱼,右手拿一莲花,身后亦有莲花荷叶。"莲"与"连"谐音,"鱼"与"余"谐音,表面看是喻意年年生活美好富余。但更深层含意则是莲为盘根带节、枝繁叶茂之植物,喻有本固枝荣、世代绵延之意。而莲又"出污泥而不染",贵为花中君子,画中鲤鱼传说能跳过龙门变为龙,均有多生贵子之意。此画构图简洁明快,色彩鲜艳,娃娃形象栩栩如生,富有杨柳青娃娃年画的特有魅力。"莲(连)生贵子"年画,与此雷同。而"榴开百子图"只在画面构图上略有区别,娃娃抱鲤鱼旁边加一裂开的大石榴,由"石榴多子"而喻有"百子"之意。另外,齐健隆的"富贵有余"则绘有三个娃娃,一个娃娃手举桂花枝,中间的娃娃手扶大元宝,右边的娃娃抱扶一条大鲤鱼,同样具有富(元宝)贵(桂花)有余(鲤鱼)和多生贵子之意。这四幅作品,为同一题材的木板年画。而更富有生活情趣的还数"文王爱莲"年画。画面表现文王和他的后妃们在水阁凉亭中观赏,一副陶然自得的神态,周文王的一百个孩子则在莲花池中玩耍嬉戏,稚气可爱,看了令人忍俊不禁,不愧为齐健隆的另一代表之作。

杨柳青年画在教子方面的题材更为广泛,内容也更加积极。民间绘画大师们,巧妙地运用历史故事、戏剧题材,创作出大量优秀传世之作。具有代表性的作品有"孟母择邻""窦燕山教子""窦燕山有义方""刺字报国""陈(沉)香救母""孟母劝学篇"等。其中"孟母择邻"选材于《列女传》,孟母为了孟轲(孟子)能受到良好的后天教育,而三择其居。"刺字报国"则根据《说岳全传》故事,表现深明大义的岳母,在其子岳飞背上刺写"精忠报国"四字,教育并激励其抵抗金兵南侵,为国尽忠。而"窦燕山教子""窦燕山有义方"则根据传奇《全德记》和《三字经》的"窦燕山,有义方"之句为题材的年画作品。表现的是唐末、五代时天津蓟县(今蓟州区)人窦燕山,官至右谏议大夫,不但为官清廉,而且教子有方,尤其重视对寒苦失学儿童的教育,倾家资而办义塾。他讲究教育方法,对自己五个儿子严格要求,相继有三人中进士,二人中举人,"五子登科",一时传为佳话。如今"窦公墓"仍存,为蓟县(今蓟州区)文物保护单位。该年画刊刻于光绪末年,与戊戌变法提倡教育相呼应,有一定教育意义。

戴廉增的"陈(沉)香救母"年画是根据杂剧《沉香太子劈华山》的故事而创作的,与京剧《宝莲灯》同一题材。与前几幅年画不同的是,"陈(沉)香救母"并没有直接画出陈香接受教育的场面,却是通过少年陈香战胜二郎扬戬,斧劈华山,救出生母的画面,表现了这个少年去腐除恶的高超本领和面对强敌的大无畏精神,让我们看到了陈香成长成才的过程,构图巧妙,含蕴深远。更令人称奇的"孟母劝学篇",人物已不是孟子的母亲了,而是相距二千二百年后清末天津孟母办女学的真人真事。画面为一学堂场面,迎面坐着孟母,两边是长桌各坐四个女童,其中一个学生正站在前面,接受孟母的考查。从场景构图到书案、地毯、一几一椅,没有采用传统散点透视法,而是吸收了西方焦点透视画法,明显带有晚清中西合璧特点。

杨柳青年画不但内容反映了教育儿童这一重大主题,而且年画本身也是对儿童启蒙的良好教材。正如清道光《乡言解颐·新年十事》所说:"扫舍之后,便贴年画,稚子之戏耳。然如'孝顺图''庄稼忙',令小儿看之,为之解说,未尝非养正之一端也。"此书作者李光庭,系天津宝坻林亭口人,他在书中提到"年画"一词,明代以前称作"纸画",明时称"画贴",清初称"画片",自该书始称年画。其生活年代正置杨柳青年画兴盛时期,文中指出年画的教育意义,实为其亲身感受,所言极是。诸如宣传爱国主义教育题材的杨柳青年画"女子爱国""女子自强""洋烟阵捉拿罂粟花""小儿怒""火烧望海楼""杨村大捷""恢复天津""刘提督克复水战得胜全图""太平军北伐图"等,还有岳家军抗金兵故事"爱华山大战金兀术""牛头山""精忠传""大破牧羊城"及反映水泊梁山英雄好汉的"智取生辰纲""梁山泊收关胜""庆顶珠""忠义堂"等都是富有教育意义的上乘之作。如此严肃的主题年画,而令老幼咸宜,不能不说是杨柳青木版年画从内容到形式的合谐统一。至于那些以戏出为题材的杨柳青木版年画,根据文学名著《红楼梦》《三国演义》《封神演义》改编而绘制的年画作品,以及根据现实题材创作的年画"贵妃娘娘新醉酒""剃头做五(武)官""裁缝做直线(知县)""未(唯)有读书高"和童话题材的"螃蟹咬小雀""小猴抢草帽",童趣十足的"闹学玩戏""歇后语年画",反映农业生产的"耕织全图"等作品,不但具有娱乐性、观赏性,而且也是对孩子寓教于乐、寓教于画的好教材。齐健隆童话题材的清代年画"礼尚往来",画的是一个男孩和一个女孩以及他们的妈妈,在门口看狐狸和仙鹤吃盘子里的食物。右上角有段文字,写的是:"狐狸与仙鹤换帖,他俩个本无问题,处处用心机。一天狐狸请仙鹤吃饭,把酒菜全放在大盘子里。仙鹤嘴太长,吃喝全摸不着,也没吃饱。狐狸任意大吃,又把盘子舔个干干净净。仙鹤知道,他是戏弄自己,心中甚恨。第二天还席,想了个法子,把酒菜全放在小口罐里,用长嘴钳着吃,十分得意。狐狸伸不下嘴去,干着急。只得抱着罐子口,舔菜汤吃。他饿着肚子回去了,仔细想过味来,才知道仙鹤是报昨日的恨。可见戏弄人,人也戏弄你,全是自己招出来的。"这段文字配合画面,恰是画龙点睛之笔。这些作品,都成了孩子们学习历史、认识社会、增加知识、培养兴趣的大百科全书。

杨柳青木版年画中表现"求福、求顺"主题的代表作有"竹报平安""魁星点状元""四美钓鱼""凤凰来仪""禹王治水""同庆丰年""庄稼忙""渔家乐""缸鱼"等。其中"同庆丰年""庄稼忙""渔家乐"表现人们对风调雨顺、五谷丰登的祈求，有浓郁的生活气息和地方特色。尤其"同庆丰年"一画，为同治年杨柳青著名画师高桐轩所作。一家三代看着自己一年的劳动所获，那份欢愉溢于言表。这些年画，颇受老百姓的青睐，常年不衰。

"凤凰来仪"画的是舜帝与他的后妃、子女共同观赏飞来的彩凤在梧桐树下鸣舞的情景。"凤凰来仪"，仪为容仪，就是凤凰来舞，仪表堂堂之意。与"麒麟降生"一词，同为吉瑞之兆。这里有虞舜盛世之意。画面绚丽多彩，美不胜收，是杨柳青木版年画精湛技艺的代表作。

"禹王治水"是以大禹治水为题材，根据《异闻录》绘制的。大禹姓姒，名文命，颛顼氏的孙辈。他治水十三年，走遍九州大地，与洪水作顽强斗争。传说他治理淮水时，遇上水神巫支祈的阻挠和破坏，禹王派出乌木由、童律二位天神，却没有战胜他，于是又派出紫微神庚辰把他拿住，并压在龟山下，取得治水的最终胜利。画面上，禹王黄袍绿氅，风尘仆仆之状，驯服的水蛟（巫支祈）立在一旁，意为压于龟山之下，故此画又名"禹王锁蛟"。

"凤凰来仪"和"禹王治水"都表现了人民百姓向往太平盛世、风调雨顺的愿望。画中的仕女形象尤其俊俏，均为宽额窄颊，蛾眉凤眼，樱桃小口，身腰纤细，体态轻盈，体现了清代审美观念。

"四美钓鱼"画的是《红楼梦》故事，李纹、探春、李绮、刑岫烟四人在藕香榭池塘钓鱼，宝玉正来这里，便参与进来，借钓鱼之机，与大家共卜今年福运如何。这是一幅典型的仕女年画，画面雅致，人物俊美,为名师高桐轩所作。

"魁星点状元"为戏出故事,画的是五代时梁灏历经几朝科举均未得中,八十二岁仍读书不辍,并教子成名,皆中状元,称作一门五福。

"竹报平安"是一幅民俗吉祥年画。画面简单,两个仕女和一个娃娃。幼童一手托一花瓶,内插竹枝,另一手高举一竹枝,表示竹报瓶(平)安之意。新年除夕,以放爆竹为俗,表达驱邪避灾以求福、竹报平安以求顺的愿望。

"缸鱼"是最普通也是最受天津百姓欢迎的一种杨柳青木版年画。它的构图是一条口衔元宝的大鲤鱼,配有莲花荷叶,专贴于水缸上方或近水之处,意喻如鱼得水,莲(连)年有鱼(余),故名"缸鱼"。这类作品从清至今,三百年未尝间断,也堪称奇迹。解放初期的"缸鱼"虽改名为"解放有余""胜利有余",但传统构图始终未变。

杨柳青木版年画发展至今,已有四百多年历史,它已成为天津年文化中的艺术珍品。如今,随着城市居民住房条件的改善,生活水平的提高,杨柳青年画已向两个方向发展。一是由向墙面贴的"贡笺""大三裁""小三裁""条屏""对屏""斗方"等杨柳青木版年画,而形成经装裱可以年节随时张挂的"中堂""条幅""镜片"等不同规格的作品。其技法也有所创新,工艺愈加精美。二是严格按照传统工艺绘制,技艺精湛,制作讲究,经装裱后不但可以年节张挂,而且更可以收藏。这两类作品仍以传统主题为依托,不少作品也是在传统精品基础上加以细绘精制而成,质量上乘,颇受欢迎,如今都已进入寻常百姓家。每逢佳节,在漂亮的新居中挂上一、两幅独具传统特色的杨柳青木版年画,在浓浓的年味和温馨祥和的气氛中,体味天津年文化的无穷魅力,更是一种精神上的享受。

三 天津剪纸

天津剪纸是继杨柳青年画之后又一大著名品牌。我国的剪纸艺术起源于汉代,乐府民歌《木兰辞》中写木兰女扮男装、代父从军,疆场征战十年,功勋累累。她却不受封爵,渴望回乡过普通生活。她如愿以偿回到家乡,进门立即"脱我战时袍,著我旧时裳,当窗理云鬓,对镜帖花黄。"这"花黄",就是当时流行的一种剪纸。用金黄色纸剪成星月花鸟形状,贴在额头上,是妇女面饰的一种习俗。这首民歌收录于郭茂倩《乐府诗集》,属于北朝民间的集体创作,距今已有一千五百多年历史,可见那时剪纸艺术在民间已经广为流传了。如今,木兰贴的"花黄"虽没有流传于世,但当时的民间剪纸"对马""对猴"等五幅珍品,却意外地在新疆吐鲁番附近出土。这些剪纸都是以圆心对折剪成。猴或马都是背背相向,栩栩如生,足以见得北朝时剪纸艺术已经相当发达了。

唐代诗人杜甫的《彭衙行》一诗有云:"煖汤濯我足,剪纸招我魂",是说安史之乱中,潼关失守,杜甫携家从陕西白水县北上避难,在彭衙遇上友人接待,安置家中。诗人才有了热水洗脚,友人以剪纸为他压惊。这里的"剪纸"是用白纸剪成条状物,挂在门外为失魂落魄的客人压惊(招魂),是当时的一种古俗。这是"剪纸"一词较早出现的一例,但与近代的剪纸含义有了很大差异。

天津于明代设卫筑城,随着各地移民的迁入,剪纸技艺也传入天津。天津早期有"扫天晴"之俗,因地处九河下梢,地势低洼,历史上多次大水都与雨涝有关,所以每到仲夏连雨季节,"扫天晴"之俗大盛。当时,天津城厢有些巧手妇女、老奶奶,剪出各种姿态的纸人,拿着扫帚,挂在院中"扫天晴",被称作"扫晴娘",有时几人凑在一处,相互比较,实为一种剪纸比赛。纸人的五官、衣服花式、发髻打扮,活灵活现,挂在院中,上下翻飞,与风雨周旋不止。天津近郊杨柳青的"王大娘扫天晴"与此相似,那里剪的是一位头梳高髻的老太婆,右手举着扫帚,左手指着地面,意为"扫天晴",同时还有歌谣流行:"扫扫天,指指地,老龙快回东海去。摇龙头,摆龙尾,收了粮食请请你。"①这种"扫天晴"习俗,在河北其他地区及河南、陕西、江南一带也有流行。赵翼《陔余丛考》说:"吴俗久雨后闺阁中有剪纸做女形,手持一帚悬檐下以祈晴。"《燕京岁时记》亦说:"六月乃大雨时行之际,凡遇连阴不止者,则闺中儿女剪纸悬门左,谓之扫晴娘"。天津的"扫天晴"与外地不同,除自然地理因素外,与天津早期的妈祖信仰有直接关系。妈祖神话中有不少"苦雨获霁"的传说,止淫雨,获开霁,是妈祖职司内容之一,所以老城区的妇女相信"扫晴娘"是代替妈祖行使这一职责,能够止雨获晴。

天津剪纸的起源与早期的妈祖信仰有关,形成的时间应起于明代而盛于清代。而外地剪纸艺人的流入,则在清代②。天津的年俗剪纸,是天津剪纸一部分,既吸收外来营养,又与地方民俗融合,形成了系列齐全、工艺精湛、独具天津特色的年文化品牌,至今兴盛不衰。年俗剪纸,除了《天津过年歌》中提到的"窗户花"、"吊钱"之外,还有门花、墙花、镜花、喜花、寿花、家俱花、灯花等剪纸作品,技

①中国人民政治协商会议天津市西郊区委员会文史工作委员会编:《津西文史资料选编》第三册,第150页。
②中国人民政治协商会议天津市西郊区委员会文史工作委员会编:《津西文史资料选编》第五册,第30页。

艺上以刀刻为主,做工精细,选材广泛,颇受欢迎。

(一)天津吊钱

吊钱,亦称"门笺",也有地方称作"门彩""挂千""挂签""挂钱""喜笺""花纸""过门前子""过门笺"等。吊钱最早出现在宋代,《皇朝岁时杂记》说:"元旦以鸦青纸或青绢剪四十九幡,围一大幡,或以家长年龄戴之,或贴于门楣。"这就是最早的"吊钱"。富察敦崇《燕京岁时记·挂千》云:"挂千者,用吉祥语镌于红纸之上,长尺有咫,粘之门前,与桃符相辉映。其上有八仙人物者,乃佛前所悬也,是物民户多用之。"

清代的"挂千",虽有所述,但无实物流传于今。乾嘉时期有一位叫中川忠英的日本人,曾遍访中国各地风俗,写有《清俗纪闻》一书,六卷本,出版于日本"宽政十一年",即清嘉庆四年(1799),书中载有清早期的"挂千"图样。不过按他所记,"挂千"当时被称作"欢乐纸",这也许是民间的俗称。作者描述道:"欢乐纸,长三尺余,幅一尺。在红纸之上(方)贴以金箔纸剪成的福字。福字下方四方边框内,为花形纸雕,其中雕有多种图案,如指日高升、加官进爵、福自天来、平升三级、天官赐福之图,堂之正面上槛张贴。"从"欢乐纸"的尺寸看,应为高门大户所用,其形状和结构已接近今日的吊钱了。

天津常见的"吊钱"长约一尺二寸,宽约六寸,也有二尺长的,更有长三尺、四尺的,为商户所用,均以红棉纸刻成,上面以文字、图案(或加画)和穗尾组成。文字以四字见多,图案以梵文"卐"(万)字纹为多见。"卐"字四端可以无限延长,相互连锁构成多种花纹,如"万字图""万字锦",有吉祥万福之意,也有用吉祥八宝中"盘长"

图案,如"梅花盘长"等,表示回贯一切,是长寿和无穷尽之意。吊钱的下部图案以铜钱多见,接上穗尾,轻风飘拂,红火吉祥。

吊钱的选材十分广泛,可以是文字、人物、花鸟鱼虫、十二生肖、金银财宝、吉祥图案等,但是吊钱所反映的主题,必须在民众认可的年文化主题内。构图要简单明了,观感性强,一望便有天津浓浓年味迎面扑来,才有装饰门庭、烘托气氛作用,如"四季平安""万事如意""合家欢乐""金玉满堂""抬头见喜""大发财源"等,有的天头加一"福"字,变为五字。早期天津也有五字的,如"忠厚传家远""财进我家来",两字的"福禧""鸿禧",不过现在并不多见。一字的还能见到,如"福""壽"。四幅成联的"万""事""如""意"。或一字配画的如"有",下面刻一聚宝盆,表示有财进门。以吉祥图案见长的吊钱有"家家得利",刻有一条大鲤鱼,"鲤"与"利"谐音,取其意。龙凤图案的"龙凤呈祥"、菊花图案的"安居乐业"(菊与居谐音,有安居、平安之意。)、牡丹图案的"富贵吉祥"等。以人物为主的有四张成联的"四大美人图"(王昭君、赵飞燕、西施、貂蝉),"十二金钗图"(林黛玉、薛宝钗、元春、探春、迎春、惜春、王熙凤、秦可卿、李纨、史湘云、妙玉、巧姐)。这些作品刻工精细,考究,富有收藏价值。

(二)天津门花

门花的种类主要有以下几种:

肥猪拱门。一对相向黑色肥猪,分别贴于门的两侧,口衔金元宝,背上刻有"肥猪拱门""进财进宝"字样。这是天津最具传统的门花剪纸,以猪肥马壮,表示六畜兴旺,带有浓郁的农家气息。

对羊进门。一般为回民使用,有"九羊启泰"之意,"羊"与"阳"

通假,"启"与"开"相通。这里以两只羊代表九只,九羊即九阳,《释名·释姿容》曰:"望羊:羊,阳也。言阳气在上举头高,似若望之然也。"九阳寓意吉祥,泰为平安之意,意喻四季平安,万事吉祥。

金马驹。金色对马,背驮聚宝盆,象征天马送禄,财运亨通,福禄臻至。

门心剪纸。一尺左右见方红纸为托,上贴各种题材剪纸,五颜六色,华丽美观,红火吉祥,多贴于实木屋门之上。选材一般以十二生肖与吉祥图案结合,突出年的属性。比如蛇年门心剪纸,见方红纸中间,裱贴一阳刻金色福字,蛇的图案与福字笔划巧妙结合,暗藏其中。福字每笔每划,又以吉祥图案拼成,如起笔一点,为一蝴蝶,右边一横为一绿叶牡丹,构成"蝶戏牡丹"。其余各划中刻有梅花、石榴、铜钱、元宝、寿桃等吉祥图案,构图丰满,设计巧妙,独具匠心。方纸四角,贴有四个金字"辛巳大吉"。此类剪纸,特别适用于单元楼房的木板门,或玻璃门下面的木质门心上,与吊钱相互辉映,年味十足。

(三)天津窗花

天津早年房屋多使用旧式木格纸窗,年俗有"腊月二十四扫房子,腊月二十五糊窗户"。糊窗户时,先将"窗户眼"贴在靠中心的木格上,对称排好,然后再附以白纸,红色窗眼在白纸衬映下,格外耀目美观。"窗户眼"有两种规格,小的三寸左右见方,带边框红纸阳刻花卉鸟虫,构成"石榴多子""喜鹊登枝""富贵牡丹"等吉庆图案。大的为长六寸半、宽三寸半,贴于窗心的长方木格上,多刻人物,如"财神叫门"等。随着城市平房改造,此类窗花已不多见。

木格纸窗在糊好白纸后,还可以直接贴一种不带边框的小巧玲珑阳刻窗花。颜色多样,丰富多彩,起到点缀装饰效果。

"聚宝盆"是最常见也是最受人们青睐的一种窗花,关于它的来历还有一段动人的故事。相传元末"江南第一富家"沈万三,原家境贫寒,却心地善良。一天夜里,他梦见一百多个青衣童子,向他求救。转天早晨出门,他果然遇见一个渔翁提着大鱼篓,装有百多只青蛙,要剥皮当"田鸡"卖掉。沈万三立即拦住,把家里所有的钱凑到一起,才买下这些青蛙,又把它们放回池塘。这天夜里,池塘里的青蛙呱呱大叫不止,天亮沈万三跑去一看,一百多只青蛙正围着一个瓦盆叫个不停。沈家正没有面盆洗脸,就拿回家来,妻子洗手时,不慎把陪嫁带来的银镯掉进盆里,还没等捞出,忽然变出满盆的银镯。夫妇俩十分惊异,妻子又把银簪放进去,又变出一盆银簪。沈万三惊得目瞪口呆,半晌才明白过来,原来这是一个"聚宝盆"!从此他开始富有。因为他聚资过万,又排行老三,人们便称他为沈万三。后来他从吴县迁居金陵(今南京市),正赶上朱元璋定都南京,大兴土木,却国库空虚,于是朱元璋传旨,宣布南京城的一半让沈万三出资扩建。沈万三倾其家财,历时六年,在即将完工之际,却遇到难题,一座城门屡建屡倒,眼看工期将近,不能及时完工就是违旨,这可愁坏了沈万三。后来他经人指点,找到军师刘伯温求计,刘掐指一算,告诉他是城下水怪作祟,原来沈万三的聚宝盆是青蛙为了报恩,从水怪那里借来的,于是沈万三把那瓦盆埋入城下,还给水怪,于是城门很快建成了,取名"中华门",老南京人都把它叫作"聚宝门"。

"聚宝盆"的图案由上下两部分组成,下为盆,上为宝。盆的形状基本定型,但盆上的装饰却变化多样。有的贴一金纸"福"字,有的刻金鱼、梅花、金钱、十二生肖,也有刻写"聚宝盆"字样。盆的两侧,饰有金穗或灯笼、盘长结等。盆上面的宝,常见的是金银珠宝,四周饰以火纹图案,也有刻多种吉祥图案的,如"刘海戏金蟾""天官赐福"等。

(四)天津墙花

墙花可装饰于墙壁的任何部位,可大可小,可长可短,可方可圆,随意性较强,题材也更加广泛,构图以吉祥图案和十二生肖为主,边框可有可无,取决于实用效果。常见的有"天官赐福""五福捧寿""三星高照""马到成功""金鸡报晓""冠(官)上加冠(官)"等。墙花"莲年有鱼"是由杨柳青木版年画移植而来,效果甚佳。"马到成功"中马的造型也是由国画"奔马"移植来的。墙花制作风格也由单一性向多样性发展,雕刻与裱糊镶嵌相结合,呈现推陈出新的可喜局面。由此可见,墙花取材和设计,不但可以吸取吊钱、窗花、门花中的有用部分,甚至也可以借鉴年画、国画、木刻、插图等作品,从而丰富自己的创作。因此墙花剪纸有"形无定制,创无定法"之说,是一块"年年有新意,岁岁出花样"的自由园地,为年俗墙花的创作注入了无穷活力。

(五)天津镜花

镜花,其实也是墙花的一种。规格不在大小,而在于制作的精美,内容的新颖,有较高的观赏性和保存收藏价值。这样的作品,镶嵌镜框,蓬荜生辉,有利于较长时间的观赏和保存。如一幅"巨龙腾飞"镜花剪纸,长二尺二寸,宽近一尺,无边框,巨龙通体鳞甲毕露,穿身利爪,昂首嘶吼,似有震耳欲聋之声,锐不可当之势,横空当世,虎虎生风,脚下万里长城,居高临下,有奔腾万里,呼之欲出之势,堪为精品。

(六)天津喜花

喜花,专以烘托喜庆气氛,突出爱情和祈子主题的剪纸作品,多以圆形为主,表示圆圆满满之意,颇受人们喜爱。如"竹梅双喜"(竹、梅、两只喜鹊)、"同喜"(喜鹊登在梧桐树上)、"芙蓉桂花大花篮"(夫荣妻贵)、"龙凤双喜"以及祈子主题的"石榴多子""莲生贵子""福寿三多""麒麟送子"等娃娃剪纸。

(七)天津寿花

寿花,为老者贺寿或家有老人春节时贴上寿花剪纸,表达对老人的祝福,增添喜庆气氛。常见的剪纸作品有"寿星老人""五福捧寿""八仙庆寿""王小卧鱼""麻姑献寿""松鹤延年"等。天津过年讲究"初一饺子初二面",初二又是出嫁闺女回娘家的日子,女儿、女婿回娘家要带寿面作礼物,祝父母身体健康。这寿面上往往盖着一幅寿花,表示儿女孝敬之意。

(八)天津家具花

家具花,一般都小巧玲珑,与家具相配合,恰到好处。常见的有立柜上贴的花卉剪纸,雅致大方,美观耐看。镜台上贴的"喜在眼前"剪纸,照镜时必然心情愉快,喜上眉梢。

(九)天津灯花

灯花,常见于农历新年,尤其正月十五灯节。灯花剪纸在美化装饰和提高花灯品位上,起到重要作用。春节期间的民间花灯,从八角宫灯、大红纱灯、堂号灯以至走马灯、玻璃灯、大鱼灯所用灯花，无不精工细雕、雅致脱俗、逸态横生。选材也以花草鱼虫、仕女人物、戏出故事为主，如"白菜蝈蝈""芝兰玉树""天女散花""十二金钗"等。

天津剪纸，历经几百年创新不断，清代艺人伊德元开创弃剪操刀刻纸工艺，为天津剪纸艺术的发展，开拓了新的空间。天津年俗剪纸做工精细，独树一帜，富有民俗韵味，极具地方特色，是天津年文化中的一棵长青藤。

四　天津空竹

天津空竹，是天津年文化玩具类一大著名品牌。空竹，亦称"地铃""空钟""响簧""地龙""闷葫芦"。天津人因其随风抖动，发出"嗡嗡"之声，称其为"风葫芦"或"嗡葫芦"。抖空竹，是过年时最受青少年喜爱的一种游艺活动。它集运动与技巧于一身，有利于青少年的体质锻炼。清李虹若《朝市丛载·时尚》说："抖空竹，每逢庙集，以绳抖响，抛起数丈之高，仍以绳承接，演习各样身段。"天津人抖空竹水平向来很高，为了让它旋转加快，音响更大，就"绕扣"抖动，增加摩擦力，这对体力和技巧要求很高。风轮达到一定转速，立即"解扣"，向空中一抛，空竹飞起两三丈高，然后又随势用棉绳将落下的空竹迅即兜起，继续抖动。再将棉绳扯平，将旋转中的空竹滑向一边的竹棍上，空竹便在竹棍上旋转不止，这就叫"鸡上架"。然后再将绳扯直，让它再滑向另一端竹棍，叫"过天桥"。或者将抖动的空竹，就势放下，让它在地上旋转，叫"放捻转"。还有技巧更高的，如"对扔""背剑""窜裆""仙人跳""满天飞"等。这项运动老少咸宜，空竹旋转时发出的"嗡嗡"鸣声,以它特有的韵味,成为天津一道年味十足的音响伴奏。

天津空竹最有名的数宫北修竹斋"刘海"牌风葫芦。修竹斋是一家百年老店,清咸丰年间,创始人屈少先刻苦学艺,掌握了一套制造风葫芦的独特技术,他以檀木为轴,取其质硬润滑特点,不但久摔不裂,抖动起来快而省力。他选用毛竹也有严格规定,根据竹壁厚薄,上节下节不同部位,而分别投料,制出不同音响产品。他使用的大鱼鳔,溶化后还以铁杵反复捣鎚增大粘度,使产品固着力强,经摔耐用,而且风轮密封性好,音响格外宏亮。从此,"刘海"风葫芦闻名遐尔。每年腊月,修竹斋在宫北、宫内设点销售,并当场表演,购者踊跃。

五　天津风筝

天津风筝,为农历新年的吉祥物之一。因为它能乘风而上,故含有"青云直上""一帆风顺"之意。同时,它又是春节期间天津青少年喜爱玩赏的工艺品之一。北方的春日,天高气爽,学生放假,成人休班,在年节闲暇之时,正是玩赏风筝的大好时节。周楚良《津门竹枝词》说:"学生结馆已残年,手挽丝绳放纸鸢,一片筝弦风送爽,蒲弓曳满在遥天。"

风筝亦称"纸鸢""鹞子""纸鹞""风禽"等,在我国有悠久历史。相传春秋时公输般做木鸢放飞天空,以窥探宋城的情报,当然,木鸢仅仅是纸鸢的雏形。相传,五代汉李邺才真正扎出纸鸢,引线放飞,以此作戏。后来又在鸢首扎一竹筒,风入筒中,发出的声音像筝、笙一样悦耳,故此才称"风筝",所以李邺才是制作风筝的鼻祖。唐时只是在皇宫内院和王公府地将风筝作娱乐玩具，宋时才开始普及民间。明清时，风筝的制作已相当精巧，《红楼梦》作者曹雪芹曾写有专著《南鹞北鸢考工记》，记载几十种扎制风筝的方法。

天津风筝在清时就有很高的制作水平。嘉庆二十三年（1818）天津诗人樊文卿写有《津门小令·调寄望江南》："津门好，薄技细搜求，烟管雕成罗汉笑，风筝放出美人游，花样巧工留。"可惜他没有记下这些艺人的名子。同治十一年六月八日（1872）天津诞生了一位制作风筝的艺术大师，他就是魏元泰。少年时代他曾学过"扎彩"手艺，基本功深厚。由于他对扎制风筝有着浓厚兴趣，刻苦摸索研制，掌握了一套制作风筝的独特技艺。他制作的风筝小可几寸，大可数丈，品种齐全，花样繁多。无论是常见的"小燕"，还是稍大的"蝴蝶""金鱼""盘鹰""仕女""八卦""串灯""宫灯""唐僧取经"，无一不精。他运用传统彩绘退晕法和冷暖对比色调，层次分明，绚丽多彩。他制作的巨型"蜈蚣"，长有五丈，全身有关节一百个，须子二百根。如此巨大的风筝，为了便于使用和保存，他在每个关节处以榫头衔接，每根须子也设三个榫头，可以折叠自如，放进一尺见方的纸盒内。他的另一件代表作"四蝶齐飞"，用一根顶线，同时放飞四只蝴蝶，而且蝴蝶之间可以调换位置，如同群蝶齐舞，嬉戏追逐，令人赞叹不已。同时他还制作了"天女散花""麻姑骑凤"等立体绢面仕女风筝，在空中飘舞，宛如天女骑鸾而下，另一仙女又象乘云而上，交织而动，观者如置仙境。他先后研制了平拍类、图型立体类和软翅风筝、折叠风筝共二百多种。清末，魏元泰的风筝曾进皇家内苑，亲手为光绪皇帝和慈嬉太后扎过巨型风筝，保存至今，堪为珍品。1901年，魏元泰的风筝获得天津赛会优胜奖，1914年又获得美国巴拿马博览会金奖。他的作品曾在欧、亚、澳的十一个国家展出,享誉世界,被人称为"风筝魏"。晚年,魏元泰还制作出了"葫芦万代"风筝,五只蝴蝶围着一个葫芦,蹁跹飞舞,绚丽多姿,象征缠绕绵延,子孙不断。现在"风筝魏"已传了四代,技艺又有了新的突破,代表作品"百鸟朝凤""百花齐放"等多次获得海内外赞誉。

春节期间放风筝,已经成为天津年俗活动的传统项目。风和日丽,风筝爱好者欢聚一处,"手挽丝绳放纸鸢",热闹非常。清代杨柳青年画《十美图:放风筝》,形象地反映了这一习俗。同治年间南派画家钱惠安,来津参与绘制杨柳青年画期间,有感于津门这一年俗活动,以仿八大山人笔法创作了《春日风筝戏儿图》,流传于世。

天津年文化的几大著名品牌,早已蜚声海内外,天后宫所在宫北、宫南大街,如今已被命名为天津古文化街,杨柳青年画店就坐落在这条街上。红火吉祥的天津年俗剪纸随处可见,还有泥人张彩塑店、玉丰泰绒花铺、华锦城灯扇庄、修竹斋风葫芦,琳琅满目。深刻文化内涵的天津年文化,源远流长,绚丽多彩,天津年文化的摇篮和荟萃之地——天后宫,也已成为天津妈祖文化的灿烂标志。

廿载研究路 未老向道心

——问津讲坛第 58 期主讲人罗春荣先生侧记

孙爱霞

2018 年 9 月 29 日,天津妈祖文化研究专家罗春荣先生走进问津书院,走上第 58 期问津讲坛,为读者奉献了一场题为《天津的妈祖信俗》的讲座。

罗春荣先生是颇有影响力的妈祖文化学者,从事有关研究已 20 余年,著有《妈祖文化研究》《妈祖传说研究——一个海洋大国的神话》《妈祖版画史稿》等,在中国大陆乃至海外妈祖文化研究界享誉甚久。罗先生今年已 80 岁高龄,但对妈祖文化研究情致不减,如果说这是罗先生所执着的"道",那么其"向道之心"一直未老。

一 走近罗春荣先生

罗先生出生于 1938 年,是土生土长的天津人,父亲在光明电影院工作。他初中和高中就读于天津三中,毕业时正值缺少中学教师,天津师范学院(天津师范大学的前身)刚刚成立,罗先生遂毅然投考,1959 年成为学院中文系的首届学生。大学期间他喜欢上了写作,为后来的文学创作和妈祖研究打下基础。

当时的天津师范学院学制两年,1961 年罗先生大学毕业,被分配到天津女三中从事语文教学。教书育人之余,他经常写些诗歌、相声、散文等。其中一篇作品在《河北日报》发表后,引起香港《大公报》的重视,派编辑来津与罗先生见面,希望修改充实后再次发表。当时罗先生刚到女三中工作不久,因无暇顾及而婉言谢绝了。而据罗先生回忆,他的文稿最早发表在《今晚报》,稿费两元钱,是当时全家一周的生活费。罗先生有个笔名叫"罗霍夫",这带有明显的时代色彩——当时中苏友好,苏联文学很受欢迎,而苏联人名字中,许多都带"夫"字。

罗先生长期从事中学教育,直到 1998 年退休。退休后,他终于有时间集中精力搞创作。两年多时间,罗先生完成了长篇小说《金糖葫芦》。这部以皇会为题材的"津味"作品,被天津日报社的宋安娜女士看中,以连载形式发表在《每日新报》上。最初,编辑根据版面对文字有所节略,但发现影响故事情节和人物塑造,很快不再删削而整版连载。可惜的是,这部《金糖葫芦》至今未出单行本。

二 童年时的启蒙

罗春荣先生很健谈,虽然他自谦记忆力下降,但对岁月留痕依然勾画得清晰准确。罗先生处事端正,思维严谨,这在他的创作和研究中都有体现。

罗先生最早接触妈祖文化,可以追溯到童年。小时候他家住老城厢,因此常去天后宫里玩。当时对天后宫,对妈祖,对皇会,罗先生只是觉得好玩,完全停留在小孩子的认知水平上。而父亲收藏的有关皇会的资料,则为他认知妈祖文化打开了一扇窗。父亲留下三本有关妈祖文化的书:《天津皇会考纪》《天津皇会纪念册》和抄本《成音法鼓》。《天津皇会考纪》于1988年由天津古籍出版社出了排印本,收入来新夏主编的《天津风土丛书》。《天津皇会纪念册》是1936年铅印本,为第一本记述皇会的"专书",此前关于皇会的资料都是散篇,包括杂记、游览志、竹枝词等,还有"名流唱和而已"。《成音法鼓》则系罕见的皇会资料,收录的是法鼓曲谱,内容比较好认好学。其封面有"欲学法鼓者不可不看"字样,足见它对于皇会的重要性。这三本书自然成为罗先生了解妈祖文化的启蒙读物。

除了家庭的熏陶,罗先生在工作期间,还接触采访过不少老人,获得了一些天津妈祖文化的口述史料。如在大稍口中学看门的老先生,对狮子会的了解非常深入,曾为罗先生作过形象生动的描述。这些后来成为小说《金糖葫芦》的素材。

罗先生从小就开始接触妈祖文化,对妈祖文化的了解与认知不断加深,从而产生了研究兴趣。还有一点需要提及,就是新世纪以来天津市从政府层面大力提倡妈祖文化,这或可算作罗先生走上妈祖文化研究道路的政策春风。

三　醉心妈祖学问

罗春荣先生关于妈祖文化的三部专著,可以作为其研究之路不断拓展的明证。

《妈祖文化研究》于2006年由天津古籍出版社出版,责任编辑是现任天津古籍出版社社长的张玮。这不但是罗先生第一部研究妈祖文化的专著,也是大陆第一部系统研究妈祖文化的专著。全书分为五大部分:第一部分是"妈祖文化的起源",从妈祖其人,宋代崇道与妈祖信仰的形成,妈祖传说与宋代海上交通贸易,妈祖传说中的克敌斗争故事,宋代《夷坚志》中的妈祖题材小说等方面考察;第二部分是"海运与妈祖文化的北传",从妈祖信仰在元代海运中的地位,直沽立庙时间,妈祖文化与佛教文化的结合等方面论述;第三部分是"妈祖文化的长足发展",涉及郑和下西洋与明代妈祖文化的发展,明《正统道藏》与天津天后宫,《太上老君说天妃救苦灵验经》再塑妈祖形象,《三宝太监西洋记》中的妈祖形象,明代孤本章回小说《天妃娘妈传》等方面的研究;第四部分是"港澳地区的妈祖信仰与妈祖文化的对外传播",主要是对明清时期香港、澳门妈祖文化的研究,还有对琉球《历代宝案》的研究;第五部分是"妈祖文化的鼎盛时期",主要研究天津皇会,天后宫,天津的"拴娃娃""洗娃娃",《天后圣母幽明普度真经》,清代的妈祖题材绘画等。

《妈祖文化研究》出版后受到业界的称赞。妈祖文化发源地——福建莆田方面也受到影响,开始出版类似的著述。这本书还传播到日本、美国等地。《妈祖文化研究》的出版,引发了罗先生对妈祖文化的深入思考:妈祖文化内涵太多,凡跟妈祖有关的都可以纳入。但是妈祖文化的源头是什么呢? 经过深入思考和求证,他认为追根溯源应是妈祖神话传说。于是, 他的第二部专著《妈祖传说研究—— 一个海洋大国的神话》在 2009 年由天津古籍出版社出版。在这本专著里,罗先生试图从学术研究的层面,系统全面地解读和研究妈祖传说,并把妈祖文化放在海洋文化的大背景下,梳理了妈祖传说的演变过程、特征及其存在的精神价值。

完成这两部专著之后,罗先生又进一步思考关于"妈祖是门学问"的问题。在写作《妈祖文化研究》与《妈祖传说研究》的过程中，罗先生对这个问题就已经有所考虑。既然是门学问，那么"妈祖学"就可以有很多分支，从美学、艺术、文学等方面都可以进行研究。于是新的成果诞生了，2016年北京学苑出版社出版了罗先生的第三部专著《妈祖版画史稿》，这可以看作是"妈祖学"向艺术领域延伸的成果。这部书主要探讨了妈祖版画的发展历史，将妈祖版画衍变过程划分为初始期、发展期、转折期、鼎盛期，对其进行历史的考察和现实的观照。在这本书的序言中，罗先生关于妈祖文化研究的思考得到最终升华，他明确提出"妈祖是门学问"的观点。

从这三部专著来看，罗先生对于妈祖文化的思考，对于妈祖文化研究的反思，是有着不断深入之过程的。而《妈祖文化研究》一书更是推动了妈祖文化研究的深入发展。

四　构建"妈祖学"

随着对妈祖文化研究思考的不断深入，罗春荣先生认为构建"妈祖学"的时机已经日益成熟。

《妈祖文化研究》出版之后，罗先生隐约意识到妈祖研究需要往前推进，不会也不应该止步于妈祖文化的研究，而应该成为一门系统的学问。后来罗先生发现妈祖文化离不开妈祖传说，妈祖传说乃妈祖文化之本，而妈祖版画又伴随着妈祖传说而来，是因妈祖传说而形成的妈祖文学体系的一部分。

在《妈祖版画史稿》一书的序言中，罗先生最终亮明了自己对妈祖文化的思考：从妈祖文化所涵盖的范围来看，大约凡与妈祖相关的社会文化现象都在其列，而妈祖版画多属妈祖文学艺术的范畴。妈祖文学与妈祖庙文化、妈祖信仰文化、妈祖民俗文化等,这些文化分支共同组成了妈祖文化体系。妈祖传说体系、妈祖传说文学体系、妈祖信仰民俗体系、妈祖文化体系四者之间彼此有别,又彼此促进,彼此依存,相互交叉。这种由四个"文化丛"错综复杂结合而成的"特殊形式"就是"妈祖学"。

笔者认为,罗先生"妈祖是门学问"的学术表达,必将把妈祖文化研究提升到一个新的高度。

严格地说,罗春荣先生的学术之路是退休之后才开始的,但其著作却非常符合学术规范。以《妈祖文化研究》为例,全书最后罗列的参考文献,条目选择和表达体例都十分严谨。

罗先生耄耋之年仍勤奋努力,不废治学,将于近期推出新著《图说妈祖文化》,确可谓"向道之心"不老,既令人钦敬,也值得学习!

(《藏书报》2018 年 10 月 15 日第 40 期)

问津讲坛第 59 期

(2018 年 10 月 27 日)

近代天津商业习俗的变迁

主讲人:成淑君

成淑君 (1974—),女,山东即墨人,历史学博士,2003 年 7 月自南开大学中国古代史专业毕业后,随即进入天津社科院历史所工作,同年被评为助理研究员,2006 年被评为副研究员。主要成果 1、《明代山东农业开发研究》(专著),齐鲁书社 2006 年版。2、《晚明纵欲主义社会思潮的历史反思》,《天津社会科学》1999 年第 5 期。3、《交通贸易与明代山东土地开发》,《史学月刊》2005 年第 8 期。4、《中国近代女性困境的历史反思》,《理论与现代化》2008 年第 5 期。

近代天津商业习俗的变迁

成淑君

天津自古以来就是北方一个重要的商业城市。1860 年开埠以后，在短短几十年的时间迅速发展成为全国第二大工商业和港口贸易城市。由于政治、军事地位的提升，经济的发展以及西方思想文化的冲击和影响等，天津在这一时期也完成了从传统城市向近代城市的转变。与此同时，中国此时又正处于一个破旧立新，"千年未有之大变局"的时代。在这种以"发展"和"变迁"为主旋律的社会大背景下，近代天津的商业习俗也发生了广泛而深刻的变化。那么，这些变化究竟是怎样的，又是什么原因所导致的呢？本文就其中的一些变化进行了探讨。

一　名称和组织形式的变化

各种经营商品买卖或从事服务性行业的店铺在近代天津最初一般统称为商号。说到各自具体的名称就五花八门了，不过仔细梳理一下，也可以发现一些规律。近代以前天津的店铺，习惯上往往称作"某某记""某某号""某某庄"或"某某栈"等。这其中也表现出一定的行业性特点，如茶食业多名为"某某斋"，旅店通常叫作"某某栈"或"某某店"，药店绝大多数命名为"某某堂"，当铺则基本都称为"某某当"。除个别以经营者的名字命名外，最多的是直接标示两字或三字的店名。店名也有讲究，多带有仁、义、信、顺、发、福、隆、兴、成、祥等包含传统文化价值观或吉祥发财之意的字眼，显示了经营者希望诚信、仁义、道德、顺利、聚福、兴隆、发财等多重美好意愿。[1]有些行业，在店铺命名方面有自己约定俗成的惯例。如天津的杠房，以"寿"字号居多，取其吉祥之意，如著名的益寿和利寿杠房。杠房牌匾上多写着"某某京杠局"字样。之所以这样取名，并非因为经营者都是北京人，而是因为北京杠夫抬杠以稳当而著名，所以以此来作为号召。[2]

20世纪以后，天津商号的名称发生了明显的变化。在取名方面，一些商业实体一改之前的传统，不再取寓意仁义道德或者顺利、发财等吉祥含义的名字，而是与时代潮流紧密贴合，取一些颇具时代感的名称，如北洋商场、国货售品所、日新公司、震寰商店、环球理发店、太平洋饭店、欧亚皮鞋店等。与此同时，随着社会变迁和西方文化的影响，大量新兴行业和新称谓纷纷涌现，如电影院、台球社、舞厅、咖啡馆、酒吧间等。

天津开埠通商以后，近代西方的商业模式被引进天津，传统零

---

[1]参见宋蕴璞辑《天津志略》第十编《商务》，天津市地方志编修委员会编著：《天津通志·旧志点校卷（下）》，南开大学出版社2001年版，第232—278页。
[2]《杠房》，刘炎臣：《津门杂谈》，三友美术社1943年版，第32页。

售商业开始发生变革。随着与世界接轨及组织形式和经营管理模式等改变,新型的商业组织如商店、商场、百货公司等在天津落地开花,日益发展壮大。这类商业组织的名字就直接称作"某某商店""某某百货商店""某某商场""某某公司"。根据不完全统计,1931年仅中国管辖区内,就有128家经营贸易的商业公司。①所以,20世纪30年代后期,天津给人的印象就是"挂着公司招牌的商号,到处皆是"。不过,虽然以公司命名的商号越来越多,但这其中不少只是图时髦,"有公司之名而无公司之实"②,其组织形式则仍保持着传统形式。这一时期,天津官方的文件、法规和各种统计资料中已经常以商店来统称各类商业营业场所。如1936年发布的《天津市管理商店女雇员规则》和《天津市商店及商人数目统计》等就是明显的例子。这一现象充分说明了商店在天津的普遍性和其所代表的时代性。

天津传统商业多属于独资或者几个股东合伙经营,投资人即是经营者。店铺的财产属于投资者的家庭财产,投资和经营管理混合在一起,投资人直接承担风险。在经营过程中重信义不重契约。20世纪以后,天津的一些商业实体借鉴了西方的经验和模式,开始越来越多地采用新式股份有限公司的组织形式。这类公司由股东出资,聘请专人经理,实现了所有权和经营权分离。如比较著名的隆记商行有限公司、国外贸易股份公司、中国大陆商业股份有限公司、兴华棉业有限公司、同泰源实业股份有限公司等。有的商业组

---

①张利民:《天津商人经营方式与理念的演变》,李正中、索玉华主编:《近代天津知名工商业》,天津人民出版社2004年版,第36页。
②小言:《天津市的公司》,《新天津》1936年12月2日。

织则采用两合公司形式,如 1915 年成立的经营进出口贸易的亿中两合公司,既有有限责任股东,也有无限责任股东。[①]百货商店和百货商场,也多是股份公司的形式。这些新式商店的商业交易采取资本主义商业信用模式,商店讲究设计装潢和商品的陈列,以及柜台、橱窗的装饰和布置等。

百货公司和商场可以说是商业发展的里程碑,非常明显地划分了旧与新、传统与现代的商业模式,实现了零售商业的突破与创新。百货公司是一种集中售卖多类商品的大型零售商店。商场则是采取租赁的方式吸引各类商家入驻营业,收取租金。百货公司和商场的共同特点是规模较大,售卖货物品种多而且全,而且往往集购物、餐饮和休闲娱乐于一体,极大方便了人们的生活。1928 年开业的中原公司,是天津最大的百货公司。建筑高大宏伟,装饰富丽堂皇,上下电梯,据称比坐在汽车上还平稳,冷暖设备齐全,可以冬暖夏凉。一切都营造出一种现代化的气息。落成开业时,仿照外国百货商店在商场大楼的底层临街设立了大面积的玻璃橱窗,首开天津商店中以大型玻璃橱窗陈列商品的风气。[②]下设有十几个部门,职员 500 多人,销售商品万余种,豪言要"推销中华国产,兼办环球货品"。[③]

百货公司和大商场不仅从购物的环境、商品的陈列等尽可能吸引顾客,而且往往采用彩票、礼券、抽奖等一些方式刺激消费,甚

[①]张利民:《天津商人经营方式与理念的演变》,李正中、索玉华主编:《近代天津知名工商业》,天津人民出版社 2004 年版,第 35 页。
[②]汪寿松:《近代天津新型的商业文化》,《商场现代化》2007 年 8 月(上旬刊)。
[③]《中原公司二日开幕》,《大公报》1927 年 12 月 30 日;中原公司广告,《大公报》1928 年 1 月 4 日。

至陈列一些新奇的事物吸人眼球，如劝业场五楼就放置了 4 个当时在天津还不多见的哈哈镜，竟让许多逛劝业场的人感觉玩这个"最有趣味"，"无论谁走到那儿全要照一照，照得你成高人，成胖人、矮人、瘦人、大头人，种种不同的面廓"，让人"一见哈哈笑"。用当时人的话说，"你若走在道上看到这大商场，不由得便想进来一观"。①在这种情况下，逛百货公司和商场就不仅为了购物或娱乐，而是成为一种时髦的生活方式。所以，天津最早的商场——北海楼建立后，当时有顺口溜称："不逛北海楼，白下天津卫。"劝业场兴起后，就成了外地人来天津必去之地，以便回家后可以作为炫耀的资本。也正因为这样，20 世纪初以后在天津形成了一个商场建设的热潮。正如竹枝词里所写的："大开商城辟商场，北海楼仍胜北洋。德庆新张南市冷，泰康建筑抵天祥。"②除比较著名的劝业场、北海楼、北洋、德庆、天祥、泰康外，还有天津、南市、东安、东南、东兴和第一商场等，数量颇为可观。

二 营业时间向夜晚的延伸

开埠之前的天津，因无路灯照明，夜晚室外几乎完全笼罩在黑暗之中，"非皓月当空，对面则不见人"③。夜晚八、九点钟城门关闭后，即很少有行人。除元宵节、皇会等特殊日子，夜晚人们的活动主

---

①津生：《劝业天祥泰康》，《三六九画报》1942 年，第 10 期。
②冯文洵：《丙寅天津竹枝词》，雷梦水等编：《中华竹枝词（一）》，北京古籍出版社 1996 年版，第 516 页。
③《刘主事丐烛读书》，(清)戴愚庵著，张宪春点校：《沽水旧闻》，天津古籍出版社 1986 年版，第 69 页。

要局限在家中,通常入睡较早。过着日出而作,日落而息的生活。所以在当时官方的眼里,深夜不在家睡觉的往往都是盗贼之流,所谓"午夜不眠,非良民也"①。在这种情况下,天津绝大多数商号的营业时间自然也只限于白天。直到 20 世纪初,一般商号的营业时间可能还是从上午 8 点到下午 6 点。②晚间营业的,通常只有杠房、茶园、饭馆和妓院等少数行业。天津的风俗,人快去世的时候,家里人就会通知附件杠房把床板(俗称板儿)送去,以便停尸。因为不论早晚,都有可能有人需要板儿,所以杠房里无论白天和晚上都有人伺候。③

天津开埠之后,租界地区最先引入西方市政管理经验,最早实施了路灯照明。19 世纪 80 年代就呈现出"车驴轿马,辄(彻)夜不休"、"路灯列若繁星"的前所未有的夜间景观。④路灯最初是用煤油灯,90 年代开始改用煤气灯。庚子之变后,都统衙门管理天津,令华界居民和商铺门口晚上必须点燃一盏煤油灯,所谓"挨户谕令燃灯",⑤此后也开始普遍有路灯照明。20 世纪二三十年代随着电灯照明的日益普遍,天津的夜晚开始变得亮如白昼。所以这时乡下人进天津城,都很惊奇"城里全是白天"⑥,梨栈劝业场一带也屡屡被称为"不夜城"⑦。城市夜晚的明亮,现代化街道的出现,再加上这一时期电车、汽车、人力车等交通工具的深入生活,各行业的营业时间

①(清)戴愚庵著,张宪春点校:《沽水旧闻》,天津古籍出版社 1986 年版,第 163 页。
②《敦庆隆绸缎大减价广告》,《大公报》1912 年 3 月 24 日。
③《杠房》,刘炎臣:《津门杂谈》,三友美术社 1943 年版,第 32 页。
④(清)张焘:《津门杂记》卷下《外国租界》,天津古籍出版社 1986 年版,第 123 页。
⑤《续天津阖郡电灯公司章程》,《北洋官报》1903 年,第 175 期。
⑥《光明下的群众》,《大公报》1929 年 1 月 6 日。
⑦《津市夜景》,《大公报》1935 年 2 月 18 日。

普遍延长到深夜十二点左右，甚至出现了夜晚营业胜过白天的现象，特别是夏季。"津埠商业习惯，每届夏季，夜间营业，较昼间繁盛"。①所以当时有人认为："'晨昏颠覆'，又是天津这大商业的一个缩影。"②

1928年天津中原公司开业时，营业时间最初定为周一至周六从上午9点到晚上9点，周日从下午1点到晚上9点。③但开业后很快就因不能满足大量顾客的需要，而一律改到从上午10点到晚上10点。④而且，它的营业，也以晚间最为活跃。二十世纪三十年代初，天津华界的商场营业截止时间为晚上十二点，租界则更晚，往往到凌晨二点才停止营业。⑤影戏院和舞场也以晚间营业最为兴盛。当时的影戏院一般都分下午场和晚间场，观看电影和戏剧的人也主要集中在晚间。如劝业商场的天乐评戏院，"白天座客较少，夜场便很能占七八成座了"。⑥电影院晚上最末一场通常是从9点一刻开始，结束的时间为11点。戏院的晚场戏一般要演到午夜十二点。⑦

1927年天津临时戒严期间，最初戒严时间为午夜12点钟至次日凌晨五5点钟，但戒严后"商业萧条"⑧，经各商业团体请求，"为

---

①《戒严加紧》，《大公报》1927年7月23日。
②兆鹏：《认识了天津（二）》，《大公报》1930年9月26日。
③《中原公司二日开幕》，《大公报》1927年12月30日。
④《中原公司改定营业时间广告》，《大公报》1928年1月7日。
⑤宋蕴璞辑：《天津志略》第十编《商务》，天津市地方志编修委员会编著：《天津通志·旧志点校卷（下）》，南开大学出版社2001年版，第282页。
⑥《娱乐之一斑（十二）》，《益世报》1931年2月4日。
⑦宋蕴璞辑：《天津志略》第十九编《游艺》，天津市地方志编修委员会编著：《天津通志·旧志点校卷（下）》，南开大学出版社2001年版，第390页；新凤霞：《舞台上下：新凤霞自述散文新作》，河北人民出版社1997年版，第10页。
⑧《戒严时间将缩短》，《益世报》1927年8月30日。

便利商民起见"①,延后 1 小时。戒严时间缩短后,结果"市面则顿见活泼生机。每晚十二钟时,尚车马络绎,行人不绝,而各商行亦明灯交易,一如曩昔"②。

天津总商会会董宋则久,鉴于天津商业由于营业竞争而导致打烊很晚,家家非得十二点才停止营业。认为如此不仅人员休息时间不足,电灯等费用"实倍于卖货余利",因此希望由总商会召集各商公决夜晚 9 时停止营业③但这一提议并没有得到采纳和实行。

20 世纪 30 年代初,天津开始有了夜市。虽然从 1912 到 1914 年间,为取缔摊贩和便利道路交通起见,天津有关方面就有在围城四条马路设立夜市之计划,④但似乎未能最终实行。天津事变后,日租界的商业受到沉重打击,为繁荣市面,1932 年开始创办夜市,招租各类商贩,摆摊售卖廉价货物。夜市位于下天仙至中原公司一段,最多时共 117 个摊位。⑤随后,华界仿效日租界在特二区、特三区和南市分别开设了夜市。特三区夜市位于界内大马路电车铁轨南便道上。⑥特二区夜市最初设在东浮桥口至三马路口,后因声音

---

①《戒严时间实行缩短》,《益世报》1927 年 9 月 3 日。

②《戒严时间缩短后,市面略见活动》,《益世报》1927 年 9 月 6 日。

③《会董宋则久提议公订夜晚营业九时截止前酌添常识补习文并附刘豫生驳正函(1924 年 9 月 25 日)》,天津市档案馆、天津社会科学院历史研究所等编:《天津商会档案汇编(1912—1928)》,天津人民出版社 1992 年版,第 1922 页。

④《摆摊规则》,《大公报》1912 年 12 月 8 日;《天津阁邑村正副黑国钧等三十三名禀恳警察厅收回取缔摊贩成命及杨以德驳斥文》(1914 年 12 月 17 日至 27 日),天津市档案馆、天津社会科学院历史研究所等编《天津商会档案汇编(1903—1911)》,天津人民出版社 1989 年版,第 848—851 页。

⑤《夜市的巡礼》,《益世报》1932 年 10 月 25 日。

⑥《呈河北省政府为据特二特三两区公署呈请举办夜市等情呈请备案文》,《天津市政府公报》1933 年,第 56 期。

嘈杂影响附近住户,移至电车道。①预定设摊 64 个,实际常摆者 50 余摊。南市的夜市,在平安大街至丹桂前南市牌坊一带。具体而言,由南市牌坊至天一坊饭庄为东段,由南关大桥至大舞台东为西段。晚上 6 点以后基本夜市就开始了,各货摊都摆出来,"货摊林立,每摊上有一盏电灯,连缀一二里长,闪闪耀耀,远望去,也很美观"。夜市售卖的物品,以日本货居多,从衣服鞋袜、水果食品到花粉香皂等,无所不包,"凡是商店里有的东西这里都有,不仅齐全,而且便宜,因为这里所卖的都是较次一点的货物"。日租界夜市的特点是公开售卖鸦片烟具,华界夜市则有赌博性质的营业,如摇会、抄彩和对彩等。夜市的结束时间基本都在午夜 12 点至次日凌晨 1 点之间。②另外,侯家后和河北大经路也都举办过夜市。夜市一般从春末夏初的四、五月份开始,到深秋天凉以后甚至 11 月份才结束。

20 世纪以后天津的夜晚,走街串巷售卖食物等的小贩也非常活跃。据当时人粗略统计,从晚饭后到深夜,小贩沿街兜售的零食有甜崩豆、酥崩豆、煎素角子、五香茶鸡蛋、煎包儿、夜吃果儿、煮芋头、煎饼果子、鸡蛋卷饼、蜂糕、豌豆黄儿、玫瑰饼子、硬面饽饽、泡子果儿等十几种。③有些卖煎饼果子的小贩,专上'夜街'(街读该音),所以午夜两三点钟万籁俱寂的时候时常可以由远而近的听到叫喊着煎饼果子的声音。④夜间生意比较兴旺的是卖瓜子仁和卖青果的小贩,包子火烧也"是夜晚鼎盛的好买卖"。此外,特殊营业像

①罗曼:《随社会不景气出现的夜市》,《人言周刊》1934 年,第 39 期。

②罗曼:《随社会不景气出现的夜市》,《人言周刊》1934 年, 第 39 期;竹心:《夜市巡礼记》,《北洋画报》1934 年 5 月 26 日,第 1093 号。

③娱园老人:《点心零食》,《三六九画报》1943 年,第 21 卷,第 16 期。

④《津市的两样特殊食品》,《民治周刊》1948 年,第 3 卷,第 10 期。

夏季街上卖臭虫药和卖夜壶的,这种买卖在街上常听到,不过在长巷很少有。[1]

三 女性广泛参与到商业经营中

随着近代开埠后城市对外贸易的发展, 以及近代妇女解放思潮的兴起,20世纪二三十年代以后,开始有越来越多的女性参与到原本由男性一统天下的商业活动中。

总体来看,当时商业从业女性广泛分布在各行各业,既有银行职员,店铺店主,也有商店学徒、店员、摊贩和走街串巷的叫卖贩等各类小商贩。另外,还有为数众多的女招待和在洋行里工作的妇女等。[2]

近代天津由女性开设和经营的, 影响最大也最有名的有三个商店,分别是华贞女子商业传习所(后来可能改称华贞商店)、百岁公司和日新公司。三个商店从店主到店员都是女性,都有自己的工厂,百岁公司和日新公司的工厂里工人都是女工,创办者都是受过教育的知识女性。三个商店中以华贞女子商业传习所开设时间最早,当时在京津地区属于开风气之先。它于1921年开业,由林耀华和林国英两位女士合伙出资创办,当时林耀华只有17岁。因具有开创之功,当时就有人认为,"在天津女子商业史中,自当占有一席相当地位"。[3]传习所最初在北马路,后来因时局关系,于1924年搬

---

①津生:《马路文章》,《三六九画报》1943年,第20卷,第16期。
②参见成淑君:《近代天津下层妇女就业状况述略（1860—1937)》,《城市史研究》,第26辑。
③《女子商店调查之三:华贞商店(下)》,《大公报》1928年9月8日。

到法租界的天祥商场,并且在天祥商场的后侧又成立了一个分号,叫天泰祥。不过这个分号在 1930 年左右就停业了。北马路的旧店也仍然保留着,改名叫华贞洋线店,专门售卖毛巾、袜子等零星物品,这个店一直到建国前还在营业。

华贞商店主要出售呢绒布匹等,采用的是旧式店铺的经营模式,分店主、掌柜、伙计和学徒。与旧式商店不同的是,学徒学习的三年期间有零用费和月薪。从相关资料看,华贞商店后来又搬移到了中原公司,1936 年还在营业。[①]

百岁公司位于泰康商场,创立于 1926 年,创办者是陶淑贤女士与她的丈夫,后来由陶淑贤独自经营。公司股东有 5 人,不过只是名义上的公司,实际上并不按公司办法经营,合资者后来也均因离津而退股。公司创办的目的之一,是"为提倡女子职业,略尽女子服务社会的天职;同时为生活困难的女同胞,在社会上谋一个生存的机会"[②]。公司专门经营儿童用品,包括衣服鞋帽、玩具、各种日常用品和药品等,营业部最初有售货员 2 人,主任 1 人。工厂的女工有 20 余人。1937 年可能因时局关系停业。[③]

日新公司在 3 个商店中创办时间最短,1927 年创办,仅维持了2 年。它位于天祥市场二楼,公司创办人是天津市党部的张人瑞和刘庄两位女士,起始资金共四千元。公司在名目上虽称为公司,但因为股东人数仅有 10 人,并且为着办事便利起见,并不按照公司

---

① 《女子商店调查之三:华贞商店(上)》,《大公报》1928 年 9 月 7 日;《女子商店调查之三:华贞商店(下)》,《大公报》1928 年 9 月 8 日。
② 《百岁公司访问记》,《大公报》1933 年 11 月 12 日。
③ 《女子商店调查之二:百岁公司(上)》,《大公报》1928 年 9 月 3 日;《女子商店调查之二:百岁公司(下)》,《大公报》1928 年 9 月 4 日。

条例运行,营业部有管账1人,店员2人。①经营商品主要是儿童衣物、化妆品、湘绣小品和室内手工装饰品。

除上述三个商店外,20世纪20年代由女性独立经营的有名的还有乐陶陶、福禄寿、松亭和普泰等饭馆和点心店。②另外,在天津的中下层社会,不少妇女(其中很多是寡妇)以开设小店铺为生。如小烟纸铺、洋袜铺、水铺、柴火厂、澡堂、洋酒馆和专门介绍女佣的女店等。在近代的天津,以介绍女佣为业的职介机构通常称作"女店"。因从事女佣这一职业的妇女绝大多数来自农村,故此女店又被称为"乡下妇女职业介绍所"③。这类机构又俗称"老妈店"、"美人店"或"待雇女仆所"。各女店一般由一个妇女或几个妇女合办,以女店主或者其夫家姓氏来冠名。如"崔王氏女店"、"赵家女店"、"许氏女店"等。近代天津的女佣介绍所很发达,"为数甚多"④,不过具体数量尚没有确切统计。

根据各种资料来看,到20世纪30年代,天津各种摆摊和沿街叫卖的女性小商小贩也相当之多。在西广开一带,就可以见到有很多妇女摆摊卖食品⑤,而走街串巷卖烧饼果子、贩鱼卖鱼或卖纸花样子等小商品的妇女也屡见不鲜。另外,在洋行里捡羊毛、猪鬃、花生米、砸胡桃仁的,在家里为鞋帽店等做零活的,数量也相当多。

女招待是20世纪30年代天津下层妇女的一种重要职业。据

---

①《女子商店调查之一:日新公司(上)》,《大公报》1928年9月1日;《女子商店调查之一:日新公司(下)》,《大公报》1928年9月2日。

②《天津妇女经营商业渐多》,《大公报》1927年4月5日。

③《仆妇介绍所剖析》,《益世报》1933年10月21日。

④《取缔佣工介绍所》,《益世报》1929年11月15日。

⑤《摆小摊子的老妇》,《大公报》1930年5月22日。

记载,1928 年在天津的卡尔登饭店、春和大戏院以及永记理发铺都已出现了女招待。①自此以后,戏院、电影院、饭店、茶社、台球厅、游艺场等纷纷雇用女招待,每处基本都在三四人以上。于是社会上出现了女招待"到处满坑满谷"②的现象。

随着女性在公共空间的休闲和娱乐活动等越来越多,一些新的职业也应运而生。如在商场和游艺场里看管女厕所、澡堂的女堂倌、女理发师等,在 30 年代初的天津已经成为很普通的妇女职业。③

近代天津从事商业的女性的数量,没有准确和完整的统计数字,但数量肯定相当可观。据 1930 年天津不识字人口不完全统计,在已知有职业的 24401 名不识字妇女当中,负贩、店员、学徒和铺长四类从业人员共有 1833 人,约占 7.5%。④1934 年,不包括租界在内天津商业方面的从业妇女总数达到了近 4000 人⑤,显然实际数字应该更高。

四 广告宣传争奇斗艳

传统天津商业,一般不讲究也不重视宣传,通常就是在门口用竹竿挑挂布制幌子,稍作宣传之意。近代以来,天津商业的营销方式可谓是花样百出,对于"商业之广告,商品之陈列,多知讲求,以

---

①《北洋画报》1928 年 2 月 25 日,第 165 期;《永记的女理发师》,《大公报》1930 年 3 月 7 日。

②《女招待人浮于事》,《大公报》1933 年 4 月 16 日。

③《看管游艺场厕所的妇人》,《大公报》1930 年 4 月 28 日;《女澡堂的女堂倌》,《大公报》1930 年 4 月 25 日;《永记的女理发师》,《大公报》1930 年 3 月 7 日。

④天津市识字运动宣传委员会编:《天津市不识字人口统计》,1931 年。

⑤《平津两市人口职业分配及失业之统计》,《冀察调查统计丛刊》1937 年 2 卷 2 期。

期引人入胜"①,门面装饰,橱窗布置、商品的包装和陈列,都越来越细致。另外,各种周年纪念、开幕等的大减价、大赠彩搞得热火朝天。一些老字号至此也不得不改变之前不重宣传的老路子,如北京乐家老铺在天津设立的达仁堂和宏仁堂,"门面家俱,商品陈列,都向摩登艺术的尖端上作去,可见这年月'新'的投机方策,确已把'老'的牌匾主义战败了啊"②。法租界泰康商场内的分号,为吸引人的眼球,标新立异,竟然陈列出一个裸体女子的展品。③虽然营销方式各种各样,不过总体来看还是以各种广告宣传为主。

"我国现代意义上的广告是在近代开始产生和发展的。当时,随着商业的快速发展、报纸的日益普及与近代电信、交通业的逐渐发达,广告越来越受到欢迎和重视。为此,以报纸广告为主的各类广告宣传争奇斗艳,甚至连棺材铺和寿衣店都作起了广告。"④商业的核心就是要推销商品,而广告作为"吸引顾客之利器",也越来越受到天津商人的重视。⑤如元隆绸布庄在广告宣传方面就费尽心思。曾包下天津《益世报》重要版面,把"天津元隆号,货全价公道"十个大字占满全版,从天津到北京的铁路沿线各站全刷上元隆的广告,连北京站站口的要冲地带正阳门两侧也全被元隆的广告所占据。此外,元隆号还向各戏院赠送绣有元隆广告图案的"守旧"(即台上用的幔帐、桌围、椅靠等)。⑥

---

①《陈列裸体女子有伤风化》,《益世报》1928 年 3 月 26 日。
②喆夫:《天津卫杂话(十四)》,《新天津》1934 年 12 月 9 日。
③《陈列裸体女子有伤风化》,《益世报》1928 年 3 月 26 日。
④成淑君:《广告与离婚》,《消费导刊》2009 年第 18 期。
⑤《商业竞争之七法》,《大公报》1928 年 1 月 28 日。
⑥温淑春:《元隆绸布庄的生财之道》,李正中、索玉华主编《近代天津知名工商业》,天津人民出版社 2004 年版,第 70 页。

当时，天津的商业广告主要包括在报纸和画刊等各种出版物上刊登广告，在电影院影片开映之前播放的幻灯片广告，霓虹灯广告，游行广告和传单广告等。所以，时人概括天津商店的广告宣传说："一种是大减价三十天、大赠彩三十天的广告招揽方法，你是这样我也是这样，还有一种用着杂拌儿的军乐，挥着大旗，老是吹着一套老调，沿路散传单的办法，以及叫小孩站在门口逢人便塞一张石印的广告。"后来又增加了霓虹灯广告和利用扩大唱片机广播，更有些商家，除了原来的门面不算，还非得加上一层用布棚着的广告画不可。只要在天增里和梨栈附近，就可以看见这种"二重的装饰"。另外，还有租上一个门面，写着"剔庄拍卖，机会不要错过"来推销。①竹枝词里对商家的各种减价营销宣传一针见血地指出："华灯绚彩纪周年，报纸登刊广告传。此种便宜贪不得，明书减价暗加钱。"②

结　语

近代天津商业习俗的变化几乎涉及到了方方面面，商号的名称、组织形式、营业时间、从业人员、营销方式等与传统时期相比，都发生了很大的改变。这种改变，从上文中可以看出，主要与西方文化的影响、天津城市的近代化、和自上至下致力于追求"现代"和"文明"有关。具体而言，与西方新式商业管理和营销模式的传入，

---

①《商店的二重广告术》，《大公报》1932 年 8 月 10 日。
②冯文洵：《丙寅天津竹枝词》，雷梦水等编《中华竹枝词（六）》，北京古籍出版社 1996 年版，第 512 页。

城市交通、照明等基础设施的建设，近代城市管理和建设的加强，中央和地方政府对社会风俗的改良，以及税收制度的改革和财政法制的完善、近代妇女的解放等都息息相关。

近代天津商场的大量出现就是与城市近代化的过程紧密相连的。当20世纪初城市的发展、汽车等交通工具的出现需要通畅、安全的道路和整洁的市容时，便与传统的马路摊贩之间发生了矛盾。所以，天津市政当局屡有整治和取缔马路摊贩之举。在这种情况下，便有投资者在城市中心区兴建大型商场，招揽马路上摆摊的小商贩入内经营。商场将大规模的商业投资与传统小商业结合在一起，适应了近代化进程中的城市的需要，因而发展很快。

天津传统商店挂在门外的布制招牌幌子，因飘扬出便道外，也渐渐因有碍交通和易于引发火灾，被警察局要求整改。"如各商能共维公安，不用布幌，一律改用铅铁或铜质招牌，则不但观瞻整美，无碍交通，且足防免火警，坚固耐久，诚一举而数善兼备"①。

近代，之所以有大量女性参与到商业经营当中，首先与法律上承认女性有经商的权利的有关。1903年清政府颁布的《钦定大清商律》中规定，商人子女尚未成年者，其妻或年满16岁之女等能自主贸易者均可为商。有夫之妇经其夫允许也自营商业或于公司负担无限责任。②另外，与开埠后天津城市对外贸易、工商业等的发展密不可分，同时大量贫苦家庭生存的艰难、近代妇女解放

①《警察厅取缔商号悬挂布幌》，《益世报》1928年4月7日。
②《钦定大清商律》，《大公报》1904年2月27日。

思潮的兴起以及上述思潮所营造出的对妇女较以往宽容的社会氛围，对妇女从事于商业都起到了一定程度的促进和推动作用。正如百岁公司创办的目的之一就是："为提倡女子职业，略尽女子服务社会的天职；同时为生活困难的女同胞，在社会上谋一个生存的机会。"①

---

① 《百岁公司访问记》，《大公报》1933 年 11 月 12 日。

不畏艰难地拓新与转型

——问津讲坛第 59 期主讲人成淑君侧记

万鲁建

问津讲坛第 59 期主讲人成淑君博士,系天津社会科学院历史研究所副研究员,也是我的同事。她 2003 年入院工作,我 2005 年进所工作,转眼间已经十几年了。她比我年长些,我们都是山东人,虽非一个地区,也算半个老乡。我们又都毕业于南开大学,虽不是一个导师,但我也可以称呼她师姐。她此次到书院,也是我鼓动的。因此,由我来写这篇侧记,似乎也合情合理。

一 走进学术:明史研究

成淑君本科就读于曲阜师范大学,硕博士则在南开大学历史学院跟随李小林教授、南炳文教授攻读,毕业论文都与明代有关,硕士论文为《李贽求真人生之研究》,博士论文则是《明代山东农业开发研究》。博士论文的选题,一方面源于南炳文教授的指导,另一方面则因成淑君是山东人。两相结合,让她找到了非常好的契合点。1999 年求学期间,她就在《天津社会科学》发表了《晚明纵欲主义社会思潮的历史反思》,认为晚明纵欲主义社会思潮的出现,是对封建传统道德价值规范的一个巨大冲击。在中国历史上第一次广泛地关注自身的情感欲望、心理体验,标志着个人自我意识觉醒,并开始探索自我并积极在现实世界中寻找展示自我存在的最佳方式。2003 年,她又在《济南大学学报》发表《明代泰山碧霞灵应宫香客经济初探》,认为大量香客的进香朝拜,不仅刺激了当地餐饮、住宿、娱乐等服务性行业及商业的发展,带动了泰安城乡经济的繁荣和城市的发展;另一方面,也增加了中央和山东地方的财政收入,为山东乃至全国的经济发展作出一定贡献。

成淑君博士毕业后进入天津社会科学院,尽管面临转型问题,但她并没有完全放弃原来关注的领域,先后在《史学月刊》《南方论丛》《济南大学学报》等核心期刊发表《交通贸易与明代山东土地开发》《明代政府调控与区域经济协调发展——以山东地区为例》《政府行为对明代山东农业发展的影响——以农田水利建设为视角》等论文,得到学界的关注。2006 年,她的博士学位论文修改后纳入《文史哲博士论丛》,由齐鲁书社正式出版,先后获得 2006 年度天津市委宣传部优秀科研成果"创新奖"和天津市第十一届社会科学优秀成果三等奖。

二 转型之路:在痛苦中前进

天津社会科学院历史研究所的重点学科方向是华北区域城市史,这就要求科研人员必须围绕这一学科来规划个人的研究方向。这对于新进人员来说,就面临着转型的问题。而且作为地方社科院,除进行基础研究外,还承担着为天津市委市政府服务的职能,这则要求科研人员关注天津史。为此,成淑君经历了痛苦的转型期。

转型是阵痛,同时也是机遇。记得我入院面试时,主管副院长专门问我如何实现转型,我说结合个人实际找到与历史所学科方向相契合的研究领域。成淑君当年应该也有这样的经历。好在无论历史和现实,天津和山东都有着密切的关系,这为她的转型提供了切入口。入职一年,她撰写的论文《近代天津城市发展对周边地区经济作物种植的影响(860—937)——以天津郊县为考察范围》,被收入《纪念天津建城 600 周年文集》(天津人民出版社 2004 年出版)中,并获得"纪念天津建城 600 周年理论征文优秀论文奖"。该文经过完善,又发表在核心期刊《河北大学学报》2005 年第 2 期。她在这篇论文中,考察了近代天津城市发展对周边地区的作物种植产生的影响,并将其与整个河北甚至华北地区经济作物的种植情况进行比较,认为距离天津较近地区的经济作物种植面积占总播种面积的比例方面总体而言并不如整个河北地区。她认为,这些地区陷入了发展机遇与农业生产条件相对恶劣制约种植业结构调整的尴尬境地。从题目和内容来看,她依然是以所熟悉的农业问题作为切入口,只不过将研究地域从山东转向了天津与河北。这是她迈出转型的重要一步。此后,她不断耕耘,屡有收获,先后在《天津大学学报》《天津经济》发表论文《论天津市农村城市化的建设与发展》《推动天津市城乡一体化建设对策》等,最终将研究领域从明代农业转向近代华北区域城市史以及城乡经济,度过了转型的阵痛期。

三 确立方向:性别史和日常生活史

作为学者，研究领域固然需要相对稳定，但也绝不能固步自封，更不能固守在个人的小世界里。成淑君就是这样一位不断进取的学者。在顺利转型后，她又开始向着更加有意义和有趣味的领域前进。作为女性学者，这些年她比较关注女性问题，进而探索起近代女性在城市社会中的角色和生活等问题，也就是学术界所说的性别史和日常生活史研究。

最近几年，她在这一领域辛勤耕耘，通过翻阅大量档案、报刊等一手资料，再加上自己的思考，先后在《历史教学》《济南大学学报》《城市史研究》《理论现代化》等核心刊物发表十余篇相关学术论文，夯实了自己的研究领域，引起了学界的重视，也奠定了其在该领域的一席之地。尤其是论文《贞操与生存:民国时期天津贫民性行为失范现象探析》(刊于《济南大学学报》2009 年第 5 期)，不但被《新华文摘》摘编，还荣获天津市第十二届社会科学优秀成果三等奖。她将近代天津贫民的性行为失范现象，放在近代社会转型的背景中分析，认为贫穷和生存的艰难是造成这一局面的最根本原因。她发表在 2015 年 6 月 17 日《中国社会科学报》上的《拓展视角与史料——重现日常生活中的女性》一文，提出由于女性和民众的日常生活特别是家庭生活在正统历史记载中的缺席，相关史料极为零散且稀少，需要进行大力拓展和挖掘。她认为，除正史、地方志、文集、田野调查、报刊、档案等传统史料外，还应加强对文学和视觉资料的运用。同时还要运用情感和实践等多视角、跨学科的研究方法，深化性别史研究。该文引起学界的共鸣，被收录在《历史与社会》文摘之中。

此外,成淑君对近代天津下层妇女的就业状况、空间分布以及女佣介绍所等问题也很是关注,先后发表多篇学术论文。她还探讨了电影院在人们日常生活中所发挥的作用,发表了《近代电影院的形象特质及其变化——现代性、娱乐与爱国》《电影院与沦陷时期的京津社会》等文章,这属于日常生活史的范畴。目前,她正在撰写有关近代天津日常社会生活史的专著。

四 新的领域:近代天津商业习俗

近代天津作为商业大埠,汇聚了五湖四海的商人,其商业习俗有何特点,这些商业习俗又是如何规范和塑造人们日常生活和行为习惯的,都是值得探讨的问题。从大的方面来说,它们也属于日常生活史的研究范畴。成淑君这次走上问津讲坛,话题就是围绕天津的商业习俗展开的。

她说,近代天津商业习俗的变迁可以从如下几个方面理解:一是商店名称的变化。以前店铺一般统称为商号,开埠后西方商业模式进入,店铺大都改称为"某某商店""某某百货商店""某某商场""某某公司"等。二是商业模式发生改变。天津传统商业多属独资或者几个股东合伙经营,投资人即是经营者。20世纪以后,开始借鉴西方的经验和模式,采用新式股份有限公司的组织形式。这类公司由股东出资,聘请专人经理,实现了所有权和经营权分离。三是营业时间从白天向夜间延伸。开埠之前由于无路灯照明,很多商号的营业时间只限于白天。后来随着电灯照明的普及,夜间营业时间越来越长,甚至延到凌晨一点,并出现了夜市。四是女性开始参与其中。由于近代妇女解放与提倡妇女经济独立、平等就业的思潮,传统上基本由男性一统天下的天津商业，开始有越来越多的女性参与其中。五是注重宣传，从"酒香不怕巷子深"到营销方式花样百出。传统天津商业一般不重视宣传，通常就是在门口用竹竿挑挂布制幌子。近代以后营销方式花样百出，"商业之广告，商品之陈列，多知讲求，以期引入入胜"。

成淑君认为，之所以出现上述这些变化，主要是受如下几方面因素影响，即西方文化的传入、天津城市的近代化、自上至下致力追求"现代"和"文明"等。具体而言，与西方新式商业管理和营销模式的传入、城市交通和照明等基础设施的改进、近代城市管理和建设的加强、中央和地方政府对社会风俗的改良、税收制度的改革和财政法制的完善以及近代妇女的解放等息息相关。

以上是我对成淑君副研究员的浅显认识，我们期待着她今后贡献出更多的优秀成果。

（《藏书报》2018 年 11 月 19 日第 45 期）

问津讲坛第 60 期

(2018 年 11 月 24 日)

钱币收藏与天津钱俗

主讲人:罗文华

罗文华　1965 年生于天津。1987 年毕业于北京大学中文系文学专业。现为《天津日报》高级编辑,天津市红楼梦研究会常务副会长,天津市李叔同——弘一大师研究会副会长,天津市鲁藜研究会副会长,天津市世界语协会名誉会长,全国钱币收藏联盟外国钱币委员会副会长,《中国收藏·钱币》杂志学术委员会委员,天津市社科联委员,天津市文物鉴定委员会委员,国家艺术基金评论员。2010 年被评为"天津市十大藏书家",2014 年被评为首届全国"书香之家"。出版文学创作、文艺评论、文物收藏研究、天津历史文化研究专著、译著三十多种。其中天津历史文化研究专著《七十二沽花共水》《消逝的天津风景》,钱币研究专著《中国钱币的故事》《说洋钱——世界硬币鉴藏录》等,广受读者好评。

钱币收藏与天津钱俗

罗文华

一　一枚珍泉定婚姻

"两小无猜,一个古泉先下定;万方多难,三杯淡酒便成婚。"这一名联的作者方尔谦,乃是公认的一代联圣。他初治经学,娴于辞章,擅长书法,精通金石书画和古籍版本。他居于天津二十年,嗜好泉币,以精研泉学著称。

方尔谦曾在天津袁世凯家任家庭教师,袁世凯次子袁克文从其学习。二人亦师亦友,友谊深厚。受方尔谦影响,袁克文对古钱币也产生了浓厚的兴趣,开始收藏与研究,逐渐自成系统,藏品蔚为大观,驰名海内外。后来,方尔谦、袁克文成为儿女亲家,方尔谦这幅对联的上联记录了订婚情景。方尔谦的四女方庆根与袁克文的长子袁家嘏(伯崇)两小无猜,一起长大,在订婚时,因为共同的爱好和不拘俗仪,所以双方家长只是相互交换了一枚珍稀的古钱,便算礼成。

方尔谦(1871—1936),字地山,又字无隅,别署大方,江苏江都(今扬州)人。光绪十二年(1886)考中秀才,三年后即中举。民国四年(1915)到天津,为《津报》主撰社论。方尔谦家多资财,又精于鉴赏古器物,收藏颇丰,"大购字画古书,蓄姬数辈"(伦明《辛亥以来藏书纪事诗》自注)。后因专好古泉,他便将所藏金石书画等多数出让变卖,换了泉币。他所藏古币,称富一时。民国初年为泉坛所艳羡的天成元宝、大蜀通宝和建炎元宝等大珍品,方尔谦皆有收藏。方尔谦为人豪爽率真,对其他事务不多关注,但凡有人谈到某处有珍贵泉布,便精神为之一振,往往不计价值购求,务必得之而后快,以至于家无储蓄,晚年曾举债度日。虽然在生活极其困顿时,友人以金钱相资助,也不作谢意,而一旦有旧友困苦,仍如当年一样豪举,解囊相助,从不吝啬,所以很为亲友敬重。他特别喜爱宋徽宗御书钱,常自夸为"徽宗功臣"。他对古泉独具只眼,凡经目验的泉币,即刻能判断等次不爽。方尔谦有一癖好,平日总是腰缠累累钱串,无论冬夏,从不离身。20世纪40年代担任上海出版的《泉币》杂志总编辑、撰有《梁范馆谈屑》的著名钱币收藏家和研究者郑家相先生,曾回忆1917年在上海会见方尔谦时的情景。郑家相正与来沪的郑希亮、张綗伯同游五马路的怡园,遇程云岑、邓秋枚、张叔驯翻阅摊间古泉,当时也在沪的方尔谦恰好也到了,于是大家择一处品茗谈泉,并各出新得,互相传观。泉友之中,只有方尔谦所携最多,他从衣袋里掏出古泉十余串,每串二三十或四五十不等,大小不一。但这些钱经过长时间摩擦,色泽如新,真伪难辨。其中虽多伪品,而珍稀品也不少。其中绍定元宝大钱及贞祐通宝折二,为海内孤品。郑家相戏问道:"先生把这么多古钱放在衣袋里,不感觉重吗?"方尔谦则答道:"我冬日里袋中放十六斤,夏日减为八斤。视古泉为第二生命,何重之有?"

　　袁克文(1889—1931),别署寒云,系"民国四公子"之一。他是昆曲名票,爱好书法、诗词,极其喜欢收藏善本、书画、邮票、古玩等,精于鉴赏,勤于考证,成就昭然。而他研究功力最深、发表论著最多的,则是中国古代钱币。从他公开发表的钱币藏品看,多属中等以上的名誉品,可见其泉学造诣之深。袁克文收藏的王莽布泉、铅泉、银泉金错刀、宣和元宝银小平泉等,均为不可多得的精品。他对外国金银币亦兼收并求,且选取自藏的外国金银币二百余品,每纸均以精楷加以题注,装拓为四册,名为《世界古今货币一斑》。遗存于世的《寒云日记》,有江苏广陵古籍刻印社 1998 年影印本,仅印 500 册,是袁克文丙寅(1926)、丁卯(1927)两年的日记,记载了他与天津、上海等地一些著名钱币收藏家和集邮家的交往,史料十分珍贵。在《寒云日记》中,附有不少他入藏的世界各国"金货"(即金币)的拓片。因擅长撰写文史掌故类文章而被誉为"补白大王"的郑逸梅先生,在其长文《袁寒云的一生》中,列举了袁克文收藏的各国珍稀金银币:"如古印度银泉,为张叔未旧藏品。又古印度金货,葡萄牙古金币,乃七世纪物,曾载倪氏《古今钱略》。又昭通年号的安南银币,乃余艇生藏,以赠克文的,载《古泉汇》……又古东罗马金货,上有东罗马帝福加司像,以三百元购得。又法兰西沙尔第十金币。又拿破仑一世金币……"袁克文收藏的珍稀货币,共有七十余国,在中国近代收藏家中,大概无人能与他相比。后因袁克文生活困难,这些珍品都由总行设于天津的金城银行总经理周作民介绍,向该行作贷款质物,而今不知去向。

古人订婚,有"纳币"之礼,是"六礼"之一。所谓"六礼",一是纳采,即男方向女方送礼求婚;二是问名,即男家通过媒人问女方的名字、生辰,然后到宗庙里占卜吉凶,结果为吉的才能继续下一步,凶的则到此为止;三是纳吉,就是占卜得到吉兆后定下婚姻;四是纳征,男家派人送聘礼到女家;五是请期,即请女家确定结婚日期;六是亲迎,婚礼之日,男方必须亲自去迎接女方,然后男方先回,在门外迎候。

民国初年天津钱币收藏大家袁克文

纳币,又叫"纳征""大聘""过大礼"等,是男家正式将聘礼(俗称"彩礼")送往女家,女家受物复书,婚姻乃定,亦称文定,俗称过定。《礼记·昏义》孔颖达疏:"纳征者,纳聘财也。征,成也。先纳聘财而后婚成。"宋代苏轼《书刘庭式事》:"未及第时,议娶其乡人之女,既约而未纳币也。"明代冯梦龙《东周列国志》第九回:"鲁侯遂于嬴地纳币,视常礼加倍隆重。僖公大喜。约定秋九月,自送文姜至鲁成婚。鲁侯乃使公子构至齐迎女。"《东周列国志》第五十回:"乃使仲遂如齐,请婚纳币。"

在近代天津,方、袁作为名门望族、收藏大家,以互换一枚珍泉的形式缔结婚姻,以币"纳币",既是对中国传统婚姻礼俗的尊重和承续,更是对婚姻实际含义的一种萃取与提升,做到推陈出新,显得不落俗套,为世人关注和赞赏,堪称津门一段佳话。

二　祈福求寿藏花钱

　　由于历史、地域等原因,天津民间的精神诉求极为丰富复杂,但从天津民间所藏花钱的品种和数量看, 祈福和求寿是比较突出的两大主题。

　　祈福纳祥,是中国民族心理和民俗文化的核心内容之一,在中国钱币上也有鲜明的体现。试举一例。近些年,钱币收藏者颇为看重康熙通宝背福钱,其市场价格走势扶摇直上。福,指清代铸钱之宝福局。顺治六年(1649),清政府在福州设福建铸钱局,俗称"宝福局",铸背满、汉文"福"字顺治通宝。康熙十九年(1680),为平定台湾,给攻台清军搭配军饷,福建巡抚奏请除在福建前线漳州设炉开铸"漳"字康熙通宝外,也在宝福局大量铸钱。康熙通宝背福钱有多种版别,一般根据满文"福"字的大小和形状分为四类,即大福、中福、小福和弯弓福。这些年人们喜爱康熙通宝背福钱,除了康熙时期铸钱比较精美的因素外,更与同一枚钱币上铸有满文、汉文两个"福"字有关。这一对"福"字,恰好满足了人们祈福纳祥的愿望。

　　天津人对祈福纳祥的热衷,更多地反映在收藏花钱上。花钱,由于不是流通钱,因此材质大都比较粗糙。旧俗认为它可以压伏邪魅,故亦称厌胜钱、压胜钱、押胜钱。它虽然具有钱币的形态,但不作流通使用,是钱币中的"非正用品",多为民间的吉利品或避邪物。不是货币,而被铸成钱币的形状,中国花钱成为世界众多货币中极为独特的一族。

　　笔者存有一枚"驱邪降福"黄铜圆孔花钱,格外亮眼。该币正面铸有"驱邪降福"楷书,旋读,四字皆向心,即头顶内郭、足蹬外轮,周围辅配祥云、如意、鱼龙、蝙蝠等纹饰,寓意美好吉祥。背面铸有中国民间传统所谓"五毒",即蝎子、蛇、蜈蚣、蟾蜍、壁虎;另有一只威风凛凛、跃跃欲试的老虎,以百兽之王而虎视眈眈,用其震慑和驱除"五毒",使不吉之物远离家人,保佑全家平安。这枚"驱邪降福"花钱,见证了中国古代端午去"五毒"的特殊习俗。古人的这个习俗,实是有益身体健康的卫生活动。因为夏季来临,天气燥热,人易生病,瘟疫也易流行,加上蛇虫繁殖,易咬伤人,让百姓重视一下医药卫生,保持身体健康,也是十分必要的。这枚老花钱铜质厚重,工艺精良,传世包浆,纯熟老到。古人用它镇宅驱邪,祈福纳祥;今天持之把玩欣赏,依然引人喜爱,耐人品味。"驱邪降福"是吉语类花钱的主要题材,但常见的多为四字竖排或对读。笔者存的这枚是旋读钱,相对少见,北京保利2014年春季拍卖会曾经上拍过一枚,印象较深。

花钱起源于西汉,至清末民初仍有铸造。花钱最初主要是压邪攘灾和喜庆祈福两大类,后来范围越来越广,诸如开炉、镇库、馈赠、赏赐、祝福、辟灾、占卜、玩赏、戏作、配饰、生肖等,都铸厌胜钱。按不同的用途,大略可分为纪念、厌胜、凭信、上梁、供养、博弈、吉语、成语、戏作等品类。其中吉语钱比较普遍,以"长命富贵""福德长寿""加官进禄""天下太平"等吉语为内容,体现出中国传统文化强烈的渗透力。

旧时,吉语花钱除了自己佩戴把玩,还具备礼品功能。从存世实物看,诸如祝寿、婚庆及"早生贵子""儿孙满堂""五男二女"之类的吉语钱十分丰富。清代的花钱铸造已形成专门行当和市场,类似今天的首饰加工,无论是达官显贵还是平民百姓,都可以按照自己的喜好上门订购,店铺里也常常制作一些常用吉语文字或图案的花钱,以备出售。

清代和民国时期,天津很多银楼打制品种多样的银花钱,物美价廉,适合馈赠或佩戴,流传至今,依然受到收藏爱好者重视。

纵观历朝历代所铸厌胜钱,各种书法和图案内容多体现当时的礼俗时尚,成为历代民俗民风的缩影,对考察各朝代的政治、经济、文化和社会生活具有很高的参考价值。因此,当今花钱收藏队伍中不仅包括钱币收藏者,而且也包括古代文化研究者,尤其是民俗研究者和民间美术研究者。

生肖花钱,成为近年花钱拍卖市场的热点。生肖花钱正面是十二动物生肖图案、名称,或配有十二地支文字。背面多为八卦、星官、吉语等相衬。有的一个生肖为一枚,十二枚为一套,有的十二生肖全铸于同一枚钱上。十二生肖钱,是古人对大自然与人类关系的一种理解,生肖钱戴在身上,保佑平安吉祥,反映了人们追求幸福美满的一种愿望,历代均有大量铸造。

在漫长的农耕历史上,人类用马、养马、爱马,产生了许多与马有关的文化现象。在中国花钱中,便铸有很多马的形象和与马相关的吉语。古代有一种很有名的打马格钱,是打马格游戏的玩具,亦为圆形方孔状,钱面上多铸有古代骏马图案及名称,如赤骥、渠黄、骅骝、绿耳、追电、追风战骑及"昭陵六骏"等,或铸有马主人之名,皆为古代名将,如赵将李牧、齐将田单、燕将乐毅、唐将尉迟等。打马格是宋元时期流行的一种具有博弈性质的游戏,起源于中国古代的打马球运动。明代黄一正《事物绀珠》记述:"打马用铜或牙角为钱样,共五十四枚,上刻良马,布图四面以投子掷打之。"宋代著名女词人李清照在《打马图经》一书中称打马格游戏"实博弈之上流,乃闺中之雅戏"。

很多文人不仅收藏花钱,而且将自己特别喜爱的花钱拓下,制成信笺使用。龟、鹤长年生活于大海和高山,富有灵气和仙气,被视为世上长寿之物。古人把二者巧妙地结合起来,号称"龟鹤齐寿",并将其铸成吉语大花钱,祈望像龟鹤一样健康长寿。最早的龟鹤齐寿钱被认定为宋钱,而且极有可能是北宋末年的宫廷用品,十分珍贵。现代作家周作人便藏有一枚宋代龟鹤齐寿大花钱。这枚钱"字作六朝楷体,甚有雅趣",且"制作精好",系1915年他在绍兴帮助其兄鲁迅搜集金石拓本和实物时购自地摊。周作人在20世纪二三十年代写的文章中屡屡提到它,显系心爱之物。鲁迅也很喜欢这枚钱,在其1918年的日记中,有他将龟鹤齐寿泉拓寄给金石目录学家徐以孙先生的记录。2013年新年前后,孙玉蓉编注的《周作人俞平伯往来通信集》由上海译文出版社出版,小川利康、止庵所编《周作人致松枝茂夫手札》由广西师范大学出版社出版,从这两种书中配印的周作人用自藏的龟鹤齐寿钱拓制的信笺和信封看,鲁迅、周作人所喜爱和收藏的龟鹤齐寿钱,文字深峻,风格古朴,品位很高。在鲁迅、周作人的文化观念和民俗信仰中,皆有一种"寿"情结。周氏兄弟名字里都有一个"寿"字,鲁迅是樟寿,周作人是櫆寿,三弟建人是松寿,六岁早夭的四弟叫椿寿。龟鹤齐寿,古人也说"龟鹤遐寿",周作人的名字来自《诗经·大雅·棫朴》中的"周王寿考,遐不作人",他晚年著述便署名"周遐寿"。另一个值得注意的情况是,周氏兄弟的父亲周伯宜三十多岁就病逝了,他卧病时,只有十三四岁的鲁迅每天都要奔走于药铺与当铺之间,饱尝了生活的困顿艰辛。父亲的早逝,加剧了家道衰败,使鲁迅和周作人不同程度地感到了世态炎凉。所有这些,足以成为他们兄弟二人都对人的健康和寿命问题格外敏感、对龟鹤齐寿钱特别喜爱的原因。

前些年收藏网站盛传天津一位收藏家存有一枚制作精好的"龟鹤齐寿"钱，但一直未见其真容。此外，天津收藏家对其他求寿内容的花钱，如"长命富贵""福德长寿"等，都非常看重，市场价格居高不下。

民俗本身具有世代相传、较为稳定的特点，有些题材的花钱从宋、辽、金至清代民国时期都有铸造，铸期长达千年。因此，收藏界有"花钱不分新旧"之说，即宋代铸过一种花钱，如果清代再有人铸这种花钱，则不能认为后者是赝品。花钱的断代比较难，可通过材质、文字、纹饰、形制等因素进行综合分析，不必强求。

近些年，花钱市场价格整体上涨，明显高于行用钱。于是有人将一些品种的行用钱加以组合，推出"五帝钱"（清代顺治通宝、康熙通宝、雍正通宝、乾隆通宝、嘉庆通宝）、"钱到家"（清代乾隆通宝、道光通宝、嘉庆通宝）等，也可以视为一项吉祥创意，给现代生活增添一些中国传统文化符号。由于盛传"五帝钱"有"化煞作用"，"钱到家"又与"恭喜发财"同义，所以这些钱币组合也颇有销路。尽管它们不能代替传统花钱，无法体现民俗花钱反映人们生活和精神状态的真实性，但多年来在天津钱币收藏市场十分畅销。

本文作者收藏的"驱邪降福"花钱

三 盛世宝藏乾隆钱

清中期铸造的乾隆通宝，差不多是我们这代人接触最早的古钱。记得童年时，虽然处在"文革"时期，但天津各家各户还都有几枚外圆内方的老钱，多用来扎上鸡毛做毽子踢,或者拴上细绳用以插住门上收卷的竹帘。这些遗落于民间的传世老钱,自然大多是清代的铜钱,其中又以乾隆通宝为最多。

二十年前,笔者便非常钦佩乾隆皇帝及其文治武功,同时特别推崇乾隆时期的文物,认为那个时期制作的玉器、瓷器、珐琅器、漆器、竹木牙角器、文房用具、图书笺纸及织物等工艺品,无不精美绝伦,简直达到了中国传统工艺的极致。那时笔者几乎每周四上午都要逛天津沈阳道古物市场大集,无意间总会在地摊上遇见几枚乾隆通宝,于是便想:乾隆官窑瓷器固然是好,但那不是想买就能买的;乾隆通宝虽是盛世名钱,但毕竟还能买得起。当时笔者暗自定下的长远目标是:集存一百枚乾隆通宝,因为一直不想专门收藏钱币,所以对此事并未特别上心。二十年过去了,近日,笔者抽闲检点寒斋所存钱币,竟发现乾隆通宝不仅达到了一百枚,而且超过了一千枚。这也足见乾隆通宝在天津的传世量很大。

想来也不奇怪。清高宗乾隆帝爱新觉罗·弘历,享年八十九岁,在位六十年,退位后又当了三年太上皇,实际掌握最高权力长达六十三年有余,是中国历史上年寿最高且执政时间最长的皇帝。难能可贵的是,身处被后世誉为"康乾盛世"之中的乾隆帝,没有辜负其祖父和父亲的重托,在前辈不懈奋斗的基础上,充分利用天时、地利、人和,努力施展自己的文韬武略,开拓治国理政的新境界,将中国的经济总量提升到世界首位,约占世界经济总量的三分之一。这样高的经济水平,连后来最牛的美国都未曾达到过。执政时间如此之长,社会经济如此之盛,乾隆通宝的铸造量自然是个天数,也必然成为流传至今数量最多的古代年号钱。

从金融的角度看,清代实行的是白银与铜钱兼用的制度,以白银为本,以铜钱为辅,大额交易使用白银,小额交易使用铜钱。乾隆通宝铸造量大,流通量大,既是乾隆时期出现过通货膨胀的一种反映,也是这一时期城市经济快速发展、商业服务业发达、民间贸易频繁、手工业兴盛的一个见证。

乾隆通宝绝大部分为小平钱,但版式很多,仅一个"隆"的右下部,就有正隆、生隆、缶隆、山隆、田隆等区别。钱文方面,京局及大部分地方钱局多用宋体,宝浙局多用楷书,宝陕、宝川两局则用隶书。钱背文字,绝大部分钱局沿用雍正满文钱式,穿孔左边有"宝"字,穿孔右边分别铸有"源""泉""直""苏"等二十多个局名。漫长的乾隆统治时期,随着经济政策的不断调整,各地钱局时减时增,铸钱的数量和配料也有变化。私铸情况一度比较严重,甚至各省官员也参与盗铸,加之乾隆后期清政府放宽了铸钱标准,导致制钱质量参差不齐。

在全国各地钱局铸造的乾隆通宝中,新疆红钱特别值得一说。从乾隆朝开始,清政府对新疆少数民族地区实行了更加有效的管理,对当地用钱形制也做出了规定。新疆铜钱以紫铜(红铜)为原料,钱色红润,因而被称为"新疆红钱"。新疆红钱面文用汉文,背文多用维文和满文。叶尔羌局自乾隆二十四年(1759)开始铸造的乾隆通宝,是新疆最早的新红钱(相对于旧普尔红钱而言)。随后,新疆阿克苏局、乌什局、宝伊(伊犁)局等也分别铸造了乾隆通宝红钱。自乾隆打头,经嘉庆、道光、咸丰、同治、光绪直到宣统,都铸行过年号红钱,其中不乏珍品,20世纪七八十年代以来成为海内外钱币收藏的一个热门专项。

我们说乾隆钱是"盛世宝藏",除了其在社会经济发挥的重要作用外,还因为当时确实铸造了一种名为"乾隆宝藏"的钱币。乾隆五十七年(1792),清朝中央政府在西藏拉萨设立宝藏局铸造银币。

福康安将军呈进钱模，正面铸"乾隆通宝"四字，背面铸"宝藏"二字，俱用藏文。乾隆帝亲自审阅后，认为其不合"同文规制"，要求予以修改。次年，宝藏局遵照清廷户部颁布的乾隆帝钦定的钱式，铸成大样、中样、小样三种规格的银币，正面铸汉文"乾隆宝藏"四字，背面铸藏文"乾隆宝藏"，边郭注明年份，行用于西藏地区。虽然中国很早就有银钱，但在清代以前银钱仅仅作为赏赐、贮存之用，而非正式流通货币，"乾隆宝藏"则是中国历史上第一次正式铸造的流通银币。如此说来，乾隆帝不仅为稳定西藏的经济秩序、维护国家统一做出了重大贡献，在中国铸币史上也为自己书写了重要的一页。

天津著名收藏家刘栋先生特别喜爱乾隆通宝"镇库"大钱，乃至"路见下水井盖，恍似'乾隆镇库'"。

近几年，市场上热销一种"五帝钱"。据商家宣传，将这种"五帝钱"摆放或悬挂于客厅、车内，或用红线拴在手机、包上随身携带，"有避邪、护身、旺财等功效"。"五帝钱"由清朝入关后的前五位皇帝发行的制钱——顺治通宝、康熙通宝、雍正通宝、乾隆通宝、嘉庆通宝——各一枚组成，商家解释说，因为这五位皇帝在位于清代较为兴旺的时期，所以"五帝钱"具有较大的"化煞作用"。中国古代钱币是中国传统吉祥文化的载体之一，由现代人组拼的"五帝钱"，也可以说是一项吉祥创意。近年市场上热销的另一种古钱组合是"钱到家"，它借用清代发行的乾隆通宝、道光通宝、嘉庆通宝三种年号钱首字的谐音，各取一枚拼成一套，当做礼品赠送亲友，与"恭喜发财"同义。在"五帝钱"和"钱到家"所用的几种年号钱中，雍正通宝存世最少，顺治通宝和康熙通宝也相对少些，而嘉庆通宝和道光通宝虽然存世不少但不太值钱，唯独乾隆通宝是存世不少却又比较值钱的。

有人告诉笔者,乾隆通宝之所以得到现代人青睐,除了因为乾隆盛世的特殊魅力外,还因为"乾"字十分重要。乾卦是易经六十四卦之第一卦,卦象为天,刚健中正,是上上卦。象曰:天行健,君子以自强不息。这个卦是同卦(下乾上乾)相叠。象征天,喻龙(德才的君子),又象征纯粹的阳和健,表明兴盛强健。乾卦是根据万物变通的道理,以"元亨利贞"为卦辞,示吉祥如意。"乾隆",即寓意"天道昌隆"。或许正是出于这个缘故,乾隆通宝在当今的古玩市场颇为走红,有人买走几枚外观黄亮的,有人则不计外观,买走一百零八枚。笔者曾问他们买了是否有用处,他们有的说用于打卦,有的说用于镇宅,也有人买走二百多枚乾隆通宝,请人编成宝剑,用以镇宅避邪。过去很多人建房时,根据风水理论的提示,将乾隆通宝埋在地基中,或置于房梁上,如今多住单元楼房,就在装修房屋时将乾隆通宝置于地板下,都是为了镇宅避邪。也有人认为,"乾隆"二字谐音"钱隆",因而备受藏家喜爱。

2018年,天津钱币收藏家李凤池先生以《华侨华人心系祖国的历史见证》为题,在报纸上介绍了美国铸造"乾隆通宝"的基本情况,引起读者浓厚兴趣。在笔者的藏品中,也有一枚美国版"乾隆通宝"机制黄铜币,中间为三角形穿口,正面为"乾隆通宝"楷书直读,四字之间分别铸有《周易》内八卦中的四卦图案,背面铸有"蛟龙出水戏珠"图案。1939年美国旧金山举办世博会,也曾邀请中国国民政府派团参加。但当时中国正在进行抗日战争,无暇参与,旅居美国的爱国华侨华人遂自发组织起来,多方筹集资金,以民代官责的方式组团参加,并把"中国村"建成该届世博会上规模最大的一个展馆,充分显示了中国人民的自信与豪情。中、美两国很多收藏家

本文作者收藏的乾隆通宝

和研究者都认为,美国版"乾隆通宝"正是旧金山世博会中国村里派发的代用币或售卖的纪念品。此币大部分也是在旧金山发现的。当时海外华侨华人知道祖国正在经受磨难,为求国家强盛,所以采用寓意"天道昌隆"的"乾隆通宝"字样;在币的正面铸上四卦图案,祈望庇佑中华;在币的背面铸上"蛟龙出水戏珠"图案,希冀中华腾飞。此外,美国版"乾隆通宝"在旧金山世博会期间发行,也起到了向全世界宣传中国优秀钱币文化的作用。

四　天子渡津永乐钱

在历代行用钱中,天津收藏家特别喜欢永乐通宝。因为永乐通宝的铸造几乎与天津建城同时,而"天津"这个名字又是永乐皇帝朱棣给起的。当年朱棣发动靖难之役,率军南下,从天津渡河袭取沧州,最终攻入南京,登上天子宝座。朱棣登基后,钦赐"天津"之名,意思是"天子渡津之地",以为纪念与重视。2004年天津举办纪念设卫建城六百周年活动时,展出了一位书法名家写的"永乐天津"四个大字,颇受好评。想想也是,对于天津历史来说,没有哪个年号比永乐更重要了。天津的收藏家们,理应对永乐通宝高看一眼。

2013年,美国科学家曾宣布,他们在肯尼亚曼达岛发现了一枚具有六百年历史的中国明代铜钱永乐通宝。研究人员认为,在东非发现中国古代货币非常罕见,这为古代中国与东非的商贸往来再添新证据,证明了明代航海家郑和曾经远涉至东非一带,并且早于欧洲探险家。中国铜钱的发现,证明了贸易在曼达岛发展过程中发挥了重要作用。至今,仍有肯尼亚人自称是中国水手的后裔。这枚珍贵的永乐通宝将交由内罗毕的肯尼亚自然博物馆保存。

检点寒斋所存,也有数十枚永乐通宝。其实永乐通宝的版式只是有限的几种,无需收藏这么多枚,但笔者和一些泉友一样,对永乐通宝情有独钟,见了品相好的便不愿错过,总以收入囊中为快。

喜欢永乐通宝,除了它与天津历史相关外,还因为"永乐"这个词太好了,它是吉祥的祝语,大家都希望永远快乐。永乐通宝是明成祖朱棣于永乐六年(1408)开始铸造的年号钱,虽然其名好听,但在过去人们却不以为然。这是因为永乐时期残酷的屠杀不止,导致官不宁、民不安,人们不喜欢"永乐年",进而也不青睐"永乐钱"。历史上,明太祖朱元璋遗诏长孙朱允炆继承皇位,即建文帝,而朱元璋的四子、被封为燕王的朱棣,发动靖难之役,攻入南京,夺侄皇位,建元"永乐"。朝中众多老臣群起反抗,骂他是乱国贼子。永乐初年,为清除建文余党,朱棣采取血腥镇压政策。曾有文章写道,1408年,朱棣欲铸造寓意"大明江山永远欢乐"的"永乐通宝",命前朝大臣练子宁书写钱文,练子宁却说"永乐难写",结果被割掉舌头,凌迟处死,且祸及全族,被杀竟达百余人。但笔者查阅史书,发现练子宁因反对朱棣此前数年即被杀害,并非因拒绝书写"永乐通宝"钱文而死。

在西沙群岛的西部,有一群名为"永乐群岛"的岛屿。这是为了纪念明代永乐年间郑和船队在南海诸岛的活动,中国政府于1947年正式命名的。永乐通宝,也是通过郑和船队在世界各地的活动而流通海外,并且广受欢迎的。

明代初期,推行以纸钞为主的货币流通制度,使用大明通行宝钞,铜钱铸禁无常。朱棣即位后,在政治、经济、文化、军事和外交等方面都有重大的改革举措。外交方面,朱棣一反明初闭关政策,实行"怀柔远人"的对外开放政策,出于外交和外贸的需要,开铸了永乐通宝铜钱。永乐至宣德年间,郑和作为明朝的使臣,率领庞大的船队七下西洋,足迹遍布东南亚、南亚、西亚和东非的三十多个国家和地区,扩大了中外友好往来和经济文化联系,是世界航海史上的一个伟大奇迹。梁启超曾评价郑和七下西洋为"国使之光"。郑和船队不仅满载着丝绸、陶瓷等中国特产品,还带去了数额巨大的永乐通宝,为西洋、南洋各国普遍接受和使用。明人所著《瀛涯胜览》记载:"爪哇国通用中国历代铜钱,旧港国亦使用中国铜钱,锡兰国尤喜中国铜钱,每将珠宝换易。"永乐通宝为明代对外开放发挥了重要作用,成为六百年前国际贸易硬通货。

永乐通宝是中国货币史上精美的货币之一,钱文端庄,铸工精湛,整齐划一。所流通者全部为小平钱,光背无文,没有折二以上的大钱。永乐通宝在中国大陆出土的数量不多,甚至许多明清时期的钱币窖藏不见一枚,但在南海和海外很多国家却有大宗发现。如 20 世纪 70 年代西沙群岛第一次清理古钱,约有八万余枚,其中永乐通宝占 61% 以上。近十几年来文物部门多次对西沙群岛进行水下考古,发现有些永乐通宝全为麻绳串连,没有磨损痕迹,应为官府库钱,可证此钱主要用于外贸和赏赐。再如 1930 年入田整三对日本 48 处所发掘的铜钱的统计,总数有 554714 枚,中国钱占 99.8%,其中永乐通宝有 29225 枚。笔者集存的几十枚永乐通宝当初来历不同,但记得原藏家皆说出自印度尼西亚。因永乐通宝大多出土于热带近水地区,不乏生美绿锈,令古钱爱好者非常喜欢。

永乐通宝虽然版式不多,但有一种永乐通宝背三钱,在钱币收藏史上却非常值得一提。故事的主人公是民国时期苏州著名钱币收藏家王荫嘉。那是过年前的一天,苏州一位老收藏家慕王荫嘉之名,手持一枚缺了一角的永乐通宝背三钱上门求售。老人说,年关将至,急需用度,如果不是万般无奈,是绝不会割让这件家传之宝的,并开口索价五百银元。王荫嘉家境并不富足,即使倾其所有,仍不能凑齐卖家之数,但面对如此珍泉,他实在不忍心放弃,于是让太太去姐妹家中相借,共凑够十封银包(每封五十银元),终将这枚缺角古钱收归己有。因历来钱谱未见著录,事后家人曾经问他,能肯定这钱是真品吗? 王荫嘉则以毋庸置疑的态度,认定这是一枚稀世珍品。后人的研究也证实了王荫嘉真是慧眼识宝:此钱确为传世孤品。这枚永乐当三记重钱,应为试铸品,并未正式铸造,故传世仅见一枚。此钱现存于上海博物馆。

永乐通宝作为国际贸易硬通货的一个旁证,是古代日本、安南(今越南)都仿铸过此钱。日本的丰臣秀吉曾用金、银、铜仿制过一批,分为打制和铸造两种。在日本影视作品中,亦可见织田信长的战旗上印有永乐通宝。日本所铸永乐通宝,钱背有"治""木"等字,但笔者在中国和日本都未曾见过,询诸几位资深藏家,答曰也没见过,可见存世甚少。安南所铸永乐通宝尚能寻到,都是轻薄的"水漂钱"。

由于历史的局限,永乐通宝作为国际贸易硬通货的地位没能遗传下来。16世纪末,西班牙银元(又叫"双柱""柱洋""本洋")迅速流通到世界各地,成为真正意义上的全球货币。它不仅将西班牙打造成为全球经济时代第一个经济大国,而且也将分散在不同大陆的商品和资本市场通过货币的流通连接起来。当下,置身于全球化进程中,中国的人民币正在成为许多国家的结算和储备货币,不知永乐通宝的故事能否给我们些许启示? 这也可成为喜欢永乐通宝的天津收藏家们的一个研究课题。

本文作者收藏的永乐通宝

五　贵重高端金银锭

天津老百姓在谈到经济利益时,爱说"真金白银"这个词。天津人将"真金白银"经常挂在嘴边,是希望所获实惠是看得见、摸得着的,同时也是希望在社会经济活动中保持和维护良好的信用。

人们爱说"真金白银",亦说明金银的财富属性是一种历史习惯。正如马克思所讲:"金银天然不是货币,但货币天然是金银。"人类最终选择金银作为货币来进行价值交换,具有历史必然性。虽然当今社会金银的货币属性被弱化, 货币体系也不可能再回到金本位和银本位时代, 但是总要有一种或者几种东西作为参考来衡量纸币的市场价值,所以金银作为财富象征的价值依然没有改变。一个国家的黄金储备量及其在世界各国黄金储备量中的排名, 依然是体现该国实力的一个重要方面。黄金储备,指一国货币当局持有的用以平衡国际收支,维持或影响汇率水平,作为金融资产持有的黄金,它在稳定国民经济、抑制通货膨胀、提高国际资信等方面起着特殊作用。

金,是最稀有、最珍贵和最被人看重的金属之一。它具有极强的延展性、可锻性和抗腐蚀性。"真金不怕火炼",是中国人对金的特质的高度评价。19世纪以前,世界生产出的黄金非常少,有人研究认为,在19世纪前数千年间,世界总共生产的黄金还不到一万吨,如18世纪的百年间仅生产200吨黄金。银,与金相似,化学性质稳定,不易受腐蚀,质软,富有延展性。银在自然界中较少以单质状态存在,大部分是化合物状态,因而它的发现比金要晚。作为贵金属的黄金和白银,最适宜用作货币。

在中国,殷商后期已使用黄金。到春秋战国时期,黄金的使用更为普遍。在古汉语中,"金"成为"财富"的同义词。楚国由于产金多,还铸成有"郢爰"等铭文的金版。楚国的金版,是中国最早的黄金铸币。秦始皇统一全国,把货币分为两等,黄币为上币,铜钱为下币。至汉代,黄金的单位改为斤,一斤折合铜钱一万枚。汉武帝时,曾铸过麟趾金和马蹄金。另外,还曾铸过三种银锡合金币,称"白金三品",是有史可查最早由政府铸造的银质货币。王莽的"宝货制"中,也有金货和银货两项。自南北朝以后,由于金价昂贵,黄金开始以两为单位。金银货币的形状,有金银锭,金银饼、金银钱等。金章宗承安年间,铸了锭形的"承安宝货"银币,对后世用银影响很大。元代初期,有的银锭上铸有"元宝"两个大字,意思是"元朝的宝货",但后来锭状金银币也都被称为"金元宝""银元宝"。明代使用白银更加普遍。到了清代前期,银两已成为最主要的流通货币,大体可分为四种,大元宝重五十两,中锭重十两,馒头形的小锞重一二两到三五两,散碎的银子称滴珠等,重一两以下。清代是中国银锭铸造和发展的鼎盛时期,由于铸地不同,铸造工艺流程不同,银锭器型各异,形式多样,名称繁多。这些年笔者在拍卖会上和天津收藏家处所见,也多为清代银锭。

历代对银锭的铸造都没有统一、严格的规定,只要适应当时当地的流通环境和民间习俗,并且保证质量,便可铸造。汉代银锭为饼状。唐代一般是长方形条状,同时有饼状和船形。宋代银锭以铤为主,与唐银相比形态变宽、变厚,正面四角微翘,呈砝码形,两头两个圆弧成束腰形。元代银锭的形状与宋代出入不大,无铭文锭的区分是周缘翘起,中间内凹,多数元锭没有铭文。明代银锭长度较元代变短,而厚度增加,束腰已较小,两端的弧形消失,周缘增高,特别是两端更加突出,形成一个双翅。清代和民国时期银锭形式杂多,大体可分为元宝形、圆型、长方形、正方形、砝码形、牌坊形等几大类。2010 年秋,笔者到山西旅游,在清末民初金融重镇太谷、平遥等地的博物馆和古玩店里,便观赏过很多种银锭。

现在银锭成了高端的钱币藏品,但在旧时使用起来也不是很方便。它不仅分量较重,不好携带,而且找零也比较麻烦。例如《红楼梦》第五十一回,袭人不在家,晴雯生病,请了大夫来,看完病要付大夫轿马钱时,宝玉、麝月二人竟都不知银子的轻重。"二人来至宝玉堆东西的房子,开了螺甸柜子,上一格子都是些笔墨、扇子、香饼、各色荷包、汗巾等物;下一格却是几串钱。于是开了抽屉,才看见一个小簸箩内放着几块银子,倒也有一把戥子。麝月便拿了一块银子,提起戥子来问宝玉:'那(哪)是一两的星儿?'宝玉笑道:'你问我?有趣,你倒成了才来的了。'麝月也笑了,又要去问人。宝玉道:'拣那大的给他一块就是了。又不作买卖,算这些做什么!'麝月听了,便放下戥子,拣了一块掂了一掂,笑道:'这一块只怕是一两了。宁可多些好,别少了,叫那穷小子笑话,不说咱们不识戥子,倒说咱们有心小器似的。'那婆子站在外头台矶上,笑道:'那是五两的锭子夹了半边,这一块至少还有二两呢!这会子又没夹剪,姑娘收了这块,再拣一块小些的罢。'"您看,一会儿要用戥子称重,一会儿又要用夹剪切割,比起银元和钞票,使用银锭真是够麻烦的。

《红楼梦》第二回中,甄士隐家的丫鬟娇杏被贾雨村看中,贾雨村发迹后,先娶娇杏为二房,随即生子扶正。起初,贾雨村第一次见到甄士隐的岳丈封肃,临走送了他二两银子。至次日,贾雨村遣人送到甄家两封银子、四匹锦缎,答谢甄家娘子,又寄一封密书给封肃,转托向甄家娘子要那娇杏做二房。封肃喜得屁滚尿流,巴不得去奉承,便在女儿面前一力撺掇成了,乘夜只用一乘小轿,便把娇杏送进过去了。贾雨村欢喜,自不必说,乃封百金赠封肃,外谢甄家娘子许多物事……贾雨村起初送给封肃的二两银子,算是见面礼;转天送到甄家的两封银子,即二百两银子,实际上是讨要娇杏的定金;而得到娇杏后乃封百金赠封肃,实际上是买人的酬金。中国古代社会,普通消费使用铜钱,重要的交易使用银两,而办大事一定用金,这在《红楼梦》中反映得十分清楚。

《红楼梦》第五十三、五十四回中,贾母于除夕、正月十五两次赏压岁钱。除夕,"两府男妇小厮、丫鬟亦按差役上中下行礼毕,散押岁钱、荷包、金银锞"。这是正赏,提前分好档次、个性化的,有大赏,有特赏。正月十五,贾母"说了一个'赏'字。早有三四个媳妇已经手下预备下小笸箩,听见叫赏,走上去,向桌上的散钱堆内每人撮了一笸箩……向台上便撒,只听'豁啷啷'满台钱响……贾珍贾琏暗暗预备下大簸箩的钱,听见贾母说赏,他们也忙命小厮们快撒钱,只听满台钱响,贾母大悦"。这是补赏,撒的都是铜钱。金银锞,是做货币用的小块的金锭或银锭。作为赏钱,金银锭的档次显然比铜钱高。

天津印社社长、西泠印社理事、著名篆刻家孙家潭先生,也是一位著名的银锭收藏家,在津西古镇杨柳青建有个人珍藏馆。他曾经多次与笔者谈到其银锭收藏的经验与感悟。2013年他将新出版的两卷本《孙家潭艺踪》赠与笔者,其中"银锭流霞"一节详细记录了他

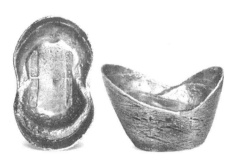

天津收藏家收藏的银锭

收藏的银锭精品。孙家潭对银锭上的各种戳记颇有研究,这些戳记具有封缄与防伪作用,戳记文字常见有帝号纪年、监铸机构、地名、工匠姓名或商号银楼等, 不同属性的戳记是考证与区分官银与商银的依据。孙家潭对银锭收藏充满信心,他认为银锭不仅体现了其本身作为贵重金属的价值, 而且更多的是充当了市井生活见证者的角色,这使得它在古玩市场上具有较大的升值空间。

"三位一体"的文化人

——问津讲坛第 60 期主讲人罗文华先生侧记

万鲁建

问津讲坛第 60 期主讲人罗文华先生,系《天津日报》高级编辑,也是天津文史学界的知名学者和收藏家。与罗文华先生第一次见面,我已经不记得是什么时候。随着交往的增多,我逐渐对他有了更多了解,但从来没有想到会有一天由我来写这篇侧记。一是因为罗文华先生学富五车,在办报、研究和收藏等领域都取得了很大成就,非我力所能及。二是虽然这些年与罗先生交往颇多,但比我了解者肯定不乏其人,还轮不到我来写。然而,承蒙罗先生厚爱,将这个任务交给我,作为晚辈后学,我不好推脱,只能"恭敬不如从命"。好在,罗先生非常大度地说:"你随便写,不必让我看!"这才让我打消顾虑,敢于下笔。

一 每天都与书相遇

罗文华 1965 年出生于天津,自幼喜爱读书,甚至在备战高考时仍不忘读"闲书"。那时候,他经常去学校图书馆阅览《文史知识》等杂志,还常去距离学校不远的烟台道古籍书店买书,差不多几天就买一本,多为古典文学和历史方面的普及读物。按他自己的话说,是"听着音乐、读者闲书考上大学的"。1983年,罗文华考入北京大学中文系,进入了一个更加广阔的天地,置身于书的海洋,读书更加如痴如醉。不仅如此,他还聆听过著名作家吴组缃、林庚等人的讲学授课,并当面请教过朱光潜、冯友兰、季羡林等著名学者,这使其眼界大开,也更加注重对书的选择,并说"一个人读几本好书不难,难的是一辈子读好书"。当然,这就要求我们去辨别书之好坏。如今,各类书籍鱼龙混杂,良莠不齐。如何选择有益于自己的好书去读,就需要我们具有良好的鉴别力,而这又恰恰需要多读书、读好书,两者相得才能益彰。

罗文华不但读书多,而且涉猎广,上至古今中外的经典名著,下到被称为"小人书"的连环画,他都不偏废。作为中文系的高材生,阅读经典名著,乃是题中之义。可令人惊奇的是,他还喜欢阅读和收藏连环画,现在闲暇时还常到古文化街的旧书店旧书摊购买,他的连环画收藏量已达一万多册。他曾说:"每天都与书相遇,多少年来,我的生活大致就是如此。"喜欢读书,自然就免不了要买书,他平均每年购书千余本,如今藏书已有三万余册,可以说,他的家就是一座小型图书馆。因此,他被评为"天津市十大藏书家"之一,还是首届全国"书香之家"。在他的影响和带动下,其子罗丹也成了书迷,如今多有文章发表,而且颇有其父之风。

英国著名哲学家、思想家培根曾经说过:"读书足以怡情,足以博采,足以长才。"罗文华通过大量的阅读,丰富了自己的学识,也促使他对书话有了自己的思考。他较早提出了"日记体书话"的概念,并系统研究了书话。1996 年发表在《天津文学》的论文《一种特殊的散文——论书话》,曾引起姜德明等著名书话家的重视。中国阅读学研究会会长徐雁评价说,这篇论文是"至今关于'书话体'最全面的论述"。在此基础上,他撰写了长达十万字的论文《探析书话》,梳理了书话史的脉络以及自己的研究心得。此外,他还先后出版有《与时光同醉》《每天都与书相遇》《读书是福》等书话类著作。

二 编辑写作两不误

罗文华自大学毕业后一直在《天津日报》工作,至今已经三十余年,是资深报人。他编辑副刊"满庭芳",多有名家之作。他还特别关心年轻人,奖掖后学。我在《天津日报》发表的小文,也都得到他的指点。如果说编辑是他的本职工作,那么学者、作家则是他的另一个身份,甚至这一身份更为人所熟知。

大量的阅读,专业的训练,使得他很早就开始了创作,尤其是散文方面成绩显著。1995 年,罗文华出版了他的第一部散文集《槐前夜话》,书名系著名作家孙犁先生所题。当年孙犁先生已经很少为人题写书名,可见孙犁对罗文华的看重。孙犁是《天津日报》副刊的创办人之一,长期主持和编辑"满庭芳",是罗文华的前辈老师。孙犁非常关心罗文华的写作,好几次托看望他的朋友对罗说看了他在报纸上发表的哪篇哪篇文章。著名的孙犁研究专家金梅、张金池等先生都说,孙老对小罗,有勉励,有期待。著名作家韩石山先生也非常关心他,希望他在某个方面拔出来、凸出来,甚至帮他规划过。尽管罗文华最后并没有按照韩石山规划的道路走,但也可见韩石山对他的关怀。后来民主与建设出版社出版了一套当代名家散文自选集,其中就包括罗文华著《将谓偷闲学少年》。他在 2010 年发表的散文作品《写给秋光中的略萨》,获得过全国报纸副刊作品年赛金奖,可见其散文作品的影响力和价值。

除了散文,罗文华在小说、诗歌、翻译等方面也成果显著。其创作的短篇小说《正午的青花釉里红》,得到著名文学评论家、天津市作家协会副主席黄桂元的高度评价。其创作的诗歌结集为《罗文华世纪诗选》。他还曾翻译世界文学名著《理智与情感》,1995 年由天津人民出版社出版,2013 年由译林出版社再版,且为中英文双语版,可见其翻译版本的权威与价值。此外,他还先后出版有杂话集《烛边夜话》《书里画里》等。

作为天津人,罗文华非常关注天津地方历史文化的研究,并以自己优美的文笔和严谨的学风,将天津的历史文化呈现给读者,使得我们可以通过文字去追忆那"消失的天津风景"。2006 年,福建美术出版社出版的《消失的天津风景》,就是他从不同角度、不同侧面,以自己的视角,精练地介绍了 100 多处消失的著名天津风景,力图为我们提供一个解读天津历史文化的新文本。2007 年,他应邀参与了南京师范大学出版社策划的"城市文化丛书",撰写了《七十二沽花共水》,以随笔的形式将天津曾经的沧海桑田付诸笔端,并"把天津放在全国乃至世界的大坐标上,通过东西、南北的比较,显示出天津的特色"。此外,罗文华还在报刊发表过大量有关天津历史文化的论文及随笔,成为天津文史学界的知名专家学者。著名作家林希曾说:"罗文华开掘天津民俗文化,避开猎奇色彩,没有卖弄,将地域文化、民俗研究看作是严肃的学问,以识见、学养解读地域文化,更在文字中倾注了丰富的情感。"可以说"罗文华先生的研究堪称独具一格"。

上述一系列成绩,使他获得了社会各界的认可,他相继担任了天津市社科联委员、国家艺术基金评论员、天津市红楼梦研究会常务副会长、天津市李叔同——弘一大师研究会副会长、天津市世界语协会名誉会长等职务。

三 为"钱"消得人憔悴

罗文华是报人、学者,也是收藏家。尽管他自己说业余才是搞些收藏,然而他的收藏在天津乃是全国都是有一号的。这倒不是说他的藏品有多么珍贵,而是他能将收藏与研究、写作很好地结合起来,充分挖掘藏品的文化价值,推动收藏的有序发展。他收藏的门类广,诸如邮票、票证,而最为人所知的则是钱币,尤其是洋钱,即外国钱币,不敢说天津第一,至少可以排到前三。对此,他的夫人说过一句很有趣的评语:"你的本事,就是把能花的钱换成不能花的钱。"他现在兼任天津市文物鉴定委员会委员、全国钱币收藏联盟外国钱币委员会副会长、《中国收藏·钱币》学术委员会委员等职,可见其在钱币收藏领域的影响力。

收藏之余,他经常撰写相关文章,并在报刊连载《说洋钱》系列,很受钱币收藏爱好者的喜爱。后来他将这些文章结集成册,先后出版有《中国钱币的故事》和《说洋钱——世界硬币鉴藏录》。《中国钱币的故事》以古代钱币为切入点,重点挖掘钱币背后所蕴含的时代信息,将读者引向更为广阔的历史和文化空间。著名学者薛冰在该书序言中说:"这是一部视点独特的读史随笔,也可以说是从钱币学、经济学的角度展开的中国略史。"外国钱币也是如此,它一方面是国家的标记,另一方面又蕴含着众多历史信息。因此,罗文华的《说洋钱——世界硬币鉴藏录》,看似说钱,实则是以钱来叙说该国经济、金融等方面的历史细节,正如知名学者、收藏家姜维群在该书序言中所说:"他用钱解读中国以外的知识,给了读者整个世界。"罗文华醉心于"钱",为了"钱"殚精竭虑,也乐在其中。

罗文华先生是资深报人,是文化学者,也是收藏家,我将其称为"三位一体"的文化人。他的学识和成就,自非我等所能窥其全貌。我只能以这些年与罗文华先生的交往以及拜读其大作所得的一点体会,记录于此,权作为一篇侧记吧!

(《藏书报》2018 年 12 月 17 日第 49 期)

附 录

雅俗论

——2018年度"问津讲坛"综述

周醉天

　　每年的"问津讲坛"讲座每月一期,除了春节例停一期,12月最后一期留给问津学术年会外,每年共计十期,并且每期讲座完成后,会有一篇本期讲座的侧记在报纸上刊载,先是跟《渤海早报》合作,后又跟《每日新报》合作,现在是跟《藏书报》合作。《三津谭往》是问津讲坛每个年度主讲人讲稿和报道的结集,当然这结集里还有一篇综述,尽管被安排在附录里,但是至今为止所有综述都是我写的,这也是个不大不小的纪录吧,因此我也为之自豪。

　　倏忽之间,写问津讲坛结集的综述已经是第六个年头了,到今天依然不知道综述该怎么写。前几年每当《三津谭往》问世,展卷在手先看拙作,大体估量一下被删去多少字,然后阅读序言、后记,总会发现序言、后记和综述都在逐篇介绍讲稿主要内容,如此雷同化的篇章让我无法沉着,于是时有所思,综述以及序言、后记之类到底应该怎样写。

　　余以为,序言该是书的序幕,是作序者的感悟,起引人入胜的作用,一般请德高望重者操刀;而后记则应重点介绍成书经过,必是主编者来撰写;综述则是全书内容之精炼,由我来写,勉强为之耳。余非德高望重,不配作序;亦不敢论及主编,就只好寻思综述到底应该怎么写。自个寻思不如寻人交流,与问津书院山长讨论后,逐渐有所认识,即综述之外,亦可感悟,想到哪儿写到哪儿,于是就有了本篇唧唧歪歪之文字。

一　民俗是什么?

问津讲坛每年一个主题,2018 年度主题是天津民间习俗,也就是所谓民俗之类。说实话,刚知道这个选题我颇不以为然,想我天津历史文化中西合璧、古今交融,真正多姿多彩,正是百年历史看天津,看的可不是民俗,看的是世界文明在中国的落地,看的是洋务运动里天津的辉煌繁荣,而不是逛庙会、踩高跷这类其他地方也能看到的把戏。我这样的认知,不知道是不是对民俗的偏见,还是对近代天津的定位过于固执己见。后来看到李子健对民俗的定义,我才开始认真思考。

李子健写到:"什么是'俗学'? 百度里讲是'流行之学',这个解释过于简单,并不精准。笔者以为:俗学,世俗'文话'之学也。其位'五学'之首(俗学、文学、哲学、神学、玄学,谓之五学)。俗学,乃一切学问之基础,此'基础'非初学、蒙学之意,更非浅易之学,而是承载'文哲神玄'的文化基石,是以文字和语言共同汇集的人类文明之源。真正的俗学,囊括了枝蔓繁芜的民俗民风以及涓流交错的世间过往。故,俗学乃应世权变之大学问也。"

第一眼看到这个定义,觉得言过其实了。而随着时间的推移,我对这个定义逐渐有了一些深入思考。神学、玄学暂且不论，就文学与哲学相比较而言，哲学肯定是上一个层级的学问，俗学与文学相比较，文学当然又是上一个层级的学问，但俗学至少是这个层级制中的基础性一级，而且因为在最底层，所以才最接地气，是人类最直接的文化——谁说民俗不重要？"五学"之首与"五学"之基，皆由最广泛人群的生活状态决定之，故是最广泛的文化，"乃应世权变之大学问"，高度不可谓不高，作用大得更是吓人，这样的定义也就是李子健兄才能下得出。那么我们就来"听听"他的讲座吧。其实他是2018年的第三讲，因为我们首先谈到了这一年度的讲座主题，恰好子健兄又下了这么个定义，所以就先从子健兄谈起。

二 奇人李子健

我们从李子健给民俗下的定义可以感受到，讲民俗的李子健不是俗人，不但给民俗下定义，就连讲座也是独具一格，他自称是"俗学散打"。什么是俗学散打呢？他自己说："因为在下文中会引申出很多题外话，有史考正说，亦有江湖传闻，所以姑且称之为'散打'。今日所谈及是有关天津地名及某些方言词汇的'散打'。"真是够"散"的了，一次讲座又地名又方言，搞不好就东一榔头西一棒槌了，但他先来个"散打"，算是说在前面了。子健兄的讲座真是不断出奇，说好了俗学散打，开篇讲的却是大历史，说为什么有天津呢？是为了震慑河北人，因为燕王朱棣为争夺皇位与朝廷军队在河北展开拉锯战，朝廷军队新雇佣的士兵甚至没来得及穿上军装，一身农民装束就上了战场，朱棣误以为这里百姓也都反对他，于是下令

李子健（前）与周醉天

将河北百姓杀光扫光，所以靖难之役又被称作燕王扫北。此说乃第一次听说，我不敢苟同。近日去德州考察，发现德州对此也有传说，称燕王扫北系燕王扫碑之传讹，对此笔者也只能呵呵一笑。但是不管你同意与否，子建兄的讲座很快便跳跃至地名，说王顶堤是一叫王丁之人护堤得名，说黑牛城因养优质黑牛得名，说王串场因王家人在道路一侧建若干打麦场看上去像是一串而得名，说尖山系碱山之误等。子建兄解读地名独树一帜，但是笔者依然不敢苟同，因为他的依据仅是"谈及""据说""相传"，属于证据不足。

但不管怎么说，子建兄的解读都还有根据，并非他编造的，也能算是一家之言吧。

感慨于许多年以来我们已经没有真正的学术批评了，我才将对子建兄学说的异议写到这里。写到这里本身就是意义所在，这一方面能彰显我的性格，敢于直言，不管什么场合，也不计失去多少机会；另一方面更彰显了我对子健兄的信心，在讲座的开始，我的开场白是真情流露，我真诚地说我佩服子建兄，是因为他面对权贵敢于直言。这样的品德和作为，在当今也已经鲜见了，而学术批评于子建兄，也一定是其所乐见的，我对子建兄有信心。

子建兄的讲座很成功。不久之后，他设宴款待谭汝为老师等，我也在受邀之列，不知道此文刊出之后，是否还能有此荣光？

三　好人吴裕成

本书第一讲主持人是吴裕成，个头不很高，声音不洪亮，甚至口才一般，然踏实做学问，给人印象颇深。吴君退休前掌今晚报社副刊部，系振良山长之前任，其研究民俗有年，出任第一讲足见与后任关系和睦。

咱书归正传，吴裕成兄讲座的题目是《津沽防火灾传统习俗中五行观念的影响》，其中讲到以下几个方面：火患频仍与社会的防灾减灾应对；五行观念对防火灾民俗的影响；空间奇思：想象中抑制火灾的干预；火神崇拜：群体敬畏的极致表达；五行"水克火"：被符号化强调的常识。

哲人有言，"民非水火不生活"。后人的理解是"五行皆切于民用者也，而水火为最，以其非此不生活也"。水火泽惠生活，而另一面则是"水火无情"。

讲座开始即引发感慨，吴老师讲到旧时火灾，实在让人唏嘘不已："天津在清代逐渐发展为市井繁华的都会城市，火灾成为纠缠于烦嚣都市的负效应，这在城北门外商业区表现得尤为可悲。例如同治元年(1862)是火灾多发年份：正月初一夜，兴隆街火烧数十间；二十五日洋货街大火，烧百余间；二月二十一日，火烧锅店街三十余丈；三月十七日子时，锅店街复经火灾，烧至估衣街、北阁、竹竿巷街、针市街，以及茶店口等处，连绵数里，无一得免者。火灾像一个驱之不去的幽灵，在城池以北至南运河一带转悠。这一带市廛繁盛，却成了回禄肆虐的重灾区。"

这说的是北门外，天津著名的北市，乃天津商业的发源地，曾经繁华无限,却原来经历过那么多火灾的威胁和毁损,但是由此也让我们感慨,经历了那么多火灾,北市依然繁华,这说明了什么呢?除了说明商民的坚韧不拔屡烧屡建之外,还说明了这就是商业繁华之地,任何火灾都是不可以将其平灭的,就算你能够把北市烧光,他还会在原地拔地而起,因为这里原本就是商业繁华之地。

这样的商业繁华之地,是多年以来市场自然选择的,自然形成的,所以才有如此的生命力,屡经大火而不死,犹如离离原上草而野火烧不尽,春风吹又生。什么是风水宝地,对于商家而言,这样的商业聚集地就是风水宝地。这样的商业聚集地是有他自身规律的,有的是能够总结出来的,比如在大桥下面不行,交通不便不行,没有居民区不行等,而更多的规律,人们却是不知道的,是无形的,是隐藏着的,也就是说,决定一个商业聚集区是否成立,其内在的决定性因素,是我们无法事前获知的,唯如此,市场才是神奇的,市场才有一只看不见的手。

然而历经"人定胜天"洗礼的现代人,所迸发出来的力量,是火灾都不敢比拟的,大火将北门外屡屡焚毁,无形的手又屡屡使其焕发生机。但比大火更厉害的是今天的人们,今天的人们不信邪,愣是将北门外推倒重来,你不是春风吹又生的商业聚集地吗,我高档住宅小区全面碾压你,无形的手终于被镇住,商业聚集地变成了没有灯火的宽平马路,机动车呼啸而过,路边几无行人,大火是从此不再肆虐,商业聚集也终不再来,北门外终于繁华不再。

由吴老师所谈大火肆虐北门外引出我的跑题,实在是抱歉了,回来还谈吴老师的讲座。最后他说:深烙阴阳五行学说印记的传统防火灾民俗,属于水会和水会之前的时代。随着社会物质、精神文明的演进,消防队、自来水、火灾险等许多新事物"互相资藉",社会捍灾御患的能力日趋强大,一些抵御火灾的传统习俗渐行渐远,成为必然。吴老师的结论,我深以为然,并且推而广之,应该这样看待民俗,民俗不俗,民俗很雅。

四　一次难得的学术争论

谭汝为老师的讲座我就不多写了,因为要写的都在我那篇报道里了。问津讲坛每次开讲,后边都会跟上一篇报道,介绍讲座和主讲人,2018年度谭汝为老师的讲座,报道写作的任务责无旁贷地由我来完成,而且可以说一气呵成就完成了,因为谭老师是我恩师,是他引领我进入天津文史圈,许多文史场合都是他提携带领,几年来交往甚多,当然再熟悉不过。谭老师为人宽厚,热衷提携后进,即使看走眼也能泰然处之。因为了解谭老师人品,此番写作也就没有顾虑,放开思维草就了一个颇为大胆的题目《"蛮二代"的快意人生》,发表于《藏书报》2018年4月23日。这篇文章写了啥?谭老师为什么成了"蛮二代"?这"蛮二代"不是一个贬义词吗?是的,也就是谭老师大量我才敢如此造次。

本次讲座谭老师的题目是《天津方言与民俗》,首先介绍了天津方言文化的研究、保护与传承,而重点仍是对天津方言进行解析。其次解析的是方言岛与母方言。由于与谭老师熟悉,所以对方言岛理论我也耳熟能详。方言岛是说:天津老城以及周边地区形成的一个倒三角形的方言小片;母方言就是说天津方言来自以固镇为中心的淮北平原。这些论断的最先的提出者是前辈学者李世瑜先生,在天津学术界知名度是很高的。接着谭老师解析了天津方言的读音,最后又解析了天津话的民俗特质。谭老师的讲座很生动,还引来大批女粉丝,讲座结束掌声热烈,气氛达到了高潮。忽然,在高潮之中一个声音响起,有人要求发言,这是互动环节所追求的,当然被允许。发言者王福瑞先生,对文物、历史、方言、戏剧等都有研究,笔者与其相识不过数月,但他与问津书院山长却是老友,是问津讲坛不很常见的听众,也是谭老师的景仰者,此番就是冲着谭老师的讲座而来。

作为一名研究者,王福瑞先生的发言较长,实质内容是:不同意天津母方言是来自以固镇为中心的淮北平原之说。王福瑞认为,天津话跟安徽没什么关系,跟燕王扫北也没什么关系。他还举出了证据,根据天津建城后的人口变化资料发现,明朝三卫的辖地,西北到天津城墙西,东南到山东益都(今天的山东青州市),主要沿运河驻防。而天津城的人口数量,到嘉靖二年只不过5万人出点头。从官员籍贯结构上看,安徽虽然占比较高,但也仅为27%,与江苏、山东的占比差距并不大,而江苏、山东、河北三省之和,则远远高于安徽。所以他认为安徽方言对天津城里的影响应该说是有限的。

王福瑞认为,朱棣为防止南方势力反弹,把在金陵一带招募的新兵迁往北京。这些新兵说话什么调呢?就与《洪武正韵》有关了。洪武年间,朱元璋命臣下制定《洪武正韵》,也就是明朝的普通话。洪武正韵什么调呢?按今天的表达,就是以朱元璋老家安徽凤阳话为基本调,带有当时南京(京城)口味的语音。这个语音是什么样的呢?今天我们要听扬州话,扬州以北地区说话,就大体是当年洪武正韵的腔调。漕运停止之前,我们天津接触最多的是哪儿的人呢?是扬州人。而北京话,是受到后来满族满语音的影响,而这种影响在天津几乎没有。今天我们可以引以为自豪的是,天津话就是真正的汉人说的"中国正音"——"Chinese 正音"(掌声)。

　　王福瑞先生讲了十分钟。谭汝为老师插话："您可以简单点,用一句话说明天津话不来自安徽那么来自哪儿?"王回答："天津话来自于明朝(初年)的普通话!"

　　笔者小结王福瑞先生的观点:天津方言的语音应该是源自《洪武正韵》。全场安静,谭汝为老师此时不淡定了,时不时插话,与王福瑞展开了小辩论。笔者作为主持人,既希望有不同声音,又要控制现场秩序,确保争论有度,于是在你来我往一番之后,终止了互动环节。在此要说的是,这是一次难得的学术争论,且不论双方学术观点正确与否,能够公开表达学术观点的不同,在如今最是难能可贵。所以我们记录下此番争论,并弘扬此种学术争论。

　　之后与王福瑞先生接触逐渐多起来,倒并不是由于这次学术讨论,而是为另外一桩"不可告人"的文化事业,尽管并不顺利,但我们却成为要好的朋友,偶尔也聊一些天津方言问题。我发现,王福瑞对天津方言起源与流变已经研究许多年了,有比较系统的观点,如果问津讲坛日后给机会,相信会引起听众更多思考。

　　既然谭汝位教授是我恩师,在这里我多写一些文字也不为过。说谭老师在天津是学术明星一点不假,不管是讲座还是读书分享活动等,只要有谭老师的身影,必然会招来一众粉丝,那叫一个热情!但是谭老师的这份影响力,那可是老人家一笔一画写出来的,也

谭汝为给听众签名留念

就是说,谭老师的勤奋才换来今天的成就。每到年底,谭老师总会拉一个名单,不是人的名单也不是书的名单,而是将自己一年来所写的文章、出版的图书、参加的学术会议、在电台的讲座、接受电视台采访等,拉成一个清单。任何人看到这份清单,都会被谭老师的勤奋所感染。勤奋带来的就是视野宽阔,曝光率就高,接触人也多,机会自然也就多了,不想成为明星都难。所以,谭老师作为七旬老人给我们树立了榜样,做文史人必须勤奋,学术明星也是干出来的,并且,像谭老师这样的学术明星,是不俗的,是很雅的。

五 一个学术的餐饮雅集

"水火从五行中脱颖而出"这句话说得真好,完全概括了吴裕成老师的讲座内容和精华所在。语出惊人者则一定是大家,谁呢?高成鸢,原来是他。

讲美食文化近些年似乎成为时尚,报纸、杂志、电台、电视台充斥着各种美食节目。如何做出美味餐饮的节目受到欢迎,这也可说正常,毕竟衣食住行百姓生活之必须,谁也离不开吃,而且是每天不止一次。美食节目五彩缤纷,其中便有美食文化节目冒出来,是不是文化学者都开讲美食文化,然后通过美食登堂入室而成为文化学者,这样的景象也颇为壮观。但是老实说,美食与文化还是有点距离的,真正算得上研究美食文化的学者,在天津凤毛麟角,但就算是再少,问津讲坛也还是能够掘地三尺而寻出,高成鸢这位已经不常年在天津居住的天津人,也被问津书院找来作讲座,因为他无论从哪个角度看,都算是美食文化研究之大家。

老头八十多岁了,精神矍铄,瘦而利落,满面红光,温文尔雅,一副学者派头。但是他的讲座可不温和,开讲就是震撼,震撼到我,相信也一定震撼到听众——不管您是否到现场听了讲座,我还是要在这里重述一下高老师讲的这段事:

旧时中国各行业都要供奉祖师或神祇,作为本行业护佑者的象征。十几年前,中国烹饪协会曾邀集几位研究者,商讨厨师节和"厨祖"问题,提出的厨祖候选人有商代贤相伊尹、老寿星彭祖等四五个人。高成鸢在会上谈到,天津餐饮业大繁荣的 20 世纪早期,饭庄酒楼多以古齐国的易牙为厨神。与会的几位饮食文化研究开拓者都感到大为惊讶。易牙何许人也?查 360 百科,云乃齐国彭城(今江苏徐州)人,"春秋时代一位著名的厨师,他是齐桓公宠幸的近臣,用为雍人。易牙是第一个运用调和之事操作烹饪的庖厨,好调味,很善于做菜"。一次桓公对易牙说:"寡人尝遍天下美味,唯独未食人肉,倒为憾事。"桓公此言本是无心的戏言,而易牙却把这话牢记在心,一心想着卖弄自己的本事,好博得桓公的欢心。桓公在一次午膳上,喝到一小金鼎鲜嫩无比的肉汤,便询问易牙:"此系何肉?"易牙哭着说是自己儿子的肉,为祈国君身体安泰无虞,杀子以献主公。闻此齐桓公内心很不舒服,却也被易牙的行为所感动,认为易牙爱他胜过亲骨肉,从此十分宠信。

听了这个故事,笔者很为感慨,相信当时在场听众一样会感慨——表忠心吗?那就向易牙学习吧!否则那就老老实实做实事。

高老师讲座的题目是《特色鲜明、值得研究的天津饮食文化》。他从"天津人讲吃知味的由来",讲到天津厨艺界"独奉奸臣为厨神",天津餐饮文化的"大众基础是漕运劳工的解饱与'讲吃'的脾性",还有"精英主导:盐商的奢华与'知味'资质",对天津餐饮文化这样的解读是为学术。

高老师也讲到天津小吃,他的小题目就与众不同,叫做"个性强烈的天津小吃:由来及意义"。他说"烙大饼"是津人一大发明,说"卷一切"实为小吃之母,这样的说法笔者还是第一次听说,并且认为是非常学术的,而精辟而诙谐的语言,无疑增加了学术的品质。他说"煎饼果子,小吃偏能'下饭'",他又说"似菜非菜'锅巴菜'";他介绍"油炸蚂蚱",他考证"铁雀"得名于津音"铁脚",而外地"侵权"缘于被本地"忘光";他还说"狗不理"理应出在天津。

关于津菜,高老师的观点是:融汇、竞争使"津菜"后来居上。各大菜系在天津的交汇,中西文化在餐饮业的碰撞,造就了独特的天津菜系,那么,"津菜"在中餐谱系中是怎样的地位呢?高老师说:天津兴起于漕运和盐业,繁盛于开埠和租界。20世纪前期,"津菜"迅速叫响,后来居上,并为各地食客所承认,从20世纪30年代开始,"津菜"名目在各地食客中开始趋于无闻,但这与"津菜"本身无关。考察其缘由,是1928年后天津城市地位急剧下降,因此津菜的盛衰,可以用八个字来总结,就是"后来居上""生不逢时"。高老师讲饮食文化能讲出大历史,是我天津市研究饮食文化最具学术范儿的典范,自然是带着学术范儿的雅,同时也给其他研究者树立一个样板,指引出一条道儿。跟着电视台进饭馆尝几道菜,当作娱乐节目看可以,那根本不能叫文化研究。

还要啰嗦一句,这讲记忆最深刻的还是那个奸臣易牙,一说到他便不寒而栗。

六　一个年轻的老成大侠

潘侠峰,亦作潘侠风,一位年轻人,讲曲艺习俗。提前安排的主讲人突然生病，因而被临时抓住应急出场，这种情况对于笔者而言，那是求之不得可以轻松应对的，但是对于一个年轻人，又是年轻人讲老事，多少都会有所考验！潘侠峰还好，颇有大侠风范，并不怵场，他首先介绍了旧时曲艺的演出方式，由于是民间艺术，演出场地非常简陋，才有街边撂地的演出形式：画锅、明地、大棚。随着社会的发展，演出条件得到改善，于是又有进屋的了，出现书场、茶社，进而有了新式曲艺剧场，剧场里那时兴计时收费。后来还出现了在电台里讲书。然后他着重介绍了曲艺界内拜师收徒的习俗和故事。

笔者期待讲曲艺习俗时，会讲到春典（一说唇典），然而耐心地听完了，只在讲座最后稍微带上一点点，等于基本没讲。为什么这样？他说："我要事先声明一下，关于这一部分，只能简单谈一谈，因为我不是演员，不能全面的了解行业秘密语。当然了，如果是专业的演员，也不可能坐在这里给各位来讲座，因为这属于行业内部的术语。我觉得，本着对人家行业内部习俗的尊重，咱们不过多的披露这里面的秘密语，只能就他出现的社会风俗做一个简单的探讨。"讲座后是问津沙龙，海聊时再次提及春典。潘侠峰说，春典在咱观众看来是有意思的说话方式，在曲艺专业那可是谋食的一种手段，既是谋食手段，业内也就有不成文的规矩，不可解读，这就像变魔术，在戏台上表演魔术，没有人给你解密魔术是一个道理。可不是吗，让他这一说，电视里看的魔术不在少数，尤其每年的春节晚会，大概都会有魔术类节目，却从来没见过解密魔术这样的节目，这在旧时是为了给人留饭，在现在依然如此，这就叫做传承吧。

关于潘侠峰本人情况，还是需要看一下张颖写的《曲艺研究创作两翼齐飞——问津讲坛第 56 期主讲人潘侠风先生侧记》，从中

我们才知道两个潘侠风的故事,才知道《笑谈点将录》,才知道从 21
岁到 31 岁奋斗十年小有成就的这个年轻人。潘侠峰不但在曲艺理
论上,而且在曲艺创作上也颇有成就。在网络信息发达见面不易的
今天,以他的现实修为,被当作老先生也就不奇怪了。

七　一对儿老实人的无意涟漪

　　曹式哲老师没有微信,联络起来比较蹩脚,让我或多或少流露
出一丝没耐心。但是接触以后我就知道,这是一个老实人,认真做
事一丝不苟的人,但也一定是比较古板之人。

　　曹老师介绍了我们天津的旧书业习俗,这是个稍微冷门的研
究方向。他先介绍天津旧书业的历史沿革,然后重点讲述天津旧书
业的行规习俗,其中也还是从人员讲起,即"业者来源",然后是"学
徒生涯",然后才讲到书业习俗,从经营特点小、快、灵说到设店开
业三要素——店堂、资金、货源,从经营范围与经营特色说到信息
人脉与售书服务,从相扶相携、互利互惠的业内传统说到寄售、伙
购、代购的经销策略,甚至还讲到如何开店。曹老师真是一板一眼
从不偷赖。最后他还他还特别讲到天津旧书业的历史贡献:第一是
挖掘、抢救、保存了大量书刊资料,其中包括不少珍贵的古籍文献;
第二是为各级图书馆、科研单位、高等院校及专家学者提供了大
量书刊,密切了与学术界的关系,建立了长期合作;第三是培养造
就了一批颇通古籍版本目录学知识和线装古籍修复技术的专业
人才。

　　看看曹老师讲座稿的结尾,我仍是很感慨:"感谢问津书院精
心组织安排了这次讲座,这充分说明了问津书院对天津旧书业的

关注和重视。虽然旧书业在天津的众多行业中属于弱小行业,但是它与天津的历史文化密切相关,并且对天津历史文化的繁荣和发展做出过重要贡献,因此不容忽视。作家蒋子龙说过:'……没有文化一个城市是立不起来,更不会成为名城。'这话发人深省。"您看到什么了?对问津讲坛的感谢,绝对礼貌用语,谁都这么用,不足为奇。旧书业是弱小行业,这也这众所周知,也不足为奇。我看重的是文中所引蒋子龙的话。蒋子龙这话的后边,还加了个中括号,它中间是数字34。蒋子龙这句话不但被当成语录引用了,还标出了出处,着实让人觉得曹老师是个认真的人——讲稿2.1万字,在2018年度10篇讲稿中是字数最多的,引注34条则属于中游,但是引注蒋子龙的话却显得可爱。曹老师的稿子经过半年整理修改,是倒数第二个交出的稿件,也足见其认真程度。曹老师讲的书业习俗,其实一点也不俗,雅得很。

曹老师的讲座、文稿中规中矩,再加上一个老实人,不会引发炒作什么的,但是当写他的那篇报道一刊出来,在问津书院微信群里却引起了波澜,那篇文章的题目是《津门书业文化研究第一人——问津讲坛第57期主讲人曹式哲先生侧记》。说实话,讲座完成了,我的工作就完成了,后面的报道由谁写?写成什么样?我没有太关心。这一篇我最初也不知道是谁写的(后来才晓得是李树德老师所撰),内容是什么也不知道,但是忽然之间就展开了争论。争论什么呢?争论究竟谁是津门书业文化研究"第一人",换句话说,以曹式哲老师的履历和成果,是否当得起津门书业文化研究"第一人"说法?当然,查查词典就能知道,所谓"第一人"有两个意向:一是第一个或最早,曹式哲老师显然不是最早研究天津书业文化的人;二是最好或最佳,也就是最厉害,曹老师对天津书业文化研究投入的精力不但无人能比,而且其整理的《津门书肆记》影响巨大,绝对是目前天津书业研究最有分量的成果,在这一点上来看,李树德先生的定位也还是大体允当的。

当时,我对这场争论没有给予足够关注,只是想有争论总是好事,在如今学术批评缺失的情况下,这是非常难得的。有此一桩公案,也显得问津讲坛不一般,是个名副其实的讲坛。而且,这样的争论也不是第一次了,谭汝为老师的讲座不也有不同意见吗! 虽然一个在现场,一个在讲座之后,但这两个事件本质相同,都是问津讲坛的衍生品,也是问津讲坛所追求的效果,其实更是学术界需要的一种状态。

您如若想了解完整的事情经过的话, 看看本书再作判断就好了。本书除了收录曹老师的讲稿,按惯例自然也有李树德先生撰写的引起那场争论的《津门书业文化研究第一人——问津讲坛第57期主讲人曹式哲先生侧记》。

某日,我接曹老师电话,说李树德先生来津,借机会请笔者和书院山长吃饭, 于是便有一次小聚——第一次与曹老师有了私人小聚,第一次认识李树德先生。书院山长也参加了,但他太忙,小坐即走,剩下三人聊得热火朝天。李先生送我他的“小书”(小开本)《那些朋友,那些书——忆巴金》,最重要的是,三人还聊出一个选题,今天看来这个选题还非搞不可了! 什么选题呢? 在此卖个关子吧,先不告诉您!

再某日,李先生又一次下卫,我们再一次雅聚。我送李老师“大书”(大开本)《历史推着北洋走》,继续聊我们的选题。到此时,甚至直到现在,这一对儿老实人,对于他们引起的那场争论,依然毫不知情,这才有点意思,恐怕是要等到我的这篇综述出笼之时,他们才会看到。我等着他们给我打电话,等着看他们瞠目结舌的表情。

八 广告与妈祖信俗

由国庆老师的讲座先介绍天津旧时染料行业的广告(现在的年轻人几乎不知道染料在百姓生活中充当过什么样的角色了),接着谈谦祥益广告画是怎么"捡"来的,还有谦祥益的商业经,注重信誉是当时商家之必须。后边忽然时空转换,20世纪80年代"引滦入津"的宣传招贴也被用来展示,讲天津人曾经喝咸水的故事。再又跳回20世纪二三十年代,说蛤蜊油(一种早年间的化妆品)、礼品券、代乳粉、刘二姐、阴丹士林布等,那些逝去的生活场景随着一片一片的小广告重新被引到记忆之中,让人产生共鸣,感到温暖。由国庆的网名就叫温暖,把温暖送给天下人,多好的寓意!

老先生罗春荣讲妈祖信俗,自然要谈到天后宫,认为天后宫是天津年文化的摇篮和荟萃之地,对此我开始颇为不解,天后宫的这些年俗,与天津市民的年俗应该说主流是一致的,但是毕竟此一隅并非全部。等到听完全部讲座,我终于理解了天后宫之于天津年俗的意义。罗先生还讲了杨柳青年画和天津剪纸语妈祖信俗的关系。剪纸包括吊钱、门花、窗花、墙花种种,划分之细致,颇令人遐想,想大年临近,满屋子各种大红剪纸,绝对喜庆。

老广告是当时社会的反映,妈祖信俗更渗透进天津百姓生活,此两讲是典型的讲民俗,接地气,是广受欢迎的题材,是俗学的范畴。什么是"俗学",诚如子健老师所言,俗学作为"五学"之基础,非浅易之学,是以文字和语言共同汇集的人类文明,是应世权变之大学问。有现实意义。

九 美女学者诠释夜间经济

天津商业习俗由美女学者成淑君主讲颇为意外，因为这主题看上去应该是老先生熟悉，但是一看具体题目《近代天津商业习俗的变迁》，确是不同凡响，一是宏观，二是变化，这就透着学术味道，有点高大上了，而不是民间学者那样的讲法。成淑君讲了四个问题：名称和组织形式的变化，营业时间向夜晚的延伸，女性广泛参与到商业经营中，广告宣传争奇斗艳。其中第二个问题颇有现实意义，所谓延长营业时间，延长到夜晚，也就是现在所说的夜间经济了。目前天津正在搞夜间经济，殊不知一百年前就已有过，这就很有意思了。

成淑君说，开埠之前的天津，因无路灯照明，夜晚室外几乎完全笼罩在黑暗之中，"非皓月当空，对面则不见人"。天津开埠之后，租界地区最先引入西方市政管理经验，最早实施了路灯照明。路灯最初是用煤油灯，后改用煤气灯。庚子之变后，都统衙门管理天津，令华界居民和商铺门口晚上必须点燃一盏煤油灯，此后普遍有路灯照明。20世纪二三十年代随着电灯照明的日益普遍，天津的夜晚开始变得亮如白昼。

关于夜间的营业时间，20世纪30年代初，天津华界的商场营业截止时间为晚上12点，租界则更晚，往往到翌日凌晨2点才停止营业。

关于夜间经济，20世纪初天津开始有夜市。1912年到1914年间，为取缔摊贩和便利道路交通起见，天津有关方面就有在围城四条马路设立夜市之计划，但似乎未能实行。1932年日租界招租各类商贩,在路边摆摊售卖廉价货物。这个夜市位于下天仙至中原公司一段,最多时共有 117 个摊位。随后,华界仿效日租界在特二区、特三区和南市分别开设了夜市。特三区夜市位于界内大马路电车铁轨南便道上。特二区夜市最初设在东浮桥口至三马路口,后移至电车道。预定设摊 64 个,实际常摆者 50 余摊。南市的夜市,在平安大街至丹桂前南市牌坊一带。具体而言,由南市牌坊至天一坊饭庄为东段,由南关大桥至大舞台东为西段。每晚 6 点以后夜市就开始了,各类货摊都摆出来,"货摊林立,每摊上有一盏电灯,连缀一二里长,闪闪耀耀,远望去,也很美观"。夜市售卖的物品,以日本货居多,从衣服鞋袜、水果食品到花粉香皂等,无所不包,"凡是商店里有的东西这里都有,不仅齐全,而且便宜,因为这里所卖的都是较次一点的货物"。日租界夜市的独特特点是公开售卖鸦片烟具。华界夜市则有赌博性质的营业,如摇会、抄彩和对彩等。夜市的结束时间多在午夜 12 点至次日凌晨 1 点之间。另外,侯家后和河北大经路也举办过夜市。夜市一般从春末夏初的四五月份开始,到深秋天凉以后甚至 11 月份才结束。

笔者将成淑君文章的大段内容撮录于此,是加以重点推介的用意,因为正好契合了目前天津夜间经济若干项目的进行,可以提供一点历史上已经存在过的同类型经济的参考。

成淑君博士把商业习俗讲得颇为高雅。

十 俗到深处自高雅

本年度最后一场讲座的主持者是罗文华老师。我们知道罗老师是天津日报社的高级编辑,但是本次讲座内容却与编辑无关,讲的是钱业习俗《钱币收藏与天津钱俗》。本期讲座主题有点意思——钱俗,是钱俗呢?还是钱俗?

罗老师聪明,从"一个古泉先下定,三杯淡酒便成婚"这个名联典故讲起,立马就不俗了,就高雅了。这个典故说的是方地山与袁寒云为一双儿女定亲的故事,袁寒云长子袁家嘏和方地山四女方观初喜结良缘,成就了一段佳话。方地山和袁克文两个文化名人,均可称为奇人,一个对联大家一个诗文高手,两个古泉痴迷者,原本是师生,今却成亲家,这确是非常的不俗,堪称高雅了。罗老师讲这段故事,我讲几句接下来的故事,那就是几十年之后的今天,这桩因古泉结下的良缘还在延续,袁家嘏和方观初有一个孙子叫作袁侃,与笔者交往颇多,友情满满。

袁侃老师 1958 年出生于天津大营门袁家大院,自幼随祖母方观初长大。方观初乃大家闺秀,诗词书画无一不通,幼小的袁侃近水楼台,随祖母习书法、花鸟,终成书画名家,其尤工隶书,秀美通润,独树一帜,只是为人憨厚,从来都不张扬。

因为研究袁世凯的原因,我与袁氏族人交往一晃已快十年了,其间多少次聚餐、开会、雅集,袁侃老师总是有求必应(说的是对我)。袁侃老师腿脚不便,常开一辆小不点的残疾人小汽车在街上飞驰。他朋友很多,自然聚会也多,饭局也多,

袁侃先生为周醉天著《小站练兵史话》题写了书名

结果再一次事故，卧床数月，让人心痛。有时，我看着著名相声演员赵津生挤进袁侃的小车飞驰而去，既令人捧腹，更让人担心。还好，在朋友们苦口婆心劝说之下，现在好多了，喝酒不开车，尽管他这个车警察不管。

书归正传，罗老师接下来讲了一个不是钱的"花钱"，什么是花钱？花钱不是货币，而被铸成钱币的形状，旧俗认为它可以压伏邪魅，故亦称厌胜钱、压胜钱、押胜钱。它虽然具有钱币的形态，但不作流通使用，是钱币中的"非正用品"，多为民间的吉利品或避邪物。中国花钱成为世界众多货币中极为独特的一族。

从金融的角度看，清代实行的是白银与铜钱兼用的制度，以白银为本，以铜钱为辅，大额交易使用白银，小额交易使用铜钱。罗老师说，乾隆通宝铸造量大，流通量大，既是乾隆时期出现过通货膨胀的一种反映，也是这一时期城市经济快速发展、商业服务业发达、民间贸易频繁、手工业兴盛的一个见证。接下来就乾隆通宝的特征、各种版本和古今收藏界的重视，罗老师给大家做了详细介绍。

罗老师还重点讲解了"天子渡津永乐钱"，讲到在历代行用钱中，天津收藏家特别喜欢永乐通宝，因为永乐通宝铸造几乎与天津建城同时，而"天津"这个名字又是永乐皇帝朱棣给起的。当年朱棣发动靖难之役，率军南下从天津渡河袭取沧州，最终攻入南京，登上天子宝座。朱棣登基后，钦赐"天津"之名，意思是"天子渡津之地"，以为纪念与重视。2004年，天津举办纪念设卫建城六百周年活动时，展出了一位书法名家写的"永乐天津"四个大字，颇受好评。想想也是，对于天津历史来说，没有哪个年号比永乐更重要了。天津的收藏家们，理应对永乐通宝高看一眼。当然，现如今天津学界对皇帝赐名天津之说已经出现不同意见，这是好事，但是在这里讲民俗,沿用通常说法,或者说主讲人坚持此种观点,均无可厚非。同时就民俗而言,有着美好寓意便是主流,美好并与本地契合,则更是好上加好,何乐而不为呢?

最后,罗老师讲到"贵重高端金银锭"则是接地气的一个小节。老百姓常常把"真金白银"挂在嘴边,真金白银成为百姓生活里财富的代名词,并且含有货真价实的引申含义,"是希望所获实惠是看得见、摸得着的,同时也是希望在社会经济活动、金融活动中要保持和维护良好的信用"。金银锭不仅体现了其本身作为贵重金属的价值,而且更多的是充当了市井生活见证者的角色。

结　语

关于 2018 年度问津讲坛内容,如果从学术角度观察,雅与俗实际上是相辅相成的,民间习俗其实就是市井百态百姓生活,看似烟火浓重,但作为学术它就是雅的,用子健兄的话说,俗学作为一切学问的基础,能不高雅吗?

观照社会发展,见证历史变迁,保持学术态度,坚守学术阵地,问津讲坛这一年,基本上做到了,我欣慰。

解读 2018 年度问津讲坛,我也有所感悟:问津讲坛要有自己的特色,应该是集时下最新研究成果,宏大之叙述,宽厚之背景,生动之史实,深刻之思想,鲜明之观点,并从细部观照现实,既要有历史意义,还要有现实意义。问津讲坛渐入佳境,表现不俗,我欣慰,我更感慨。

2019 年 9 月 25 日于天津万科新城

后　记

　　2018 年度的"问津讲坛"为观众介绍了天津的民俗文化:天津的防火灾传统习俗中五行观念、方言与民俗、俗学、饮食与民俗、广告与民俗、曲艺习俗、书业习俗、年俗、近代天津商业习俗的变迁、钱俗。这些方方面面的民俗风情体现了民众对于物质和精神生活的双重需求,维系着群体的相互认同和凝聚力。

　　《续天津县志》中载"民间自冬至春,火灾不绝",天津在清代逐步发展为繁华的大都市,但火灾却成为一直以来官民的困扰,除了采取人力、物力等方面的防范措施,"阴阳五行学说"更是成为古代先民防火的思想武器,如利用空间格局的排布,"镇火"庙阁的修建,对"火神""水神"的敬畏崇拜等,如吴裕成所讲:"随着社会物质、精神文明的演进,一些抵御火灾的传统习俗渐行渐远,成为必然……但传统习俗对于慰藉心理、提示防火的作用,是不应被忽视的"。

　　方言作为民俗文化的表征,承载着民俗文化的发展,民俗文化的发展又推动着方言的演化。借了解天津方言,可以了解过去的生活及其所承载的城市文化。保护方言,就是保护历史文脉,保护城市民俗文化的根基。方言的应用也体现在地名、俗语等,从中可以窥见历史变迁,人文变化。

受地形、气候、经济等方面的影响,各地区都有自己独特的饮食风俗,天津地处九河下梢,经济文化又兴于漕运,地理位置和早期人口构成影响了天津特殊食尚的形成,"津菜的历史成果是中餐文化的宝贵财富,由于时段清晰、特色鲜明,不但值得本市行家和食客来努力传承,还特别值得作为中餐标本来深入研究。"

一时期有一时期之风俗,特定的时代和文化背景影响着民俗观念的形成,广告作为一种传播活动,在自身的商业价值之外,同样是一种文化表达与传播:"老广告揭示了什么是中国文化,什么是东方传统,什么是民俗风尚,什么是百姓生活,以及什么是前尘往事的一种温暖。"

曲艺表演主要是要适应满足社会各阶层的文化需求,而民俗生活一直以来对曲艺的发展有着较大的影响,曲艺的表演内容、形式以及行业规矩等方面都反映着民俗文化的深刻内涵和意义。同样,"书业"、近代商业的历史沿革、行规习俗也折射着社会文化氛围的发展,与城市的历史文化密切相关,不容忽视。

节日,特别是年节,为了表达情感需要,产生了年俗节物,这些物质和文化符号丰富了节日内涵,同时也具有生动的民俗趣味和魅力。"钱"是日常生活中不可或缺的物质符号,也是春节的象征符号,如"压岁钱",钱币背后,也蕴含丰富的时代信息,将我们引向更为广阔的历史和文化空间。

当然,除上述之外,天津民俗文化还有着更多深刻的内涵,"问津讲坛"只是撷取了其中具有代表性的方面,希望大家可以从这些视角出发,重新审视天津民俗文化,并赋予它新的价值和意义。

王谦 2018 年 9 月

《问津文库》已出书目

（总计 91+3 种）

◎ **天津记忆**

郑证因小说经眼录　胡立生著　　　　　　　78.00元

品报学丛.第三辑　张元卿、顾臻编　　　　48.00元

刘云若传论　管淑珍著　　　　　　　　　48.00元

品报学丛.第四辑　张元卿、顾臻编　　　　58.00元

走近姚灵犀　张元卿、王振良编　　　　　58.00元

◎三津谭往

三津谭往.2013　王振良主编　　　　　　39.00元

三津谭往.2014　万鲁建编　　　　　　　39.00元

三津谭往.2015　孙爱霞编　　　　　　　48.00元

三津谭往.2016　孙爱霞编　　　　　　　58.00元

三津谭往.2017　孙爱霞编　　　　　　　68.00元

三津谭往.2018　孙爱霞编　　　　　　　68.00元

◎九河寻真

九河寻真.2013　王振良主编　　　　　　59.00元

九河寻真.2014　万鲁建编　　　　　　　59.00元

九河寻真.2015　万鲁建编　　　　　　　88.00元

九河寻真.2016　万鲁建编　　　　　　　98.00元

九河寻真.2017　万鲁建编　　　　　　　98.00元

◎津沽文化研究集刊

《雷雨》八十年　耿发起等编　　　　　　55.00元

陈诵洛年谱　张元卿著　　　　　　　　　48.00元

碧血英魂:天津市忠烈祠抗日烈士研究　王勇则著　　98.00元

都市镜像:近代日本文学的天津书写　李炜著　　　　38.00 元

天津楹联述略　李志刚著　　　　　　　　　　36.00 元

口述津沽:民间语境下的西沽　张建著　　　　56.00 元

口述津沽:民间语境下的西于庄　张建著　　　108.00 元

紫芥掇实:水西庄查氏家族文化研究　叶修成著　58.00 元

芦砂雅韵：长芦盐业与天津文化　高鹏著　　　58.00 元

王南村年谱　宋健著　　　　　　　　　　　78.00 元

国术之魂:天津中华武士会健者传　阎伯群、李瑞林编　78.00 元

来新夏著述经眼录　孙伟良编　　　　　　　198.00 元

举火烧天:天津抗日杀奸团纪事　杨仲达、陶丽著　68.00 元

◎ **津沽名家诗文丛刊**

王南村集　王焼原著/宋健整理　　　　　　　68.00 元

严范孙先生古近体诗存稿　严修原著/杨传庆整理　48.00 元

星桥诗存　苏之銮原著/曲振明整理　　　　　58.00 元

退思斋诗文存　陈宝泉原著/郑伟整理　　　　88.00 元

待起楼诗稿　刘云若原著/张元卿辑注　　　　42.00 元

刘大同诗集　刘建封原著/刘自力、曲振明整理　88.00 元

碧琅玕馆诗钞　杨光仪原著/赵键整理　　　　58.00 元

石雪斋诗稿(附遂园印稿)　徐宗浩原著/张金声整理　68.00 元

紫箫声馆诗存　丙寅天津竹枝词　冯文洵原著/杨鹏整理　88.00 元

思暗诗集　华世奎原著 / 阎伯群整理　　　　38.00 元

止庵诗存　周学熙原著 / 宋文彬整理　　　　128.00 元

沽上梅花诗社存稿　孙爱霞整理　　　　　　88.00 元

◎ **津沽笔记史料丛刊**

严修日记(1876—1894)　严修原著／陈鑫整理　　　　138.00元

桑梓纪闻　马鸿翱原著／侯福志整理　　　　　　　　42.00元

天津县乡土志辑略　郭登浩编　　　　　　　　　　98.00元

严修日记(1894—1898)　严修原著／陈鑫整理　　　　128.00元

周武壮公遗书　周盛传原著／刘景周整理　　　　　128.00元

天后宫行会图校注　高惠军、陈克整理　　　　　　128.00元

津门诗话五种　杨传庆整理　　　　　　　　　　　78.00元

《北洋画报》诗词辑录　孙爱霞整理　　　　　　　198.00元

◎ **名人与天津**

李叔同与天津　金梅编　　　　　　　　　　　　　68.00元

我与曲艺七十年　倪钟之著　　　　　　　　　　　68.00元

辛笛与天津　王圣思编著　　　　　　　　　　　　88.00元

◎ **梓里寻珠**

传承与突破:近代天津小说发展综论　李云著　　　78.00元

从租界到风情区:一个中国近代殖民空间在历史现实中

　　的转义　李东晔著　　　　　　　　　　　　　68.00元

赶大营研究　张博著　　　　　　　　　　　　　　68.00元

◎ **随艺生活**

方寸芸香:藏书票里的书故事　李云飞编　　　　　98.00元

问津书韵:第十三届全国读书年会文集　杜鱼编　　78.00元

开卷二〇〇期　董宁文、董国和、周建新编　　　　168.00元